三　经　解　读

周易解读

兰喜并 著

山西出版传媒集团 三晋出版社

图书在版编目（CIP）数据

周易解读 / 兰喜并著. -- 太原：三晋出版社，2021.3

（三经解读）

ISBN 978-7-5457-2257-4

Ⅰ. ①周… Ⅱ. ①兰… Ⅲ. ①周易-研究 Ⅳ. ①B221.5

中国版本图书馆CIP数据核字（2021）第037789号

周易解读

著　　者： 兰喜并
责任编辑： 阎卫斌
责任印制： 李佳音
装帧设计： 睿设计

出 版 者： 山西出版传媒集团
三晋出版社（山西古籍出版社有限责任公司）
地　　址： 太原市建设南路 21 号
电　　话： 0351—4956036（总编室）
0351—4922203（印制部）
网　　址： http://www.sjcbs.cn

经 销 者： 新华书店
承 印 者： 山西万佳印业有限公司

开　　本： 890mm × 1240mm　1/32
印　　张： 14.75
字　　数： 340 千字
版　　次： 2021 年 3 月　第 1 版
印　　次： 2021 年 3 月　第 1 次印刷
书　　号： ISBN 978-7-5457-2257-4
定　　价： 46.00 元

如有印装质量问题，请与本社发行部联系　电话：0351-4922268

总　序

中国历史上关于思想文化的书非常多，即使聪明才俊，要读完也不是一件容易的事，更不用说常人了。曾国藩曾就此感叹地说:“虽有生知之姿,累世不能竟其业,况其下者乎？”因此，要了解中国传统思想文化，需要在众多的书中选出最值得读的一些经典来读。好在中国传统思想文化经典的流传有一个特点，就是大都是通过后人对前人著作的注、疏、解、释等等来进行传承。这样，我们在选择阅读中国传统思想文化经典时就有了比较明确的目标，就是首先选择阅读源头性和轴心性的经典。

一个民族的思想文化的源头很难追溯得到，所以，所谓源头性的经典只是指后人所看到的最“早”的一些经典；所谓轴心性经典是指辐辏其前、辐射其后思想文化的经典。比如，像《易》《书》《诗》等等就是中国传统思想文化的源头性和轴心性的经典。源头性和轴心性的经典是塑造一个民族文化的那类经典。

儒家最初讲的这种经典有六种，即《诗》《书》《礼》《乐》《易》《春秋》，由于人们没有看到独立的《乐》，所以后来就只讲“五经”了。再后来，逐渐由“五经”扩成“九经”（《礼》包括《仪礼》《周礼》《礼记》三种，《春秋》

扩展成《春秋左传》《春秋公羊传》《春秋穀梁传》三种）。到了唐代，把《论语》《孝经》《尔雅》加进了“经”，这样就成了“十二经”。到了宋代，又把《孟子》加进了“经”，成了人们常说的“十三经”。到宋代，人们觉得读“五经”内容太多，就从《礼记》里选出了《大学》《中庸》两篇，和《论语》《孟子》合到一起，叫作“四书”。宋代以后人们对“四书”的关注度逐渐超过了“五经”。

道家也有它认为的“经”。北齐颜之推在《颜氏家训》里提到道家的三种最主要的经典，即《庄子》《老子》《周易》，称之为“三玄”。

后来佛教传入中国。佛教也有很多经典，大多是从印度传过来的。后来佛教中国化了，有了中国佛教自己的“经”，即《坛经》。但是，佛教经典不是中国传统思想文化的源头性和轴心性经典。

这样的话，我们可以说有关中国传统思想文化中最主要的源头性和轴心性经典就是“五经”“四书”和“三玄”，加起来一共是十二种书。在这十二种书里边，“四书”中的《大学》《中庸》本来是《礼记》里边的两篇文章，如果把它们归到《礼记》中，那么就少了两种；《周易》既属于儒家“五经”，也属于道家的“三玄”，这就又少了一种。所以，我们阅读中国传统思想文化的经典，最主要的就是“五经”加《论语》《孟子》《老子》《庄子》这九种。

假如觉得这九种经典的量还大，那么我们还可以从中选出最基本的三种来，即《论语》《老子》和《周易》。如果打破儒、道限隔的话，那么也可以说这是中国传统思想文化的“三经”。《三经解读》即解读这三种经典。

所谓“解读”即解释地阅读，其中讲的是解释者所理解的文本的思想内容，不是与解释者的理解无关的文本的思想内容。所以，读者千万不可将解释者的“解读”当作文本的“原意”。这是需要说明的。

自　序

一

在中国传统文化典籍中，《周易》是最具“中国特色”的。虽然在其他文明中也有类似于卜筮之类的活动，但是，把关于占筮的内容发展成对一种文明产生或正面或负面的深远影响的文化经典，“在任何其他文明的典籍中都找不到相应的对应物”（李约瑟语）。所以，要深入了解中国传统文化，不能不了解《周易》。

通行本《周易》包括《易经》和《易传》两部分。

《易经》以“卦”为单位，每卦包含卦象、卦名、卦辞、爻辞四部分。以乾卦为例：

乾：䷀元亨，利贞。初九：潜龙勿用。九二：见龙再田，利见大人。九三：君子终日乾乾，夕惕若。厉，无咎。九四：或跃在渊，无咎。九五：飞龙在天，利见大人。上九：亢龙有悔。用九：见群龙无首，吉。

其中，“䷀”为卦象，“乾”是卦名，“元亨，利贞”是卦辞，“初九……用九”的内容是爻辞。一般的卦都是有六条爻辞，只有乾卦多“用九”一条爻辞、坤卦多“用六”一条爻辞，以示范变爻的道理。这样，《易经》的内容总共有六十四个卦象、六十四个卦名、六十四段卦辞、三百八十六条爻辞。

《易传》包括《彖》《象》《文言》《系辞》《说卦》《序卦》《杂卦》，其中，《彖》《象》《系辞》又分为上下篇，所以共有十篇，又称“十翼”，意为“经”之“羽翼”，是对“经”的诠释。《彖》解释《易经》六十四卦的卦名、卦辞蕴含的意思，不涉及爻辞。《象》解释《易经》六十四卦的卦象、卦名和所有的爻辞，解释卦象、卦名的称为“大象”，解释爻辞的称为“小象”。《文言》只对乾、坤两卦做解释和引申说明。《系辞》是通论《周易》的，不对经文做逐句解释，主要以阴阳解说《周易》中的道理，在中国思想史上有重要影响。《说卦》主要解释八卦的卦象和卦义，并以八卦配各种物象。《序卦》是对通行本《易经》六十四卦排列顺序所做的理论解释，通行本《易经》六十四卦起自乾卦，讫于未济卦。《杂卦》是以相反相对的方式排列诸卦。

《易传》最初与《易经》独立，后来，人们把《彖》《象》《文言》附于经文之后。后人讲《周易》多结合《易传》讲，由此，《易传》也成为《周易》经典的组成部分。

关于《易经》和《易传》的产生，传统的观点认为是伏羲始作八卦，周文王把八卦重叠为六十四卦并作卦辞、爻辞，孔子作《易传》以解“经”。《汉书·艺文志》说：“易道深矣！人更三圣，世历三古。”后来又有人（如马融、朱熹等）认为是周公作爻辞，从而讲“人更四圣”。

这些传统的说法，已经陆续为后人所否定。但是“人更三圣，世历三古”的说法仍然有助于人们理解《周易》的产生。

就伏羲作八卦来说，如果抛开传说的神秘性，那么我们由此可以知道“卦”作为某种符号可能很早就有了。2006年5月23日在河南淮阳大朱村平粮台古城遗址城内东北隅，采集到一件黑衣陶纺轮，上面有刻画符号，李学勤认为是离卦符号。虽然尚不足为定论，但是不妨将此符号与传说结合做些想象。平粮台古城的建城年代在距今4500年以前，虽然不及传说中的伏羲时代，但是也相当早了。（参见2007年4月12日《光明日报》）

就周文王把八卦重叠为六十四卦并作卦辞、爻辞来说，即便我们并不认定卦辞、爻辞就是周文王所作，那么它也大致说出了《易经》产生于殷周之际的事实。《系辞下》说:“《易》之兴也，其当殷之末世，周之盛德邪？当文王与纣之事邪？”现在学术界不少人认为《易经》是综合长期占筮所得筮辞编辑整理而成，其下限应该在西周初期。

就孔子作《易传》以解“经”来说，虽然可以大致肯定《易传》并非孔子所作，而是长期陆续形成的解释《易经》的作品，并非出自一人之手，但是，《易传》的晚出并不能完全否认其内容与孔子的关系。像《系辞》《文言》中有很多“子曰”，所言未必是孔子说的话，但是其中一些内容应该含有孔子思想的因素。

《易经》是编辑整理筮辞而成，一方面，筮辞本身就包含着一些对生活内容的评价，另一方面，既然是编辑整理，其中就会有编辑整理者的意图和看法，所以，《易经》给后人留下丰富的想象的余地。但是，《易经》毕竟是供占筮用的工具书，所以，其占筮用途远大于其他的功能。同《易经》

相比，《易传》的显著特点是把占筮内容哲理化了。《易传》对筮法体例的论述和对卦象、卦辞、爻辞的解释，都试图从哲理的高度加以概括，所以，虽然《易传》的内容也同占筮有密切联系，但总的来说是哲理性著作。

《易传》之后，人们对《周易》的研究基本上按象数和义理两条脉络演进，不同的人各有侧重。汉代人讲《周易》侧重象数，从魏王弼开始，人们讲《周易》侧重义理。到了唐代，孔颖达等人以王弼和韩康伯的《周易注》为基础编撰《周易正义》，李鼎祚集汉唐多家学说编撰《周易集解》，这两部书是了解唐代之前人们研究《周易》的最主要的著作，也是后人研究《周易》的重要参考书。在宋代，程颐侧重从义理讲《周易》，著《周易程氏传》。朱熹强调《周易》为卜筮之书，认为“如读《易》不曾理会揲法，则说《易》亦是悬空”（《朱子语类》卷第六十六），但总体上还是侧重义理。其所著《周易本义》从元代开始成为官方肯定的科举考试标准，对后世影响很大。到了清代，很多人重视汉代人以象数讲《周易》，细微之处有所补益，但是多泥于小道，创见不多。

五四运动后，人们开始结合考古成就、联系古代社会历史研究《周易》，逐渐褪去《周易》身上的“神圣”色彩，为研究《周易》开出新境界。

新的问题是，褪去《周易》的“神圣”色彩后怎么办？一方面，褪去《周易》的“神圣”色彩并不等于还原了《周易》历史的本来面目，因为任何根据史料所“还原”的历史，都是对历史的“再造”。另一方面，自从《周易》产生以来，围绕《周易》演化出各种思想文化的内容，其中的很多内容，与《周易》是否“神圣”并无太大关系，也就是说，《周易》是否“神圣”并不影响这些内容的存在。所以，褪去《周易》的“神圣”色彩之后，我们仍然可以继续将《周易》作为思想史的资料，尤其是作为思想的资料来阅读，仍然可以借助《周易》阐发当代人的思想。

二

《周易》是以卦为基础构建的。

作为符号的“卦”起初可能并非由占筮而得，而是描摹事物情形而构成的“示意图”，用以象征与人们生活关系密切的一些自然现象。比如，以☰象征天、以☷象征地、以☵象征水、以☲象征火，等等。《系辞下》说：“古者包牺氏之王天下也，仰则观象于天，俯则观法于地，观鸟兽之文与地之宜，近取诸身，远取诸物，于是始作八卦，以通神明之德，以类万物之情。”《系辞上》说：“圣人有以见天下之赜，而拟诸其形容，象其物宜，是故谓之象。”“类万物之情”“拟诸其形容”都说明“卦”的符号起初不是由占筮而来。传说占筮为商帝太戊时期的巫咸所创（见《世本》《吕氏春秋·勿躬》），虽然不能将传说作为可靠的根据，但是，也许可以说占筮的产生比作为“示意图”的“卦”的产生要晚。只是到产生占筮的时候，“卦”的符号才有了占筮的意义。

筮是求卦的方法。从占筮的意义来讲，卦出自筮，由筮而有卦，得卦必由筮。最初的筮可能是用竹签之类的东西进行，所以“筮”字从“竹”。后来，用蓍草茎作为专门的占筮工具，所以筮又与蓍联系在一起。唐代孔颖达说：“用蓍以求数，得数以定爻，累爻而成卦，因卦以生辞，则蓍为爻卦之本，爻卦为蓍之末。”（《周易正义》卷第一）蓍、爻、卦、辞是占筮的四个要素。

占筮不同于占卜。占卜是用龟腹甲或兽骨（牛、羊、猪等肩胛骨或胫骨）钻凿成孔，用火煨烤，使孔周围出现裂纹。钻孔灼烤甲骨使之产生裂纹叫作“卜”。灼裂后出现的不同形状的裂纹叫作“兆”。古人认为不同的兆含有特定的神秘意义，占卜就是根据不同的兆来判定人事的吉凶。占筮的出现要晚于占卜。龟兆是自然成文，没有逻辑结构；占筮是人工推衍，通过计数蓍草变化的数目得出爻、卦，具有一定的程序和推算过程。

关于占筮的方法，《系辞上》中讲“大衍之数五十，其用四十有九。分而为二以象两，挂一以象三，揲之以四以象四时，归奇于扐以象闰，五岁再闰，故再扐而后挂”（参阅《系辞上》的解读）。上述操作概括为：分二、挂一、揲四、归奇，叫作“四营”。经过三轮这样的操作，可以得到九、六、七、八中的某个数，根据数的奇或偶，画⚊或⚋。这就是“用蓍以求数，得数以定爻”。⚊和⚋这两个符号在六画卦中称为“爻”。重复“得数以定爻”的操作，得以“累爻而成卦”。每个卦有六个爻，要经过十八轮操作而完成一个卦，所以说“十有八变而成卦”。

卦由⚊和⚋这两个符号重叠而成。关于这两个符号，人们有各种不同的解释。比如，有的人认为这两个符号象征男根女阴，这可以说是“近取诸身”的解释。有的人认为这两个符号分别是数字“一”和“六（写作∧）”，这可能与人的两手互为镜像相关，也符合“近取诸身”的说法。就“远取诸物”讲，也可以说这两个符号是任何连续与间断、平直与凹曲等现象的符号化。比如连续的光亮和被阴影遮断的光亮、平坦的地面和被沟坎阻隔的地面、直的河流和弯的河流等等，都可能符号化为⚊和⚋。到目前为止，没有哪种解释得到公认，而人们公认的是这两个符号表示了相反相对的意义。《周易》的所有内容都根源于这两个符号，这两个符号对中国传统文化产生了深远的影响。

由⚊和⚋这两个符号三重叠，可以构成八种图形，即☰、☱、☲、☳、☴、☵、☶、☷，分别被称为乾、兑、离、震、巽、坎、艮、坤。这就是八卦。

八卦作为一种特殊的符号，它的一个突出特点是具有广泛的象征意义。比如，在《说卦》中，以八卦对应自然现象，乾为天、坤为地、震为雷、巽为风、坎为水、离为火、艮为山、兑为泽；用八卦表示一定的性质，乾为健、坤为顺、震为动、巽为入、坎为陷、离为丽、艮为止、兑为说（悦）；以八卦对应家庭成员，乾为父、坤为母、震为长男、巽为长女、坎为中男、离为中女、艮为少男、兑为少女；以八卦对应八方，震为东方、巽为东南、离为南方、坤为西南、兑为西方、乾为西北、坎为北方、艮为东北。《说卦》中说“兑，正秋也”，所以还隐含着以八卦对应季节的意思，艮为立春、震为春分、巽为立夏、离为夏至、坤为立秋、兑为秋分、乾为立冬、坎为冬至。还有其他的一些“赋值”。

八卦两两重叠（或者说⚊和⚋这两个符号六重叠），构成六十四卦。八卦相对六十四卦，被称为单卦或经卦；

六十四卦相对八卦，被称为重卦或别卦。

六十四卦中，有八个卦是八经卦自身重叠，其他五十六卦都是用上下两个不同经卦的位置象征两种事物或两种性质的关系。比如，《象》说，“山下出泉，蒙”；“山上有水，蹇”；“风行天上，小畜”；“天下有风，姤”；“天地交，泰”；“天地不交，否”；“明出地上，晋”；“明入地中，明夷”。《彖》说，讼卦“上刚下险”；咸卦“柔上而刚下，二气相感以相与”“止而说，男下女”；睽卦“火动而上，泽动而下”“二女同居，其志不同行”。在占筮中，经常要通过分析这些关系而推断所占之事的吉凶。

在卦中，爻有两个要素：一是爻位，即从下而上分别为初、二、三、四、五、上；二是爻性，⚊称九、⚋称六，后来分别被称为阳爻和阴爻。爻位和爻性结合而有初九、六二等等名称。

在占筮中，对爻位有一些规定，主要有四种：1. 以六个爻位象征天、地、人。上和五象征天，以五为天位；二和初象征地，以二为地位；三、四象征人，以三为人位。2. 以初、三、五为阳位，二、四、上为阴位。（按王弼《周易略例·辩位》讲：“初、上者是事之终始，无阴阳定位也。”）3. 以上、下两卦之上爻为上位，中爻为中位，下爻为下位。4. 以上、下两卦之上、中、下为同位。

在占筮中，经常要根据爻的位和性来推断吉凶。大致有：

当位。阳爻居阳位、阴爻居阴位谓之当位，否则谓之不当位或谓失位。比如，既济卦六爻皆当位，未济卦六爻皆不当位。一般来讲，当位则吉，不当位则不吉。比如，否卦六三爻辞说“包羞”，《象》解释说：“包羞，位不当也。”九五爻辞说“休否，大人吉”，《象》解释说：“大人之吉，位正当也。”

应位。上下两卦同位的两个爻，爻性相异为有应，爻性相同为无应。比如，由八经卦自身重叠的卦，六爻皆无应；由八经卦中彼此相对的两个卦即乾与坤、震与巽、坎与离、艮与兑重叠的卦，六爻皆有应。一般来讲，有应则吉，无应则不吉。比如，未济卦六爻皆不当位，但卦辞说“亨”，《象》解释说：“虽不当位，刚柔应也。”

中位。即上、下二卦的中位，也就是二、五爻位。一般来讲，中位则吉。比如，离卦卦辞为“亨”，《象》解释说，“柔丽乎中正故亨”。

承乘。卦中紧邻两爻，在下者为承，在上者为乘。阴承阳、阳乘阴为顺；阳承阴、阴乘阳为逆。一般来讲，顺则吉，逆则不吉。比如，小过卦辞说“不宜上，宜下”，《象》解释说：“上逆而下顺也。”即六五乘九四为逆，六二承九三为顺。

在上面讲吉或不吉时都强调“一般来讲”，也就是说，都不是绝对的。比如，同人卦的六二，既当位，又居中位，而且与九五有应，在一般情况，这是非常好的处境，但是，在同人之时却并不见得好，所以说“吝”。屯卦九五也是既当位，又居中位，并且与六二有应，但是，在屯之时也只能“小贞吉”，而“大贞凶”。革卦九四，不中不正又无应，但是在革之时，却可以“吉”。所以，要结合具体的“时”来做分析。爻的性和位可以通过“初九”“六二”等等名称体现出来，相对容易分析。爻的时没法在名称中体现，但是却更为重要。可以说，所有的吉、凶、悔、吝、厉、咎、亨等等占断，都取决于是否得时。前面所谓的“一般来讲”其实是说在一般情况下当位、中位、有应等等是得时的。曾国藩说：“大易之道，重时与位。”（《曾文正公书札》卷五）

三

《易经》虽然是一部占筮之书，但是由于其所包含的要素、结构的特点以及模糊的表述、广泛的象征等原因，给人们留下广阔联想的空间。经过《易传》的系统发挥，构建成具有哲理性的文化经典。《易传》之后，尤其是宋代以后，很多思想家以不同的方式借助《周易》思考关于宇宙人生的原理。所以，虽然不能完全抛开占筮讲《周易》，但是更要看到《周易》对中国思想文化的影响主要在哲理，而不在占筮。

《周易》中最主要的思想内容是由⚊和⚋这两个符号发展出的关于对反双方相互作用导致变易的观点。这两个符号后来被称为阳爻和阴爻，所以，《周易》主要就是讲阴阳。《庄子·天下》说：“《易》以道阴阳。”朱熹说：“《易》，只消道‘阴阳’二字括尽。”（《朱子语类》卷第六十五）

《系辞上》说：“《易》与天地准，故能弥纶天地之道。”这是说，《易》与天地万物有类似于“同构”的关系，犹如示意图与事物之间有“同构”关系，地形沙盘与实际地形有“同构”关系，所以，《易》能包络天地间的道理。《周易》关于阴阳的论说其实是在论说天地间的各种对反双方相互作用导致变易的现象。天地、男女、刚柔、辟阖等等的关系都可以对应阴阳的关系。诸如“天地絪缊，万物化醇；男女构精，万物化生”（《系辞下》）；“刚柔相推而生变化”；“阖户谓之坤，辟户谓之乾，一阖一辟谓之变，往来不穷谓之通”（《系辞上》）等等，都是在说阴阳交感而生变化。慧远说：“《易》以感为体。”（《世说新语·文学》）程颐说：“天地之间，只有一个感与应而已，更有甚事？”（《河南程氏遗书》卷第十五）

《系辞上》说：“一阴一阳之谓道。”这儿的“道”与《老子》讲的“道”意思相近。《老子》说，道“独立而不改，周行而不殆”（第二十五章）。“独立”是说没有与道相对待的东西，道是全部事物的“混而为一”（第十四章）。“不改”是说道这个“一”没有改变，因为如果有改变，就有改之“前”和改之“后”的相对，就不“独立”了。全部事物自然包含全部变化，所以“独立而不改”的道又是一团“变”，所以说“周行而不殆”。如果说《老子》比较侧重讲“独立而不改”的话，那么《周易》则侧重“周行而不殆”的方面。“一阴一阳之谓道”把“周行而不殆”的根据揭示出来。

《系辞下》说：“《易》之为书也，广大悉备。有天道焉，有人道焉，有地道焉。兼三材而两之，故六。六者非它也，三材之道也。”《说卦》说：“昔者圣人之作《易》也，将以顺性命之理。是以立天之道曰阴与阳，立地之道曰柔与刚，立人之道曰仁与义。兼三才而两之，故《易》六画而成卦。分阴分阳，迭用柔刚，故《易》六位而成章。”《系辞上》说：“六爻之动，三极之道也。”由占筮引出“三材（才）”“三极”之说，突出了人相对于天地的价值。所以，《周易》讲“道”，又有孔子讲“道”的色彩，即在人的活动中展现对人来说的中和之“道”。《中庸》说：“致中和，天地位焉，万物育焉。”

中和是在具体境遇中的恰当适宜，所以，《周易》非常重视“时”的问题。《系辞下》说：“变通者，趣时者也。”“趣时”即适应形势、环境及条件的变化，随时而动，“时止则止，时行则行，动静不失其时”（《彖·艮》）。《彖》还讲“与时偕行”“与时消息”，中国文化中各种“与时……”的说法就是从《周易》开始的。《中庸》说：“君子之中庸也，君子而时中。”“时中”是在具体境遇中操持中和之事。惠栋说：“《易》道深矣！一言以蔽之，曰时中……知时中之义，其于《易》也，思过半矣。”（《易汉学》卷七）

时中是在具体境遇中操持中和之事，因此需要对境遇的变化和操持的状态有非常灵敏的反应。所以，《周易》不仅重视“时”的问题，也重视“几”的问题。“几”是“动之微”，即事物变化的苗头。无论什么事情，当处于变化的苗头时，是比较容易控制的，所以要“见几而作，不俟终日”（《系辞下》）。《系辞上》说“阴阳不测之谓神”，意即阴阳交感所发生的变化难以预测，这种状况被叫作“神”。但是，如果能知道事物变化的苗头并做出相应的反应，那么也可以在一定程度上掌握事物变化的进程，所以说“知几其神乎”（《系辞下》）。

要对境遇的变化和操持的状态有灵敏的反应，就需要时刻警惕事物变化的几微，所以《周易》又非常重视戒慎恐惧。比如，《乾》卦九三爻辞说：“君子终日乾乾，夕惕若。”“夕惕若”的原因中，包括时刻担心在具体境遇中“刚健”出现或过或不及的偏失，时刻准备根据具体情况做调整，所以说“乾乾因其时而惕”（《文言》）。比如，《象》说“恐惧修省”，《系辞下》说“惧以终始”，都在强调戒惧。《中庸》说：“君子中庸，小人反中庸。君子之中庸也，君子而时中；小人之‘中庸’也，小人而无忌惮也。”时中是不断随境遇的变化做调整，以求达到无过无不及，这就是中庸。无忌惮是不顾境遇而凭意愿变更，貌似“中庸”，其实是反中庸。张载说：“《易》为君子谋，不为小人谋。”（《正蒙》）朱熹说：“《易》大概欲人恐惧修省。”（《朱子语类》卷第六十六）

《系辞上》说：“吉凶者，言乎其失得也。悔吝者，言乎其小疵也。无咎者，善补过也。”占筮讲吉、凶、悔、吝。得为吉，失为凶。比如，得其时则吉，失其时则凶；得其所则吉，失其所则凶；得中正则吉，失中正则凶，等等。悔和吝是有小毛病。如果能纠正小毛病，那么就走向吉；如果把小毛病扩大，那么就走向凶。所谓“无咎”，就是要纠正小毛病。《系辞上》说：“忧悔吝者存乎介，震无咎者存乎悔。”“忧悔吝者存乎介”即忧惧非常微小的毛病。虽然悔和吝都是有小毛病，但是二者行为的指向不同，“悔吝在吉凶之间，悔是自凶而趋吉，吝是自吉而之凶”（《朱子语类》卷第七十四）。由于悔和吝具有不同的行为指向，导致二者不同的结局。悔是“善补过”，所以说“震无咎者存乎悔”，即以实际行动补救过失而走向吉。吝是放大过失而走向凶。

这样，占筮的吉凶断辞成了人的行为的结局，所谓“吉凶由人”（《左传·僖公十六年》）。既然是“吉凶由人”，那么占筮也就失去其原来的意义。孔子说，对于《易》，“吾求其德而已。吾与史巫同涂而殊归者也。君子德行焉求福，故祭祀而寡也；仁义焉求吉，故卜筮而希也。祝巫卜筮其后乎！”(《马王堆汉墓帛书·要》)这种观点成为后来人们读《周易》的宗旨。荀子说：“善为《易》者不占。”（《荀子·大略》）

四

《易传》最初与《易经》独立，后来，人们为了方便阅读，把《彖》和《象》的“大象”分附于每条卦辞之后，把《象》的“小象”分附于每条爻辞之后，把《文言》分附于乾、坤二卦之后。这样就混淆了“经”和“传”的界限，所以朱熹著《周易本义》时就将“经”和“传”分开各自讲。但是这又带来阅读的不便，所以，后来印行的《周易本义》又恢复了“经”“传”混合的形式。陈鼓应和赵建伟合著的《周易今注今译》采取通行本《周易》乾卦的形式，把坤卦以下各卦的《彖》《象》文字分别附于每个卦的经文之后，而不是每条卦辞和爻辞之后，这样，既可以显示“经”“传”有别，又方便阅读。《周易解读》也采用这种形式。

目　　录

附录

乾[1]

䷀乾下乾上

乾：[2]元亨，利贞。[3]

初九：[4]潜龙勿用。[5]

九二：见龙在田，利见大人。[6]

九三：君子终日乾乾，夕惕若。厉，无咎。[7]

九四：或跃在渊，无咎。[8]

九五：飞龙在天，利见大人。[9]

上九：亢龙有悔。[10]

用九：[11]见群龙无首，吉。[12]

解读

[1]《易经》以卦为单位。每个卦都有卦象、卦名、卦辞、爻辞四部分。卦象由⚊和⚋两个基本符号排列而成。由这两个基本符号三重叠，可以构成八种图象，即八卦，分别称为乾（☰）、坤（☷）、震（☳）、巽（☴）、坎（☵）、离（☲）、艮（☶）、兑（☱）。八卦两两重叠，组成六十四卦。八卦称为单卦或经卦，六十四卦称为重卦

或别卦。卦象后面所附的“某下某上”就是标明这个六画卦是由哪两个三画卦重叠而成。下卦又称内卦，上卦又称外卦。

[2] 乾是经卦卦名，自身重叠成六画卦后还称乾。八经卦自身重叠成六画卦后，都以其原卦名来称，其他五十六卦另命卦名。

[3]“元亨，利贞”是乾卦的卦辞。

元：或训始，或训大。无论训始还是训大，都需要做分析。所谓始并非指所占事情的开始，而是指敞开之始，有如《中庸》所言“未发”。所谓大并非说程度，而是说广泛。《礼记·郊特牲》“大报天而主日也”，郑玄注：“大，犹遍也。”这样，大也是指敞开之大。亨：通达，顺利。“元亨”指具备诸事顺利的情势。

利：有利。贞：旧训正。近人李镜池、高亨等解释为占问。《说文解字》：“贞，卜问也。”但是贞之为问又有问正的意思。《周礼·春官·天府》“以贞来岁之媺恶”，郑玄注：“问事之正曰贞。”《周礼·春官·大卜》“凡国大贞”，郑玄注：“贞之为问，问于正者，必先正之，乃从问焉。”所以旧训正也有道理。训问侧重问事，训正侧重问事之正。占问不是一般的问，重在得正，不在问。

[4] **—** 和 **--** 两个基本符号在六画卦中谓之爻。孔颖达说：“用蓍以求数，得数以定爻，累爻而成卦，因卦以生辞。”（《周易正义》卷第一。以后引用此书时简称《正义》）蓍指用以占卦的蓍草茎，用一定数目的蓍草茎通过一定程序的操作，得出九、六、七、八之数，据此以画爻。九、七奇数对应刚、阳之性，画 **—**；六、八偶数对应柔、阴之性，画 **--**。后来把这两个基本符号分别叫作阳爻和阴爻。九、六为变爻数，七、八为不变爻数，爻讲变化，所以用九指称阳爻，用六指称阴爻。在卦中，爻有两个要素，一是位置，从下往上依次为初、二、三、四、五、上；二是属性，即九、六。“初九”表示此爻是卦的第一爻，属性是阳性。以此类推。

在解释卦爻中，对爻位还有其他的规定，比如，六画卦由两个三画卦重叠而成，以初、四为下卦和上卦的下位，以二、五为下卦和上卦的中位，以三、上为下卦和上卦的上位；以下、上两卦之下、中、上为同位；以初、三、五为阳位，以二、四、上为阴位，等等。

[5]《易经》中经常取物象说道理。本卦中的龙就是一种物象，用以说明根据具体境遇而变化的道理。用：施行、行动。初九处下卦的下位，在这样的境遇，宜潜隐，不宜行动。

[6] 见（xiàn）龙在田：《系辞下》说："有天道焉，有人道焉，有地道焉。兼三材而两之，故六。"《易》以六爻象天、地、人。初、二两爻象地，以二为地位；三、四两爻象人，以三为人位；五、上两爻象天，以五为天位。初、二两爻象地，初象地下，二象地面，所以初九讲"潜龙"，九二讲"见龙在田"。利见大人：大人指有才德、能给人们带来利益的人。"见龙在田"是说这样的人显现于世；"利见大人"是说能遇到这样的人。或者，"利见大人"的"见"也可以读为 xiàn，意即在乾卦九二的境遇，利于有才德的人施展其才德。九二处下卦的中位，一般情况下，处在这个位置吉多凶少。

[7] 君子：在此指才德出众者。乾：刚健。"乾乾"即刚健不息。夕：至夕。联系前面讲的"终日"，都是说从早到晚。惕：戒惧、提心吊胆。若：语助词，犹"然"。"夕惕若"是说从早到晚都提心吊胆。厉：危险。咎：灾祸、过失。"无咎"，就事情讲是没有灾祸，就做事讲是没有过失。《系辞上》说："无咎者，善补过也。"王弼说："凡言无咎者，本皆有咎者也，防得其道，故得无咎也。"（《周易略例·略例下》）"夕惕若厉无咎"或断句为"夕惕若厉，无咎"，亦通。孔颖达说："在忧危之地，故终日乾乾，言每恒终竟此日，健健自强，勉力不有止息。夕惕者，谓终竟此日后至向夕之时，犹怀忧惕。若厉者，若，如也；厉，危也。言寻常忧惧，恒如倾危，乃得无咎。"（《正义》

卷第一）朱熹说："九，阳爻；三，阳位。重刚不中，居下之上，乃危地也。然性体刚健，有能乾乾惕厉之象，故其占如此。"（《周易本义》卷之一。以后引用此书时简称《本义》）

[8] 或跃在渊：即或跃，或在渊。九四和初九分别是上卦和下卦的下位，属同位，所以说潜、说渊。但是，九四已经出离下卦，所以又说跃。就天、地、人来说，九四已经离开地面，所以说跃。或，不定词。不是必然跃或必然在渊。王弼说："去下体之极，居上体之下，乾道革之时也。上不在天，下不在田，中不在人，履重刚之险，而无定位所处，斯诚进退无常之时也。"（《周易注》卷第一）程颐说："跃不跃，惟及时以就安耳。"（《周易程氏传》卷第一。以后引用此书时简称《程传》）

[9] 五是天位，所以说"飞龙在天"。五和二分别处于上卦和下卦的中位，九二中的"大人"是开始施展才德，九五中的"大人"则是功业至于盛壮。再继续作为就过中了。

[10] 亢：极，过甚。上九就全卦来说处于极，就上卦来说过于中，所以说"有悔"。悔：有过失、灾祸的意思，也有悔过、改过的意思。《周易》中凡言"悔"都包含这两个意思。

[11] 用九：孔颖达说"得数以定爻"，通过揲蓍得九、六、七、八之数，九、六为变爻数，七、八为不变爻数。根据九、六所定之爻为变爻，根据七、八所定之爻为不变爻。所谓变爻，即在所得卦中阳爻变阴爻，阴爻变阳爻，这样就变成另一卦了。这就是"九"和"六"的作用。后来人们称原筮所得的卦为本卦，称变爻所得的卦为之卦。如果所得乾卦六爻皆为变爻，那就变成坤卦了，但是这与原筮所得的坤卦不同，所以不能以坤卦卦辞占断，而要以"用九"爻辞占断。坤卦的"用六"也是如此。用九、用六也可以说是用阳、用阴，用阳即阳融入阴而成含阳之阴，用阴即阴融入阳而成含阴之阳。

《易经》六十四卦，除了乾、坤两卦之外，都是阴爻和阳爻共存，所以，虽然其他六十二卦也有可能出现六爻皆为变爻而成之卦的情况，但是不能说“用九”或“用六”，只能是以之卦卦辞占断，而其中所含的阴阳变化的道理是一样的。

[12] 群龙：乾卦诸爻。首：首位，首要。由乾卦六变爻而之坤卦，但是不同于坤卦本卦，而是既含有乾之刚健，又具有坤之柔顺。刚健则易于争，辅之以柔顺则避免了争先，所以说“见（xiàn）群龙无首”，即诸爻各自随时而宜，互不争先。乾卦六爻皆未讲“吉”，在“用九”讲“吉”其实是对六爻而言，即刚健辅以柔顺才能吉。朱熹说：“六阳皆变，刚而能柔，吉之道也。”（《本义》卷之一）

《彖》曰：[1]

大哉乾元，万物资始，乃统天。[2] 云行雨施，品物流形。[3] 大明终始，六位时成，时乘六龙，以御天。[4] 乾道变化，各正性命，保合大和，乃利贞。[5] 首出庶物，万国咸宁。[6]

解读

[1]《彖》解释六十四卦卦名、卦辞，不涉及爻辞。《彖》原本单独成册，后来人们将其分散附于每一卦之后，这样做混淆了“经”和“传”的界限，但是也有方便阅读的长处。

[2] 大哉乾元，万物资始，乃统天：

德国人莱布尼兹把构成卦的阴爻和阳爻称为“两个一般的、有魔力的符号”（见孟德卫著《莱布尼兹和儒学》，江苏人民出版社，1998年，第47页）。这两个符号的“魔力”在于，由两个相互对立的基本要素引出系统的全部内容。这对中国文化具有非常深远的影响。

《老子》说道“独立而不改，周行而不殆”（第二十五章；本书引用《老子》皆为世传本），“独立”是说没有与道相对待的东西，所以只能是全部事物的“混而为一”（第十四章）。裴頠说：“总混群本，宗极之道也。”（《崇有论》）“不改”是说道这个“一”没有改变，因为要“改”了就不“独立”了。全部事物自然包含全部变化，所以，所谓“混而为一”又是一团“变”，即“周行而不殆”。

《易传》中的“道”与《老子》的“道”意思相近。我们来看下面这几句话：

①“一阴一阳之谓道”（《系辞上》）。

②“乾，阳物也；坤，阴物也”（《系辞下》）。

这样，我们可以说“一坤一乾之谓道”。

③“阖户谓之坤，辟户谓之乾”（《系辞上》）。

这样，我们又可以说“一阖一辟之谓道”。但是，《易传》却说，

④“一阖一辟谓之变”（《系辞上》）。

可见，《易传》中的“道”是一团“变”。所有的事物都在这一团“变”中，而这一团“变”是“不改”的。

变化由阴阳（矛盾双方）的共同作用而形成，所以《老子》说“万物负阴而抱阳”（第四十二章）。“道”是全部事物的“混而为一”，一方面，万物的负阴抱阳交织成“道”的一阴一阳；另一方面，任何具体事物的变化都要依赖“混而为一”的整体关联，整体关联“先”于任何具体变化。《彖》将“道”之阳称为“乾元”，将“道”之阴称为“坤元”。

在形成变化的过程中，乾、坤各自所起的作用不同，乾的作用是发动变化，坤的作用是承载变化。由于万事万物的大化流行始于"乾元"的发动，所以说"大哉乾元，万物资始"。

按《周易》占筮中取象解卦来看，乾为天；按取义解卦来说，乾乃健。结合取象、取义，可以说，天的特点乃刚健，所以《象》说"天行，健"。"乾元"聚拢着全部的刚健之行，所以说"乃统天"。"天"在这儿指刚健之行。

[3] 云行雨施，品物流形：

这是用一种形象的语言讲变化过程。"云行雨施"讲阴阳交感，"品物流形"讲众物化生。《系辞下》说："天地絪缊，万物化醇；男女构精，万物化生。""云行雨施"即絪缊构精，蒸腾上行为云，凝结下施为雨。"品物流形"即化醇化生，众物之形体、形象总是处于变动中。形是流之止，流是形之化。

[4] 大明终始，六位时成，时乘六龙，以御天：

《系辞上》说："《易》与天地准，故能弥纶天地之道。"就是说，《易》与天地有同构关系，所以能总括天地间的道理。陈梦雷说："《易》之未画，卦爻之变化在天地中；《易》之既画，天地万物之变化又在卦爻中。在天地者，未画之《易》；在《易》者，已画之天地也。"（《周易浅述》卷七）所以，从卦爻讲的道理等同于讲天地万物之变的道理。这几句是从卦爻讲变与时的关系，同时也涉及事物的变与时的关系。时指时间，也指时宜。变与时密切相关，《周易》重视变，也非常重视时。《系辞下》说："变通者，趣时者也"。

《系辞下》说："日往则月来，月往则日来，日月相推而明生焉。"在此，明是日月发光照射，日月不同照，日月相推而明得以继续，所以，"日月相推而明生焉"之"明"为"大明"。日月相推终而复始谓之"大明终始"。

六位即乾卦的六爻。乾卦六爻各以其时而成事，所以说“六位时成”。

六龙还是指乾卦的六爻。在“大明终始”的背景中，变随时而变，时因变而时，没有变化着的事物，也就没有时间的延续，也就无所谓时宜的问题，所以说“时乘六龙”。乘：凭借。

无论是“大明终始”，还是“六位时成”“时乘六龙”，都借刚健之力而行，所以说“以御天”。御是乘而行的意思，比如，《庄子·逍遥游》中讲列子“御风,而行”即乘风而行。李鼎祚《周易集解》(以后引用此书时简称《集解》)引荀爽曰：“御者，行也。”

[5] 乾道变化，各正性命，保合大和，乃利贞：

道：行的意思。也可以读为 dǎo，主导的意思。乾发动变化、主导变化，所以说“乾道变化”。孔颖达说：“变谓后来改前，以渐移改，谓之变也。化谓一有一无，忽然而改，谓之为化。”(《正义》卷第一)张载说：“变，言其著；化，言其渐。”(《横渠易说·上经》)孔、张二人对“变”“化”理解不同，但是都分别“渐”和“著”。

众物由“乾道变化”形成，任何事物的形成都有其规定性，所以说“各正性命”。朱熹说：“物所受为性，天所赋为命。”(《本义》卷之一)从“乾道变化”讲，为流；从“各正性命”讲，为形。

任何事物都处在与他物的联系中，这叫作“合”。事物彼此协调共处，叫作“和”。所有事物普遍联系的协调叫“大和”。大也可读为 tài。段玉裁《说文解字注》：“凡言大而以为形容未尽则作太。”乾发动变化、主导变化，不仅是形成众物，而且还保持众物的协调关联，所以说“保合大和”。

《易传》中的“利贞”与卦辞爻辞中的“利贞”有所区别。《文言》说“利者义之和也”。义是宜的意思。事物之间的协调即宜，也即义。事物彼此协调共处则“并育而不相害”，所以说“利”。和也可以读为 hè，也就是说，利是随着义的。《国语·周语中》说“义所以生利也”。“贞”在卦爻辞中是问正的意思，在《易传》中是正的意思，即实现了正，即“各正性命”。

[6] 首出庶物，万国咸宁：

万物的形成始于“乾元”实行、主导的变化，所以说“首出庶物”。首：始。从“万物”讲是“资始”，从“乾元”讲是“首出”。万、品、庶都是数量众多的意思。数量众多的事物各正性命、各以时成、协调共处，所以说“万国咸宁”。国：指地域，“万国”即所有地域。胡煦说：“万国者，庶物流形之地；咸宁者，太和保合之定也。”（《周易函书约注》卷一）

《象》曰：[1]

天行，健。[2] 君子以自强不息。[3]

潜龙勿用，阳在下也。[4]

见龙在田，德施普也。[5]

终日乾乾，反复道也。[6]

或跃在渊，进无咎也。[7]

飞龙在天，大人造也。[8]

亢龙有悔，盈不可久也。[9]

用九，天德不可为首也。[10]

| 解读 |

[1]《象》解释六十四卦象、卦义和爻辞。解释卦象、卦义的为《大

象》，主要以天、地、雷、风、水、火、山、泽八种现象对应乾、坤、震、巽、坎、离、艮、兑八卦来做解释。解释爻辞的为《小象》。《象》原本是单独成册，后来被分散附于每一卦、爻之后。

[2] 天行，健：所谓“天行”的意思是“天”的属性就是“行”，即发起行，推进行。凡是发起行、推进行的都属于“天”。《说卦》说：“乾，健也。”“天行，健”犹言“天行，乾”。按照《大象》的体例，都是先说卦象，继说卦名。在乾卦这儿没有直接讲乾而讲健，意在凸现乾的那种发起行、推动行的刚健之性。

[3]《大象》的内容都是分两部分，前一部分以象解释卦，后一部分引出修身或治理社会，讲君子如何、先王怎样等等，所谓“推天道以明人事”（《四库全书总目》卷一）。君子观乾卦卦象，天外有天，健而又健，因此而不断地增强自己刚健而行的力量，所以说“自强不息”。“自强不息”是乾之刚健在君子身上的体现，由此把天和人统一起来。吕祖谦说：“君子体乾，正在自强不息。当看‘自’之一字。”（《易说·上》）

[4] 阳在下也：讲“潜龙勿用”的原因。

[5] 德施普也：讲“见龙在田”的意义。在九二的境地，有才德的人得以全面地施展其才德。

[6] 反复道也：九三处下卦的上位，下乾已尽，上乾复来，乾而复乾，反反复复，所以说“反复道也”。“乾乾”一词由此而来，“自强不息”之意也是由此而生。

[7] 进无咎也：九四《象》比爻辞多了一个“进”字。“或”是不定，“进”则是选择，选择的目标是“无咎”，即进于无咎。孔子说：“君子之于天下也，无适也，无莫也，义之与比。”（《论语·里仁》）“义之与比”则无咎。程颐说：“量可而进，适其时则无咎也。”（《程传》卷第一）

[8] 造：成就的意思。“大人造”即有才德之人的功业成就。

[9] 盈不可久也：盈是事物发展壮盛的极点。从理论上讲，任何有限事物的发展都存在着这样一个极点。这个极点是事物向相反方向转化的开始，事物不可能静止在极点上，所以说“盈不可久也”。亢龙处在容易产生过失和灾祸的境地，如果继续前进，则走向反面；如果是后退，也可以离开险境。人之悔过的意义正在于此。

[10] 天德不可为首也：天德即刚健之德。虽然乾的作用是发动变化，但是并非孤立地发动，而是在事物整体的协调关联中发动变化，犹如中国传统文化中的“五行相生相克图”所示意的那样。“乾道变化，各正性命”意义在于“保合大和”，如果割裂事物整体的协调关联而讲“各正性命”，那就难以“保合大和”。《淮南子·览冥训》说：“唯通于太和，而持自然之应者，为能有之。”中国传统文化的价值目标是“和”，所重视的是实现“和”的过程中的应变，而不是特意地求变。程颐说：“以刚为天下先，凶之道也。”（《程传》卷第一）

《文言》曰：[1]

第一节

元者善之长也。[2] 亨者嘉之会也。[3] 利者义之和也。[4] 贞者事之干也。[5] 君子体仁足以长人，[6] 嘉会足以合礼，[7] 利物足以和义，[8] 贞固足以干事。[9] 君子行此四德者，故曰：“乾，元亨利贞。”

解读

[1]《文言》只对乾、坤两卦做解释和引申说明，原本单独成册，后来被分别附于乾、坤两卦之后。《文言·乾》孔颖达和朱熹皆分为六节。

[2]《文言》将乾卦卦辞“元亨利贞”四个字分开解释。

“善”是美好的意思。《庄子·知北游》说：“天地有大美而不言。”董仲舒说：“举天地之道而美于和。”（《春秋繁露·循天之道》）和成于变中，变由乾而始，所以说“元者善之长也”。“长”是居首的意思。“万物资始”“首出庶物”从“各正性命”的角度讲乾发动变化的意义，“元者善之长也”从“保合大和”的角度讲乾发动变化的意义。

[3] 和是事物在普遍联系、相互作用过程中形成的协调状态，要实现和，必须通过事物之间的联系和贯通，所以说“亨者嘉之会也”。亨是通的意思，指事物之间彼此贯通而不窒碍。“嘉”也是美好的意思。《老子》说：“万物负阴而抱阳，冲气以为和。”（第四十二章）“会”也就是那“冲”。中国传统文化虽然也讲事物之间的相同性，但是相比较而言，更重视事物之间的相通性。

[4] 事物之间彼此协调也就是宜，即“义”。由于义，“万物并育而不相害”（《中庸》），所以说“利”。或者读和为 hè，利随义而生，所以说“利者义之和也”。可见，这儿所讲的“利”是事物彼此相通之利，而不是事物彼此割裂之利。董仲舒说“正其谊（义）不谋其利”（《汉书·董仲舒传》），只要正其义，其中自有正当之利，无须另谋。而在义外另谋之利，必为不正当之利。王夫之说：“凡言利者，皆益物而合义之谓。”（《周易内传》卷一上）朱熹说：“《周易》一书只说一个利。”（《朱子语类》卷第六十八）

[5] 义（宜）是具体的，根据具体境遇的变化而形成，所以有“因

X 制宜”之说。相对于某种具体境遇而稳定的义也就是“贞”。在《易传》，“贞”有正的意思，也有固的意思。义则正，正固为贞。只有相对于某种具体境遇而稳定的义才是有实际意义的，所以说“贞者事之干也”。干（幹）同“榦”，筑墙板之类的木料。筑墙要靠这些木料支撑，筑墙的长短高低厚薄也取决于这些木料的尺度。所谓“事之干”，即事情的尺度和支撑。干也有主干的意思。

[6]《礼记·儒行》中讲“温良者，仁之本也；敬慎者，仁之地也；宽裕者，仁之作也；孙接者，仁之能也；礼节者，仁之貌也；言谈者，仁之文也；歌乐者，仁之和也；分散者，仁之施也。儒者兼而有之，犹且不敢言仁也”。在这个意义上，可以说仁是各种品德的会聚与和谐。所谓“体仁”即践行体会这样的“仁”。《中庸》说“仁者人也”，即只有致力于仁才是一个道德意义的人。儒家讲的人主要不是生物意义的人。所谓“长人”即开始并且进益于道德意义的人的修养中。“长”有居首的意思，也有进益的意思。

[7] 结合前面讲的“体仁”，“会”在这儿指各种品德的会聚。各种品德之间并不总是一致的，所以需要依据不同的境遇来调节，使之和谐。儒家认为，礼的作用是调和、制中。孔子说“礼之用，和为贵”（《论语·学而》），又说“礼所以制中也”（《礼记·仲尼燕居》）。经过礼的调节，各种品德之会成为“嘉会”，所以说“嘉会足以合礼”。

[8]“嘉会”则诸德皆得其宜、利而不害，所以说“利物足以和义”。

[9] 坚持以义为标准，则得以恰当地处理事情，所以说“贞固足以干事”。

第二节

初九曰“潜龙勿用”，何谓也？子曰：[1]“龙德而隐者也。[2]不易乎世，[3]不成乎名，[4]遁世无闷，[5]不见是而无闷，[6]乐则行之，忧则违之，[7]确乎其不可拔，[8]潜龙也。”

九二曰“见龙在田，利见大人”，何谓也？子曰：“龙德而正中者也。[9]庸言之信，庸行之谨，[10]闲邪存其诚，[11]善世而不伐，[12]德博而化。[13]《易》曰：‘见龙在田，利见大人。’君德也。”[14]九三曰“君子终日乾乾，夕惕若。厉，无咎”，何谓也？子曰：“君子进德修业。[15]忠信，所以进德也。修辞立其诚，所以居业也。[16]知至至之，可与几也。[17]知终终之，可与存义也。[18]是故，居上位而不骄，在下位而不忧。故乾乾因其时而惕，[19]虽危无咎矣。”

九四曰“或跃在渊，无咎”，何谓也？子曰：“上下无常，非为邪也。[20]进退无恒，非离群也。[21]君子进德修业，欲及时也。[22]故无咎。”

九五曰“飞龙在天，利见大人”，何谓也？子曰：“同声相应，同气相求。水流湿，火就燥；云从龙，风从虎。圣人作而万物睹。本乎天者亲上，本乎地者亲下。则各从其类也。”[23]

上九曰“亢龙有悔”，何谓也？子曰：“贵而无位，高而无民，贤人在下位而无辅，是以动而有悔也。”[24]

| 解读 |

[1] 子：孔子。《易传》的《系辞传》《文言》中有很多“子曰”，所言未必都是孔子的话，但是其中应该含有孔子思想的因素。

[2] 龙德：既有刚健又能权变的品德。

[3] 不易乎世：不因世俗风尚而变易操守。

[4] 不成乎名：不汲汲于名声显达。

[5] 遁世：隐于世。闷：抑郁不平。

[6] 见是：被肯定。

[7] 乐：乐意、满意。忧：心不宁。违：避开。乐、忧都是相对于“龙德而隐者”的志向而言，与自己志向一致的事则乐意去做，做与自己志向不一致的事会心中不安，所以要避开。“龙德而隐者”是“隐居以求其志，行义以达其道”（《论语·季氏》）的人。

[8] 确：坚固。拔：动摇。潜隐也需要刚健且权变的品德。所以，“勿用”只是就没有施展才德的际遇而言。德行全由个人主宰，不讲求际遇；才分虽然有不受个人主宰的因素，但是也不重际遇。

[9] 九二处下卦的中位，所以说“龙德而正中者也”。

[10] 庸言之信，庸行之谨：指持续地实行言之信、行之谨。朱骏声《说文通训定声》：“庸，事可施行谓之用，行而有继谓之庸。”

[11] 闲：防止。陈梦雷说：“邪自外入，故言闲；诚本我有，故

言存。”(《周易浅述》卷一)吕祖谦说:“诚者中所固有,但当于邪字上用力防之而已。”(《易说·上》)

[12] 善世而不伐:为善于世而不夸耀。

[13] 德博而化:善行影响广泛进而变化世俗。

[14] 君德:尊贵之德。吕祖谦说:“古人言君,不独有天下谓之君,凡可济世长人者,皆曰君可也。”(《易说·上》)因为“龙德而正中者”能够“德博而化”,所以说“君德”。

[15] 进德:增进道德。修业:修治事务。陈梦雷说:“进德就存诸心言,修业就见诸事言。”(《周易浅述》卷一)

[16] 忠:真心实意。信:诚实不欺。修辞:遵循所言之辞。朱熹说:“修辞,只是‘言顾行,行顾言’之意。”(《朱子语类》卷第六十九)居业:也是处理事务,但是包含持续的意思。诚实是进德修业的基础,忠信、修辞立其诚,都是讲个诚实。朱熹说:“忠信,主于心者,无一念之不诚也;修辞,见于事者,无一言之不实也。”(《本义》卷之一)

[17] 知至至之:前面的“至”是名词,指要达到的目标,后面的“至”是动词。“知至”是知,“至之”是行。与:犹“以”。几:及,达到。有的版本作“言几”,不从。

[18] 知终终之:同样是前面的“终”是名词,后面的是动词,即知道终止之处并且止于终止之处。存义:保持宜。不知至而至,则不及;不知终而终,则过分。过与不及都不宜。存诚讲真,存义讲正,可以说,儒家学说的全部内容就概括为“真正”二字。人生“真正”二字最重要,也最难做到。

[19] 乾乾因其时而惕:既担心刚健不及,也担心刚健过分,所以总是处在戒惧之中。《象》说:“君子以恐惧修省。”《系辞下》说:“惧以终始,其要无咎。”

[20] 邪即不正。上下无常为的是宜,即义。义则正,所以说“非

为邪也”。《庄子·山木》说“一上一下，以和为量”，《中庸》说“发而皆中节谓之和”。或上或下，皆以“中节”为标准。

[21] 进：出仕。退：退隐。离：离开。群：群聚。或进或退，都不是故意要群或要离，而是要适宜。孔子说：“君子之于天下也，无适也，无莫也，义之与比。”（《论语·里仁》）“上下无常”“进退无恒”都是无适无莫，都是要“义之与比”。

[22] 及时：与时。后面讲“与时偕行”。孙星衍《周易集解》引晁氏曰：“郑本‘君子进德修业及时，故无咎’。”吕祖谦说：“进德修业，不可先时，不可后时，须识得时中之义。”（《易说·上》）司马光说：“君子时行则上进，时止则下退，非为邪以求利，非违众以干名也。恐失时而已。”（《温公易说》卷一）

[23] 这一段“子曰”讲相同性问题，由此导出“圣人作而万物睹”。物：人。《文子·上德》说：“圣人之道，以类相求。”《孟子·告子上》说：“凡同类者，举相似也……圣人与我同类者……圣人先得我心之所同然耳。”常人要向圣人看齐。

[24] 上九不当位，所以说“无位”；下无阴爻，所以说“无民”；无应，所以说“无辅”。“动而有悔”包含两方面的意思，即是由动而导致悔（灾）呢，还是有悔过之心而动呢？前者走向凶，后者走向吉。

第三节

潜龙勿用，下也。见龙在田，时舍也。[1] 终日乾乾，行事也。[2] 或跃在渊，自试也。[3] 飞龙在天，上治也。[4] 亢龙有悔，穷之灾也。[5] 乾元用九，天下治也。[6]

| 解读 |

[1] 舍（shè）：置。“时舍”意即“时”将有才德的人置于此境地。

[2] 行事：即施展才德。来知德说：“非空忧惕，乃行所当行之事也，即进德修业也。”（《周易集注》卷一）《说苑·杂言》：“贤不肖者才也，为不为者人也，遇不遇者时也。”初九虽然“勿用”，但是仍然有“贤不肖”的问题，九二强调“遇不遇”的问题，九三着重“为不为”的问题。

[3] 自试：自己试一试进退。陈梦雷说：“试其时之可否而不轻进，非中无所主而漫以尝试也。”（《周易浅述》卷一）

[4] 上治：即上而治。上、治皆为动词。由九二之“时舍”，经“行事”，至九五达到施展才德的最佳状态，所以说“上治”。

[5] 穷：极。后面讲“与时偕极”。上九处全卦之极，是极易发生灾祸的险境，所以提醒“穷之灾也”。

[6] 治：九五之“治”，是进行治的意思，用九之“治”是实现了治。

第四节

潜龙勿用，阳气潜藏。见龙在田，天下文明。[1]终日乾乾，与时偕行。[2]或跃在渊，乾道乃革。[3]飞龙在天，乃位乎天德。[4]亢龙有悔，与时偕极。[5]乾元用九，乃见天则。[6]

解读

[1] 文明：有文章而光明。前面讲具有“君德”的人“德博而化”，使天下人得以见其德而循其化，所以说“天下文明”。

[2] 与时偕行：行与时保持同步。《彖·损》也讲“与时偕行”。《彖·丰》还讲“与时消息”。在中国传统的经典中，还有各种“与时……”的说法，诸如“与时俱化”（《庄子·山木》）、“与时迁徙”（《荀子·儒效》）、“与时屈伸”（《荀子·不苟》）、“与时变化”（《淮南子·俶真训》）、“与时迁移”（《史记·太史公自序》）、“与时抑扬”（张衡《南都赋》）、“与时俱往”（郭象《庄子注》）、“与时推移”（李白《冬夜于随州紫阳先生餐霞楼送烟子元演隐仙城山序》）以及“与时俱进”等等，这些命题都是说变化要与“时”保持同步，即“时止则止，时行则行，动静不失其时”（《彖·艮》）。这样的思想是中国文化的一大特点。

[3] 九四出下卦而入上卦，出于下乾和上乾变革之时，所以说“乾道乃革”。

[4] 五是天位，以龙德而居天位，所以说“位乎天德”。

[5] 与时偕极：随着时的进程而达到极。从初九逐步发展到上九，处于全卦之极，所以说“与时偕极”。《易乾凿度》说：“物有始、有壮、有究。”始是开头，究是结束。在事物从开头到结束的过程中存在着一个始而壮、壮而究的转折点，这个转折点称之为极。从始到壮这个方向的过程称之为发展。一般地说，任何事物都会随着发展的进程达到极点，问题是，人应该怎样应对这极点。有些事情的转折点是人力所不能控制的，比如潮汐的转折点。对于这类转折，人只能顺应。生命中的转折点也是人力难以控制的，人所能做的最多是移动转折点，而不能经过控制不达到转折点。对于这类转折，主要的

还是顺应。有些事情的转折点是经过人的控制可以避免达到的，比如社会治理中由治到乱的转折，就可以通过控制而避免。虽然这种控制也很难，但是毕竟还是可以做的，所以才有“长治久安”的说法。讲“亢龙有悔，与时偕极”的意义的重点在此。胡煦说：“亢之一位，在卦虽不可少，亢之一候，在人则可预弭。”（《周易函书约注》卷一）

[6] 天则：自然的法则。苏轼说：“天以无首为则。”（《东坡易传》卷一）陈梦雷说：“刚柔适中，天之则也。用九刚而能柔，乃合乎天之则也。”（《周易浅述》卷一）

第五节

乾元者，始而亨者也。[1] 利贞者，性情也。[2] 乾始，能以美利利天下。[3] 不言所利，大矣哉！[4] 大哉乾乎！刚健中正，纯粹精也。[5] 六爻发挥，旁通情也。[6] 时乘六龙，以御天也。云行雨施，天下平也。[7]

| 解读 |

[1] 始即“万物资始”，亨即“品物流形”。“乾元”所发动、主导的变化呈现为“品物流形”，所以说“始而亨”。

[2] 性即“各正性命”，情即“嘉之会”。裴頠说：“有之所须，所谓资也；资有攸合，所谓宜也；择乎厥宜，所谓情也。”（《崇有论》）任何有限的事物都不能独立、自足地存在，都需要在与他物的

联系中获取自身存在的资据，因此，各种表面分散存在的事物都在择取合于自身存在的资据的过程中被贯通在一起。这从“择乎厥宜”讲是“情”，从联系贯通讲是“嘉之会”。事物在“择乎厥宜”的过程中形成自身相对稳定的规定性，也就是“各正性命”。王夫之说：“利者，健行不容已之情，即以达万物之情；贞者，健行无所倚之性，即以定万物之性。”（《周易内传》卷一上）孙星衍《周易集解》引晁氏曰：“郑作情性也。”从上述分析来看，作“情性”较顺。

[3]“乾始”即“乾元”发动变化。由此而“品物流形”，由此而“保合大和”，由此而“万国咸宁”，所以说“能以美利利天下”。

[4] 不言所利：不言所利之事。“利天下”是全利，不是偏利一事，所以不言所利之事，所以说“大矣哉”。

[5] 乾卦纯阳，所以说“刚健”。乾卦九二、九五同时以阳爻居中位，所以说“中正”。“刚健中正”要连起来说，不能分开说。在六十四卦中，还有许多九二、九五同时居中位的卦，但是都不是纯阳，不能说“纯粹精也”。纯、粹都是不杂的意思。精也是纯粹的意思，在纯粹后再讲精，意即纯而又纯。乾是纯而又纯的“动能”。

[6] 六爻发挥：六爻皆在各自所处的境地表现出“刚健”。旁通情也：“旁通”即“与时……”和“因……制宜”，也就是“择乎厥宜”，所以说是“情”。朱熹说“旁通犹言曲尽”（《本义》卷之一），“旁通”表现出“择乎厥宜”的敞开性。中国传统文化重视“制宜”过程中的应变，而不是特意地求变，所以在讲到“时”的时候，就不仅仅是一个过去、未来的“前后”的问题，而更是与时、随时的“旁通”的问题。

[7]《国语·周语下》说：“声应相保曰和，细大不逾曰平。”“声应相保”指各种乐声的配合，“细大不逾”指中律。“天下平”即天下万物配合协调，也就是“保合大和”，也就是“万国咸宁”。

第六节

君子以成德为行，日可见之行也。[1]

“潜”之为言也，隐而未见，行而未成，是以君子弗用也。[2]

君子学以聚之，问以辩之，宽以居之，仁以行之。《易》曰“见龙在田，利见大人”，君德也。[3]九三，重刚而不中，上不在天，下不在田。故乾乾因其时而惕，虽危无咎矣。[4]

九四，重刚而不中，上不在天，下不在田，中不在人，故“或”之。“或”之者，疑之也，故无咎。[5]

夫大人者，与天地合其德，与日月合其明，与四时合其序，与鬼神合其吉凶。先天而天弗违，后天而奉天时。天且弗违，而况于人乎？况于鬼神乎？[6]

“亢”之为言也，知进而不知退，知存而不知亡，知得而不知丧。其唯圣人乎？知进退存亡而不失其正者，其唯圣人乎！[7]

| 解读 |

[1] 成德：成就道德品质。日可见：日日可见。君子以成就道德

为行为的宗旨，见诸每日的行为。

[2]“潜”并非不讲“成德”，只是“隐而未见，行而未成”。未见、未成的原因主要不在“德”而在“时”。“成德”是一辈子的事，死而后已。君子在初九之位所成之德为“龙德而隐者”之德。“龙德”是乾卦诸爻的共性，所以，君子在初九之位成德的特点在“隐”，即“隐居以求其志，行义以达其道”（《论语·季氏》）。“不易乎世，不成乎名，遁世而无闷，不见是而无闷，乐则行之，忧则违之，确乎其不可拔”是其表现。

[3]“学以聚之，问以辩之，宽以居之，仁以行之”是君子在九二之位的“成德”之事。所成之德为“龙德而正中者”之德。君子在九二之位成德的特点在“正中”。学聚问辩是通过间接经验领会“正中”，宽居仁行是实际地操持“正中”。宽：从容。“宽以居之”的意思指从容地居处在“正中”。仁是各种品德的会聚与和谐，“仁以行之”的意思指相对具体的境遇权衡各种品德以形成具体的和谐。《中庸》以喜怒哀乐为例讲“中和”，说“喜怒哀乐之未发谓之中，发而皆中节谓之和”。“宽以居之”即居于未发之中，“仁以行之”即形成中节之和。

[4] 重刚：重叠之刚。孔颖达说：“重刚者，上下俱阳，故重刚也。”（《正义》卷第一）乾卦的二、三、四、五爻都是上下俱阳，但是二、五爻分别居下卦和上卦的中位，所以只有三、四两爻是“重刚而不中”。九五是天位，九二是地位，所以说九三“上不在天，下不在田”。“乾乾”、因其时而“惕”是君子在九三之位的“成德”之事。

[5] 朱熹认为“重刚”是阳爻居阳位，这样的话，说九四“重刚而不中”就不符合了。朱熹说是多出了一个“重”字。九三是人位，所以说九四“上不在天，下不在田，中不在人”。疑则不妄动，这是君子在九四之位的“成德”之事。

[6] 乾卦九二和九五都讲“利见大人”，九二讲的是具有“大人”之潜质者遇到得以施展其才德的时机，九五讲的是成就“大人”之德。“大人”之德的表现是“与天地合其德，与日月合其明，与四时合其序，与鬼神合其吉凶”。这其实是说把人充分地“大”起来了。把人“大”起来是儒家学说的重要内容，程颢说“君子之学，莫若廓然而大公，物来而顺应”(《答横渠张子厚先生书》)，王守仁说“大人者，以天地万物为一体者也”(《大学问》)，都在讲这个意思。

中国传统文化重视讲天人之合。天人之合是天与人的相互符合，所以说“先天而天弗违，后天而奉天时”。“先天而天弗违”即天不违反人的设计，是天符合人。“后天而奉天时”即人遵照在先的天时而行，是人符合天。所以，这两句话的顺序应该换一下，即“后天而奉天时，先天而天弗违”。从人的角度讲，“后天而奉天时”可以称之为“前符合”，即天在人“前”，人在天“后”。“先天而天弗违”可以称之为“后符合”，即天在人“后”，人在天“先”。在这两种符合中，“人”是一个，“天”则是两个。“后符合”中的“天”不同于“前符合”中的“天”，是人化的“天”。“前符合”是“后符合”的前提，如果没有“前符合”，那么就不能形成人的设计。但是“前符合”是难以证明的，所以天人是否相合只能在“后符合”中得到证明。

[7] 君子在上九之位的“成德”之事是避免“亢”。通过儆戒的方式来讲“知进而不知退，知存而不知亡，知得而不知丧”，也就是要知退、知亡、知丧，这样才能“知进退存亡而不失其正”。

坤

䷁坤下坤上

坤：元亨，利牝马之贞。[1]君子有攸往，先迷后得，主利。[2]西南得朋，东北丧朋。[3]安贞吉。[4]

初六：履霜，坚冰至。[5]

六二：直方大。不习，无不利。[6]

六三：含章，可贞。[7]或从王事，无成有终。[8]

六四：括囊，无咎无誉。[9]

六五：黄裳，元吉。[10]

上六：龙战于野，其血玄黄。[11]

用六：利永贞。[12]

解读

[1] 利牝马之贞：占问有关“牝马”一类的事有利。所谓“牝马”一类的事主要指繁衍、畜养等，晋卦卦辞说“康侯用锡马蕃庶，昼日三接”。还可以扩展理解，不只限于马，而是讲事物的生养问题。《周易》的卦辞爻辞取材于以往大量的筮辞记录，当初占问针对的是

某一具体的事，经整理编纂系于卦爻之下，则相对某一类事或某一类道理。体现了作者的一些意图和观点。

[2] 攸：所。“有攸往”指有明确去处。先：为先。后：为后。“先迷后得”指先则迷，后则得。主：守。在此指遵守“先迷后得”的告诫。如果“有攸往”，那么“先迷后得”。如果能遵守“先迷后得”的告诫，那么就有利。先、后可以就人说，也可以就事说。《老子》说“不敢为天下先”（第六十七章）。《庄子·天下》中说老聃是“人皆取先，己独取后”，说关尹是“未尝先人，而常随人”。《淮南子·原道训》说“因循应变，常后而不先”；“与万物回周旋转，不为先唱，感而应之”。“先迷后得主利”或断句为“先迷后得主，利”。

[3] 西南：西和南。东北：东和北。朋：同类。八卦，后来人们将其分成阴和阳两类。乾为阳，坤为阴。其他六个卦，以“阳卦多阴，阴卦多阳”（《系辞下》）为标准来分阴阳。所谓阳卦多阴指阳性卦是两画阴，一画阳；阴卦多阳指阴性卦是两画阳，一画阴。据此，震、坎、艮为阳性卦，巽、离、兑为阴性卦。《说卦》将坤和巽、离、兑同类的卦布置于南和西，将乾和震、坎、艮布置于北和东。所以，坤在西南得其同类，在东北失其同类。

[4] 安贞吉：占问平静居处，为吉。

[5] 履：踩。初六是坤卦的第一爻，意味着开始凝成事物，逐渐壮大，所以说“履霜，坚冰至”。来知德说：“霜，一阴之象；冰，六阴之象。”（《周易集注》卷一）乾的作用主要是发动变化，所以初爻讲潜。坤的作用主要是承载变化、成形事物，所以初爻讲凝。

[6] 六二居全卦的地位，“直”“方”在此指行走的路线和范围。行走的路线和范围不断地延伸扩展则为“大”。习：重复。或读“习”为“折（摺）”。“不习”指“直”“方”不是往返行走，往返则不能“大”。引申指在坤卦六二的境遇，做事不重复往返，则无不利。

[7] 章：花纹，彩色。“含章”指包含着错杂的色彩，进而指容纳表现出错杂色彩的事物。坤成形事物不重复，所以容纳丰富多样的而不是单一重复的内容。“可贞”指可以通过占问而得其正。

[8] 从王事：跟随君王做事，引申指跟随主事者做事。成、终皆有完成的意思。《左传·昭公十三年》“百事不终”，杜预注：“百事不成”。在此二者的区别在于，成相对事讲，终相对做事讲。跟随他人做事，事之成与自己做事之终不必一致。王弼说：“不为事主，顺命而终，故曰‘无成有终’也。”（《周易注》卷第一）

[9] 括：结扎。“括囊”指扎住囊口。坤有囊象，六四处于内卦和外卦相接处，又以阴爻居阴位，重阴凝闭，犹如扎住囊口，所以说“括囊”。囊口扎住，含而不露，不以言取祸，不以行致过，所以“无咎”。当然也不会有“誉”。王夫之说：“欲退藏以免于咎，则无如避誉而不居。”（《周易内传》卷一上）《庄子·天下》中说老聃的处事原则是“苟免于咎”。

[10] 黄裳：《左传·昭公十二年》：“黄，中之色也；裳，下之饰也。”六五以阴爻居上卦的中位，以黄言其中，以裳言其顺。或以“黄”为地之色，与天之色“玄”对应。

[11] 龙战：龙来战、与龙战。上六为阴之盛极，固而不顺，阻碍阳发动变化，导致阴阳剧烈冲突，犹如旷野之雷鸣电闪、雨狂风暴、山崩海啸、天昏地暗，所以说“其血玄黄”。玄是天之色，黄是地之色，血之“玄黄”是一种玄黄不辨的混沌状态。

[12] 用六指坤卦六爻皆为变爻而成乾卦，但是不同于原筮所得的乾，而是融入了坤的乾。乾之用九所得之坤是蕴涵着变化的成形，坤之用六所得之乾是附载于成形的变化。这是可以长久的状态，所以乾之用九讲“吉”，坤之用六讲“利永贞”。《系辞上》说：“乾坤其《易》之缊邪？”意思是说乾坤两卦蕴藏着《易》的精神和道理。

乾之用九、坤之用六最能体现这一点。

《彖》曰：

至哉坤元，万物资生，乃顺承天。[1] 坤厚载物，德合无疆，含弘光大，品物咸亨。[2] 牝马地类，行地无疆，柔顺利贞。[3] 君子攸行，先迷失道，后顺得常。[4] 西南得朋，乃与类行；东北丧朋，乃终有庆。[5] 安贞之吉，应地无疆。[6]

| 解读 |

[1] 至哉坤元，万物资生，乃顺承天：

在解读乾卦时说过，由"一阴一阳之谓道（《系辞上》）"和"一阖一辟谓之变（《系辞上》）"等命题可以看出《易传》中的道是一团"变"。变由阴阳双方的共同作用而形成，《彖》将"道"之阳称为"乾元"，将"道"之阴称为"坤元"。在形成变化的过程中，乾和坤各自所起的作用不同，乾的作用是发动变化，坤的作用是承载变化。由于所有事物的变化都始于"乾元"的发动，所以说"大哉乾元，万物资始"。由于所有变化的事物都由"坤元"承载，所以说"至哉坤元，万物资生"。"至"在此也是"大"的意思，只是"乾元"之"大"是"行"之大，"坤元"之"大"是"形"之"大"，所以一说"大"，一说"至"，以示区别。"生"是成形的意思。孔颖达说："初禀其气谓之始，成形谓之生。"（《正义》卷第一）《大戴礼记·本命》："化于阴阳，象形而发谓之生。"

"乾元"聚拢着全部的刚健之行，所以说乾元时是"乃统天"；"坤元”承载着全部的刚健之行，所以说坤元时是“乃顺承天”。就事物发生的动力讲，“乾元”为先；就事物存在的承载讲，“坤元”为重。

[2] 坤厚载物，德合无疆，含弘光大，品物咸亨：

坤象地，但不是指地球，而是指“形”，即成形。王弼说：“地也者，形之名也。坤也者，用地者也。”（《周易注》卷第一）凡是成形之事都属于地、属于坤。厚有广、深、多、大等意思，以此来形容坤之载物。“无疆”指无限。“德合无疆”指“坤厚载物”是无限的。“含弘”意为无所不容。“光大”意为扩大。“品物咸亨”指“含弘光大”所容的所有事物都处于普遍的联系之中。

[3] 牝马地类，行地无疆，柔顺利贞：

“牝马”指附载于“形”的“行”，所以说“地类”。就“行”本身讲，是“龙”，是“天”；就附载于“形”的“行”讲，是“牝马”，是“地类”。“马”表示“行”，“牝”表示“顺”。

“行地”即行于地，也就是“地类”之“行”。没有不变化的事物，事物无限，时空无限，变化也无限，所以说“行地无疆”。

“牝马”就“行”言，其也有“健”义，但是，是包含着顺的健。这样才能使“含弘光大”之整体既有活力，又有秩序，所以说“柔顺利贞”。

[4] 君子攸行，先迷失道，后顺得常：

条件不具备、时机不成熟便贸然行动，往往会做糊涂事。根据境遇的变化采取相应的行动，才能正常地处理问题。所以，君子之行要顺应而为。

[5] 西南得朋，乃与类行；东北丧朋，乃终有庆：

坤在东北失阴性同类，但是却与阳性相遇，因此而有“天地细缊，万物化醇；男女构精，万物化生”（《系辞下》）。所以说“乃终有庆”。程颐说：“西南阴方，从其类，得朋也。东北阳方，离其类，丧朋也。

离其类而从阳，则能成生物之功，终有吉庆也。”（《程传》卷第一）

[6] 安贞之吉，应地无疆：

安贞：安于正，亦即安于“各正性命”。但是，“各正性命”不是固定不变的事物的堆积，而是不断应变化而生成事物的过程，所以说“应地无疆”，即无限地应变化而生成事物。

坤卦《象》中三次讲到“无疆”。“德合无疆”讲坤具有无限之德性；“行地无疆”讲坤包含着无限变化；“应地无疆”讲坤应变化而生成事物的无限性。在乾卦那儿没有明确地讲无限，但是在“德合无疆”“行地无疆”“应地无疆”中包含着乾之无限。

《象》曰：

地势，坤。[1] 君子以厚德载物。[2]

履霜坚冰，阴始凝也。驯致其道，至坚冰也。[3]

六二之动，直以方也。不习无不利，地道光也。[4]

含章可贞，以时发也。或从王事，知光大也。[5]

括囊无咎，慎不害也。[6]

黄裳元吉，文在中也。[7]

龙战于野，其道穷也。[8]

用六永贞，以大终也。[9]

解读

[1] 势：形势。焦循说：“势，犹形也。”（《易章句》卷五）陈梦雷说：

“地以形载，故曰势。”（《周易浅述》卷一）“地以形载”不是说地承载着一个个孤立的形器，而是说所有普遍联系的形器整体就是“地以形载”。这样的“形”即“势”。《老子》说：“物形之而势成之。”（第五十一章）“物形之”指众物分别显现形容。“势成之”即分别显现形容的众物处于普遍的联系之中。这样的“形—势”即“地势”。

《说卦》说：“坤，顺也。”“地势，坤”犹言地势顺。地势顺指“地以形载”顺应着天之健行。朱熹说：“说易只是阴阳，说乾坤只是健顺。”（《朱子语类》卷六十九）

[2] 君子观坤卦卦象，地下有地，厚而又厚，因此不断地深厚自己柔顺而载的品质，所以说“厚德载物”。“厚德载物”是坤之柔顺在君子身上的体现。程颐说：“君子观坤厚之象，以深厚之德，容载庶物。”（《程传》卷第一）

[3] 履霜坚冰：朱熹说，按《魏志》应该是“初六履霜”（见《三国志》卷二裴松之注）。驯：顺。“驯致”即顺而致。顺着积微成著的路子，由“始凝”积成“坚冰”，所以说“驯致其道，至坚冰也”。孔颖达说：“阴阳之气无为，故积驯履霜，必至于坚冰。以明人事有为，不可不制其节度，故于履霜而逆以坚冰为戒，所以防渐虑微，慎终于始也。”（《正义》卷第一）所谓“逆”即不顺而致，关注事物变化的苗头，进而掌握事物的变化。否则，只能是被事物的变化牵着走。《老子》说：“其未兆也，易谋也。”（第六十四章）《系辞下》说：“君子见几而作，不俟终日。”

[4] 直：在此指中正。方：在此指中矩。六二处下卦的中位，所以中正。六二以阴爻居阴位，当位，所以中矩。六二之中正、规范是自然的，不是练习而得，所以说“不习无不利”。光：通“广”。“地道光”即地道宏大。乾以九五为盛，坤以六二为盛。

[5] 以时发：“发”相对“含”讲。虽然含有丰富多彩的内容，

但并不是随意地或全部地表现出来，而是根据不同的境遇表现不同的内容，针对不同的事情发挥不同的才能，所以能够得宜。宜则正，所以说“可贞”。知同“智”。“从王事”是随人做事，“常后而不先，常应而不唱”(《淮南子·诠言训》),这是大智慧,所以说“知光大也”。“从王事”表现的是“应”，“以时发”所求的是“当”。

[6] 慎不害：能谨慎言行则不害。不求有誉，但求无咎。

[7] 文：《系辞下》说：“爻有等，故曰物。物相杂，故曰文。”“爻有等”即爻有阴阳之类。阴阳相杂以成文。《仪礼·士冠礼》“玄端，玄裳、黄裳、杂裳可也”，郑玄注：“玄端即朝服之衣，易其裳耳。上士玄裳，中士黄裳，下士杂裳，杂裳者，前玄后黄。”杂裳前玄后黄，是玄黄相杂之裳。中士是上玄端下黄裳，玄黄相杂以成文。上六爻辞讲的“其血玄黄”是一种玄黄不辨、不玄不黄的状态，与玄黄相杂以成文大不相同。“在中”指六五居上卦的中位，犹如中士居士之中位而上玄端下黄裳，既多样相杂，又得以适中，所以“元吉”。

[8] “龙战于野”是由于上六阴之盛极，固而不顺，所以说“其道穷也”，即阴的柔顺之性消失穷尽。

[9]《文言》说“大哉乾乎”。坤之用六，六爻皆变而为乾，所以说“以大终也”。

《文言》曰：

坤至柔而动也刚，[1] 至静而德方，[2] 后得主而有常，[3] 含万物而化光。[4] 坤其道顺乎？承天而时行。[5]

积善之家必有余庆，积不善之家必有余殃。[6] 臣弑其君，子弑其父，非一朝一夕之故，其所由来者渐矣，由辩之不早辩也。《易》曰：“履霜，坚冰至。”盖言顺也。

直其正也，方其义也。君子敬以直内，义以方外。敬义立而德不孤，直方大。[7]不习无不利，则不疑其所行也。[8]

阴虽有美，含之以从王事，弗敢成也。地道也，妻道也，臣道也。[9]地道无成，而代有终也。[10]

天地变化，草木蕃。天地闭，贤人隐。[11]《易》曰：“括囊，无咎无誉。”盖言谨也。

君子黄中通理，正位居体。美在其中，而畅于四支，发于事业，美之至也。[12]

阴疑，于阳必战。为其嫌于无阳也，故称龙焉。犹未离其类也，故称血焉。夫玄黄者，天地之杂也。天玄而地黄。[13]

解读

[1] 至柔：指坤六爻皆阴。动也刚：坤的变动只能是增加刚的成分，不可能变得比至柔还柔，直至六爻皆变而成乾。

[2] 至静：指坤没有丝毫动能。方：并列，相当。“德方”隐指坤之德与乾之德相当，即《彖》中所讲的“德合无疆”“行地无疆”“应地无疆”。

[3]《老子》说“吾不敢为主而为客”（第六十九章），河上公注：“主，

先也。”得：在此为契合的意思。“后得主”在此即后与先契合。乾发动变化，坤承载变化，乾先坤后，只有坤与乾契合，才是正常状态。

[4] 含万物而化光：即“含弘光大，品物咸亨”。

[5] 承天：即“顺承天”。时行：即“以时行”。

[6] 余庆：留给后辈的德泽。余殃：给子孙带来的祸殃。“积善”“积不善”重在讲“积”。程颢说“谓之恶者非本恶,但或过或不及便如此”(《河南程氏遗书》卷第二上)，反过来讲，无过无不及则善，适度则无恶。所谓“积不善”就是顺着过或不及的偏离将其放大，所谓“积善”就是及时纠正过或不及的偏离。

[7] 在解读《象》时说过，直是中正，方是中矩。六二处下卦的中位，所以中正。六二以阴爻居阴位，当位，所以中矩。敬：庄重谨慎。“敬以直内”指庄重谨慎地保持内在的中正。“义以方外”指合宜恰当地应对所遇的事情。“德不孤”的“孤”可以就人讲，即如果能敬能义，那么自有同道者相应；也可以就德讲，即如果能敬能义，那么其他的德也随之相应。这也可以说是德之“大”。《中庸》说：“喜怒哀乐之未发谓之中，发而皆中节谓之和……致中和，天地位焉，万物育焉。”“敬以直内”是保持未发之中，“义以方外”实现发而中节。如果能敬能义，那么就能够在做任何事情时，使系统既有秩序，又有活力。

[8] 疑：迟疑，犹豫。由于德之“直方大”，所以能够做事果决，不迟疑犹豫，即“不习”。由于德之“直方大”，所以能够“无不利”。

[9] 虽然变化由阴阳双方的共同作用而形成，但是在形成变化的过程中，阴阳各自所起的作用不同，阳的作用是发动变化，阴的作用是承载变化。动能打破静的状态，静却不能产生动的过程。所以在形成变化的过程中，阳主动，阴被动。这本来是阴阳的作用之别，没有尊卑之分，但是，在传统的社会政治生活中，人们将作用之别

与尊卑之分混同起来，讲“阳尊阴卑”。处于“卑”的一方——如妻、臣，即使美德美才，也不能主事；即使成就斐然，也不能居功，而是要归功于“尊”者——如夫、君。对现代人来说，缺少平等观念是《周易》以及以儒家学说为正统的中国传统文化经典的一大局限，与现代人的政治生活原则不一致。所以，我们在解读《周易》及其他的传统思想文化经典的时候，需要将经典中所包含的超越时代的内容与混在一起的具体时代的内容区分开。诸如这段话中以“地道”与“妻道”“臣道”并列，就是这样。与“地道”对应的是“天道”。天、地在《易传》中有特定的含义，天的特性是行、健，地的特性是势（形）、顺，无行之形或无形之行都是不可能的。这是超越时代的内容。夫与妻、君与臣的关系则带有不同的时间和空间的色彩。

[10] 成、终皆有完成的意思。地成形万物没有完成之时，即“应地无疆”，所以说“无成”。但是，任何具体形器都是相对静止的结果，没有相对静止也就没有任何形器。代：朱骏声《说文通训定声》：“凡以此易彼、以后续前皆曰代。”具体形器在相对静止中形成，可以说是“代有终”。

[11] 变化：在此指交感。蕃：生息。闭：壅塞。孔颖达说：“天地变化，谓二气交通，生养万物，故草木蕃滋。天地闭，贤人隐者，谓二气不交通，天地否闭，贤人潜隐。”（《正义》卷第一）《易乾凿度》说泰卦“天地交通，阴阳用事，长养万物也”；说否卦“天地不交通，阴阳不用事，止万物之长也”。

[12] 黄中通理：黄与中，其理相通。正位居体：由于黄与中事理相通，所以中位就是黄的正当位置。美在其中：讲黄内在地具有中之美德。畅于四支，发于事业：讲把内在的中之美德表现发挥到事业上。孔颖达说：“所营谓之事，事成谓之业。”（《正义》卷第一）

[13] 疑：通“碍（礙）”。上六阴至盛极，固而不顺，阻碍阳发动变化，

阳必然更加猛烈地来战，所以说“阴疑，于阳必战”。嫌：不满。至阴无阳使万物及其整体成了死寂的，这样的状态招致阳的不满，所以龙来战，因此称为“龙”战。虽然是龙来战，但是，是在至阴之处战，所以说“未离其类”，表明阴的力量盛大。战的结果是“其血玄黄”，即一种无序状态。由此再变，再逐渐形成有序状态，所以最后说“天玄而地黄”。

屯

䷂（震下坎上）

屯：元亨，利贞。勿用有攸往，利建侯。[1]

初九：磐桓，利居贞，利建侯。[2]

六二：屯如邅如，乘马班如。[3] 匪寇，婚媾。[4] 女子贞不字，十年乃字。[5]

六三：即鹿无虞，惟入于林中。君子几不如舍，往吝。[6]

六四：乘马班如，求婚媾，往吉，无不利。[7]

九五：屯其膏，小贞吉，大贞凶。[8]

上六：乘马班如，泣血涟如。[9]

| 解读 |

[1] 屯（zhūn）：难。《说文解字》："屯，难也。象草木之初生，屯然而难。"又解作盈满。《序卦》说："屯者，盈也。"《广雅·释诂一》："屯，满也。"

卦辞在"元亨，利贞"之后还讲"勿用有攸往，利建侯"，所以不如乾卦的“元亨,利贞”外延广。“勿用有攸往”是说不宜到别处，包含到别处艰难的意思。“元亨，利贞”只就不到别处说，不包括到别处。

不宜到别处,意味着在此处居聚。当屯读 tún 时,有聚的意思。《杂卦》说 :“屯，见而不失其居。”《广雅 · 释诂三》:“屯，聚也。”聚居则需要有秩序。当不能达到“群龙无首”的境界时，就需要有制定和维持秩序者，所以说“利建侯”。建侯即封侯建国，意指形成有秩序的聚居地。

[2] 磐桓 : 即盘桓。朱熹说 :“磐桓，难进之貌。”(《本义》卷之一)由于难进，不如居止，所以说“利居贞”，即利于占问居止得正之事。初九当位，与六四有应，虽然有六二之逆乘而难以行进，但是有六四往求婚媾，所以，居止则得正而利。

[3] 如 : 语助词，犹“然”。在爻辞中经常有这样的用法。“屯如”即艰难的样子。邅 : 难行不进。乘(shèng): 四匹马拉的车。或读“乘”为 chéng。班 : 相牵不进。屯如、邅如、班如都是难以行进的样子。

[4] 匪 : 同“非”。难以行进不是因为遭遇劫寇，而是由于婚媾之事不顺利。讲婚媾之难。

[5] 字 : 或解释为许嫁。朱熹《本义》说 :“字，许嫁也。”或解释为怀孕。李鼎祚《集解》引虞翻曰 :“字，妊娠也。”十年 : 形容时间长久。讲女子出嫁或怀孕之难。六二当位，居下卦中位，与九五有应，按说应该很好，但是，在婚媾上，由于其逆乘初九，所以进行得不顺利。要经过很长时间后，才能理顺关系，与九五相合。所以说“十年乃字”。孔颖达说 :“此爻因六二之象，以明女子婚媾之事，即其余人事，亦当法此。”(《正义》卷第一)

[6] 即 : 接近。虞 : 虞人。管理山林川泽的官员。熟悉所管辖范围的情况。惟 : 只是。几 : 语辞。打猎时，欲接近于猎物，却得不

到虞人的帮助，只是空入林中。君子见此情况，不如放弃。如果执意前往，则吝。吝是把过失放大。六三不当位、不中位，又无应，所以做事需人引导，否则容易将过失放大。

[7] 六四与初九有应，却又顺承九五，所以也有难以行进的表现。但是最后还是能与初九相合，所以说“求婚媾，往吉，无不利”。

[8] 膏（gào）：膏泽恩惠之类。“屯其膏”指施与恩惠难，不能广施博济。这样，占问小事则得正而吉，占问大事则凶。九五也是当位、中位、有应都符合，但是，由于婚媾，其膏泽只应六二，所以难成大事。

[9] 涟：流泪不断的样子。“泣血涟如”指血泪不断地流出。爻辞中三次讲到“乘马班如”，但是结局不同。六二与九五有应，虽然行进艰难，但是最后还是能与九五相合。六四与初九有应，虽然行进艰难，但是最后还是能与初九相合。上六与六三无应，而且逆乘九五，只能是“泣血涟如”了。

《彖》曰：

屯，刚柔始交而难生，动乎险中，大亨贞。[1]雷雨之动满盈。[2]天造草昧，宜建侯而不宁。[3]

解读

[1] 屯卦下卦为震，上卦为坎。震是坤第一画由阴变阳，所以说“刚柔始交”。《列子·杨朱》中说“生之难遇”，任何事物的产生都是在一系列的遇中越来越成为现实，在开始时最难定，所以说“难生”。孔颖达说：“刚柔二气始欲相交，未相通感，情意未得，故难生也。”

(《正义》卷第一)程颐说:“阴阳不交则为否,始交而未畅则为屯。”(《程传》卷第一)“难”或读为 nàn。震为动,坎为险,所以说“动乎险中”。虽然“难生”,但是新生事物会随着变化进程在与其他事物的联系和贯通中越来越成为现实而“正”其“性命”,所以说“大亨贞”。

[2] 震象雷,坎象水。古人以为雷出地中,其动的方向是由下往上;雨是由上而降的水。这形成了上下交感,交感中充盈着生机。孔颖达说:“雷雨二气,初相交动,以生养万物,故得满盈。”(《正义》卷第一)

[3] 草昧:混沌初开的杂乱状态。“天造草昧”意为天开始造成草昧状态。“雷雨之动满盈”讲生成万物的生机和活力。要实现“大和”,除了有活力,还得有秩序。“建侯”可以理解为建立秩序。宁:止息。《国语·晋语八》“闻子与和未宁”,韦昭注:“宁,息也。”又解作荒宁,懈怠。《大戴礼记·文王官人》“以观其不宁”,王聘珍解诂:“宁,荒宁也。”“不宁”意为不荒废懈怠,不止息。

《象》曰:

云雷,屯。[1] 君子以经纶。[2]

虽磐桓,志行正也。以贵下贱,大得民也。[3]

六二之难,乘刚也。十年乃字,反常也。[4]

即鹿无虞,以从禽也。君子舍之,往吝穷也。[5]

求而往,明也。[6]

屯其膏,施未光也。[7]

泣血涟如,何可长也。[8]

解读

[1] 震为雷，坎为水，水在上为云，所以说“云雷”。“云雷，屯”即《彖》所言“雷雨之动满盈”。

[2] 经纶：整理丝缕，理出头绪，编丝成绳。用于社会中，指筹划治理。君子观屯之象，想到在事情开始萌生时就筹划治理。孔颖达说：“经谓经纬，纶谓绳纶。言君子法此屯象有为之时，以经纶天下，约束于物。”（《正义》卷第一）司马光说：“经纶者何？犹云纲纪也。屯者，结之不解者也。结而不解则乱，乱而不缉则穷。是以，君子设纲布纪以缉其乱，解其结，然后物得其分，事得其序，治屯之道也。”（《温公易说》卷一）

[3] 孔颖达说：“初九虽磐桓不进，非苟求宴安，志欲以静息乱，故居处贞也。非是苟贪逸乐，唯志行守正也。”（《正义》卷第一）《易传》以阳贵阴贱，“以贵下贱”指初九位于众阴之下。“大得民”指聚集民众，封侯建国。

[4]“乘刚”指六二与初九的关系不顺。反：返。“反常”指六二返归于与九五之应。

[5] 从禽：只顾追逐猎物。引申指不求正确方法，只顾追求目标。君子放弃追逐，是因为如果不放弃追逐，那么就会越来越陷入困境。

[6] 求而往：六四往求与初九有应。六四虽然顺承九五，但是知道与自己有应的是初九，所以说“明”。引申地说，无论做什么事，都求与自己相适应者，是明智的。

[7] 光：广。九五之膏泽恩惠只施于六二，所以说“施未光也”。

[8]“泣血涟如”是最悲痛的表现。人不能一直处于最悲痛的状态，要么悲痛而绝，要么悲痛渐少，所以说“何可长也”。

蒙

䷃（坎下艮上）

蒙：亨。[1] 匪我求童蒙，童蒙求我。[2] 初筮告，再、三渎，渎则不告。[3] 利贞。[4]

初六：发蒙，[5] 利用刑人，用说桎梏。[6] 以往吝。[7]

九二：包蒙，吉。[8] 纳妇，吉。[9] 子克家。[10]

六三：勿用取女，见金夫，不有躬，无攸利。[11]

六四：困蒙，吝。[12]

六五：童蒙，吉。[13]

上九：击蒙，不利为寇，利御寇。[14]

| 解读 |

[1] 蒙：遮蔽，覆盖。遮蔽、覆盖故不明，所以又有昏暗、无知等意思。不止于昏暗而进于明，不止于无知而进于知，所以说“亨”。孔颖达说：“蒙者，微昧暗弱之名。物皆蒙昧，唯愿亨通，故云‘蒙亨’。”（《正义》卷第一）李鼎祚《集解》引干宝曰：“蒙为物之稚也，

施之于人则童蒙也。苟得其运，虽蒙必亨，故曰‘蒙亨’。”

[2] 匪：同“非”。童蒙：蒙昧无知。《国语·晋语四》“童昏不可使谋”，韦昭注：“童，无智。”贾谊《新书·道术》：“亟见窕察谓之慧，反慧为童。”“匪我求童蒙，童蒙求我”是说筮者不主动去找人为之占筮，而是等问筮者前来求筮。这可以说是不邀筮。

[3] 渎：既有过度之意，也有轻慢之意。占筮的结果是随机事件，对同一问筮的反复占筮，并不总是得到相同结果，所以，对同一事情不能再三占筮。王弼说：“筮者，决疑之物也。童蒙之来求我，欲决所惑也。决之不一，不知所从，则复惑也。”（《周易注》卷第一）所以说“初筮告，再、三渎，渎则不告”。这可以说是不渎筮。

[4] “不邀筮”“不渎筮”利于占问得正，所以说“利贞”。

[5] 发：开启。“发蒙”就是把遮蔽、覆盖打开，使处于昏暗者见到光亮，使无知者成为有知。

[6] 用：以。刑：法度。“刑人”即以法度规范人。焦循说：“刑，成也。”（《易章句》卷一）这样的话，“刑人”即成就人。说（tuō）：同“脱”。桎：拘束人两足的刑具。梏：木制手铐。常桎梏连用，表示束缚。“利用刑人，用说（脱）桎梏”是以一个“利”字带两个“用……”。意即利于以法度规范人，利于解脱对人的束缚。二者看似矛盾，其实是一致的。以法度规范人——包含刑罚——并不是目的，目的在于使人不违法度，不受刑罚。

[7] 如果不以法度规范人的不合法度的行为，放任其行，不法行为就会被放大，所以说“以往吝”。

[8] 包蒙：包容蒙昧。这是从启蒙者的角度讲。九二承担启蒙的任务。一方面要启蒙，另一方面，对尚处于蒙昧中者也要包容。这样得以“吉”。

[9] 王弼说：“妇者，配己而成德者也。”（《周易注》卷第一）

九二阳爻居下卦中位，六五阴爻居上卦中位，二者有应，所以说“纳妇，吉”。

[10] 克：胜任。九二与六五有类似子与父。“子克家”指子能够承担家事。

[11] 躬：身。取：同“娶”。六三有应在上九，逆乘九二，不从上九而欲从九二，所以说“见金夫，不有躬”。朱熹说：“六三阴柔不中不正，女之见金夫而不能有其身之象也。”（《本义》卷之一）娶这样的女人不利，所以说“勿用取女”，即不宜娶这样的女人。

闻一多认为“夫”疑当为“矢”，“躬”当为“弓”。“见金夫，不有躬”意即有矢无弓，无能射，故占曰“无攸利”。（《周易义证类纂》，《周易与庄子研究》，巴蜀书社，2003 年，第 6 页。）

[12] 困蒙：困于蒙昧之境。在蒙卦中，六四处境最差。阳为明，阴为暗，全卦四阴爻，独六四与阳爻关系最疏远，所以说“困蒙”，而且蒙昧会加剧，所以说“吝”。

[13] 六五与九二有应，又顺承上九，虽然蒙昧无知，但是仍然会“吉”。

[14] 击蒙：击打蒙昧。上九“击蒙”与九二“包蒙”形成明显对比。九二居下卦中位，既承担启蒙任务，又能包容蒙昧，所以遇事能吉。上九居全卦最上，过于刚猛，对蒙昧一味击打，就像整治盗寇似的，这样不利于去除蒙昧，所以说“不利为寇”，即以“为寇”的方式不利于去除蒙昧。为：治，整治。寇：盗寇。但是，上九刚强，能抵御外来势力的进攻，所以说“利御寇”。寇：敌寇。

《彖》曰：

蒙。山下有险。[1] 险而止，蒙。[2] 蒙亨，以亨行，

时中也。[3] 匪我求童蒙，童蒙求我，志应也。[4] 初筮告，以刚中也。[5] 再、三渎，渎则不告。[6] 渎，蒙也。[7] 蒙以养正，圣功也。[8]

| 解读 |

[1] 蒙，艮上坎下，艮为山，坎为险，所以说“山下有险”。

[2] 坎为险，艮为止，所以说“险而止”，即遇险而止。遇险而止，不知险情，所以称为“蒙”。

[3] 蒙之所以亨，是由于遇险而止，探明险情再行，这样才能行得通，所以说“以亨行”。这样当止则止，可行始行，可以说是“时中”。《彖·艮》说：“时止则止，时行则行，动静不失其时。”

[4] 志应：指蒙者来求筮，筮者才应占。以卦爻言，九二以刚明处下，六五以童蒙居上，其志应于九二，即“童蒙求我”。

[5] 初筮告，以刚中也：初筮者是要求得果断合宜的答案，所以“告”。

[6] 再、三渎，渎则不告：就一件事反复求筮已经不是要求得果断合宜的答案，而是谋求侥幸，所以“不告”。

[7] 渎，蒙也：就一件事反复求筮本身就是蒙昧。

[8] 蒙以养正：养蒙以正，养正于蒙。培养端正品性，要从蒙昧时开始。能够从蒙昧时开始培养端正品性，这是非常崇高的事业。

《象》曰：

山下出泉，蒙。[1] 君子以果行育德。[2]

利用刑人，以正法也。[3]

子克家，刚柔接也。[4]

勿用取女，行不顺也。[5]

困蒙之吝，独远实也。[6]

童蒙之吉，顺以巽也。[7]

利用御寇，上下顺也。[8]

| 解读 |

[1] 艮为山，坎为水，坎下艮上，所以说“山下出泉”。一般地讲，泉都是从一定相对高度的山下冒出，很难从山顶冒出。

[2] 果行：果决之行。《周易折中》引真德秀曰：“泉之始出也，涓涓之微，壅于沙石，岂能遽达哉？惟其果决必行，虽险不避，故终能流而成川。然使其源之不深，则其行虽果，而易以竭。艮之象山也，其德止也。山惟其静止，故泉源之出者无穷，有止而后有行也。君子观蒙之象，果其行如水之必行，育其德如水之有本。”

[3] 正法：确定法制。

[4] 刚柔接：六五与九二类似父子。九二为刚，六五为柔，所以说“刚柔接也”。

[5] 六三有应在上九，不应上九而逆乘九二，所以说“行不顺也”。

[6] 阳为实，阴为虚。卦中六四与阳爻关系最为疏远，所以说“独远实也”。

[7] 巽：谦顺。孔颖达说：“顺谓心顺，巽谓貌顺。”（《正义》卷第一）六五以柔中居尊，下应九二之刚明，所以说“顺以巽也”。

[8]“上下”指六五和九二。六五顺承上九，其顺不待言。九二与上九同为阳爻，在卦中承担启蒙之任。九二“包蒙”，体现出宽容，但是容易缺少威严，需要补一些上九击蒙的威严成分，猛以济宽，所以九二也是“顺”。

需

䷄（乾下坎上）

需：有孚，[1] 光亨，[2] 贞吉，利涉大川。[3]

初九：需于郊，利用恒，无咎。[4]

九二：需于沙，小有言，终吉。[5]

九三：需于泥，致寇至。[6]

六四：需于血，出自穴。[7]

九五：需于酒食，贞吉。[8]

上六：入于穴，有不速之客三人来，敬之，终吉。[9]

| 解读 |

[1] 需：等待。《杂卦》说："需，不进也。"孚：信。有信用的意思，也有信验的意思，大抵在《易经》中多为信验之意，在《易传》中多为信用之意，需要根据语境灵活理解。

[2] 光：广。闻一多说："卦辞无称'光亨'者，而'元亨'之语屡见，疑'光'当为'元'，字之误也。"（《周易义证类纂》，《周易与庄子研究》，

巴蜀书社，2003年，第55页。）

[3] 利涉大川：利于渡过大河流，引申指利于渡过艰险。需卦下为乾，有进取之义；上为坎，有险之义。进取遇险，等待时机，可以渡过险阻，所以说“利涉大川”。司马光说：“居正待时，然后吉也；用邪求益，宜其凶也。需以涉难，难可济也；躁以涉川，沉可必也。”（《温公易说》卷一）

[4] 郊：国都周边的地方。初九远离险境，犹如等待于国都周边，如果能常守这样的状况，便不会有过失和灾祸，所以说“利用恒，无咎”。

[5] 沙：水旁地，滩地。言：闻一多认为“言、辛古当同字”，当读为“愆”。并认为“《易》凡言‘有言’，读为有愆”。（《周易义证类纂》，《周易与庄子研究》，巴蜀书社，2003年，第68、69页。）李镜池也认为“言，借为愆”（《周易通义》，中华书局，1981年，第13页）。陈鼓应、赵建伟：“‘言’读若‘辛’或‘愆’：《说文》‘言，从口辛声’、‘辛，读若愆’、‘愆，过也’；《广韵》‘辛，古文愆’。”（《周易今注今译》，商务印书馆，2005年，第73页）“小有言”即小有咎。九二距离险境较近，犹如等待于水旁滩地，会小有过失或灾祸，但是终归于吉，所以说“小有言，终吉”。孔颖达认为“言”是相责让（《正义》卷第二），程颐认为“言”是言语之伤（《程传》卷第一），尚秉和认为“言”是争讼（《周易尚氏学》卷二）。朱熹说：“《易》中凡言‘终吉’者，皆是初不甚好也。”（《朱子语类》卷第七十三）

[6] 九三即将陷于险中，所以说“需于泥”。九三遇险主要是由于过刚妄动所致，所以说“致寇至”。

[7]《说卦》说坎“为血卦”。血：在此指血染之地。六四进入坎卦，“需于血”意味着渡过险境的代价。穴是险地，六四以柔陷入险地，付出血的代价，但是，六四当位，与初九有应，因此能等待时机，

走出险境，所以说“出自穴”。陈梦雷说：“内卦三阳以见险不轻进为需,外卦入险矣,以待人共进为需。”（《周易浅述》卷一）或读“血”为“洫”，沟洫。

[8] 九五虽身处险境，但是既当位又中位，以刚健中正之德，自能泰然处之，所以能“需于酒食”。吕祖谦说：“九五一爻，在坎阴之中也。常人之情，处至险之中，必皇惧逼迫，无所聊赖。五处至险，而从容舒缓，饮食宴乐，是知险难之中，自有安闲之地也。”（《易说·上》）

[9] 上六处于险极，以阴柔之质无法凭自身力量等待时机脱险，所以不再说“需”，而只说“入于穴”。速：邀请。“不速之客三人”指有几位不请自来的人。如果能敬重这些不速之客，那么可以在这些人的帮助下脱离险境，所以说“终吉”。或以下卦三阳为“不速之客三人”。

王夫之说：“此卦两言‘终吉’,需之为道无速效,故必久而后吉。”（《周易内传》卷一下）

《彖》曰：

需，须也，险在前也。刚健而不陷，其义不困穷矣。[1] 需，有孚，光亨，贞吉，位乎天位，以正中也。[2] 利涉大川，往有功也。

| 解读 |

[1] 需卦整体是从下卦乾的角度讲的，所以说“险在前”“刚健而不陷”等等。陈梦雷说：“刚健者，多以轻躁而陷于险。刚健而能

不陷，故善其不至困穷也。……需然后进，所以不陷。不陷则能出险，故不困穷。乾三阳进而迫乎险，遇险而能需者也。坎一阳居中守正，处险而能需者也。遇险而能需，则不至犯险；处险而能需，则又将出险矣，故曰不陷。”（《周易浅述》卷一）

[2] “位乎天位，以正中也”指九五。

《象》曰：

云上于天，需。[1] 君子以饮食宴乐。[2]

需于郊，不犯难行也。利用恒，无咎，未失常也。[3]

需于沙，衍在中也。虽小有言，以终吉也。[4]

需于泥，灾在外也。自我致寇，敬慎不败也。[5]

需于血，顺以听也。[6]

酒食贞吉，以中正也。[7]

不速之客来，敬之终吉，虽不当位，未大失也。[8]

| 解读 |

[1] 乾为天，坎为水，乾下坎上，所以说“云上于天”。“云上于天”有天将降雨之象，所以说“需”。

[2] 天积云才能降雨，人也需要修身养性才能立身于世。“饮食宴乐”是形象地说修身养性之事，不是要人沉溺于宴饮享乐。

[3] 不犯难行：不冒难行之险。未失常：不失需之常道。陈梦雷说：

“险难由人自犯，于郊则不冒险而行矣。”（《周易浅述》卷一）

[4] 衍：孔广森：“衍盖古文愆字之省。二爻云‘衍在中’，三爻云‘灾在外’，意正相对。”（引自高亨《周易大传今注》，齐鲁书社，1979 年，第 111 页）九二居下卦中位，所以说“衍在中也”。

[5] 坎在九三之外，所以说“灾在外也”。遇险是由于九三过刚妄动所致，如果能够敬畏谨慎，则可以避免伤害。

[6] 九四以阴爻居阴位，与初九有应，所以说“顺以听”。陈梦雷说：“三能敬，则虽迫坎之险而不败；四能顺，则虽陷坎之险而得出。敬与顺，固处险之道也。”（《周易浅述》卷一）

[7] 九五“需于酒食”而能“贞吉”，在于其“需于酒食”是涵养中正，而不是沉溺酒食。李鼎祚《集解》引卢氏曰：“沉湎则凶，中正则吉也。”

[8] 上六以阴爻居阴位，是当位的。这儿说的“不当位”不是阳爻居阴位、阴爻居阳位的意思，而是说上六以极柔处极险，不能承当自立。

讼

䷅（坎下乾上）

讼：有孚，窒惕，中吉，终凶。[1] 利见大人，不利涉大川。[2]

初六：不永所事，小有言，终吉。[3]

九二：不克讼，归而逋，其邑人三百户无眚。[4]

六三：食旧德，[5] 贞厉，终吉。或从王事，无成。[6]

九四：不克讼，复即命渝，安贞吉。[7]

九五：讼，元吉。[8]

上九：或锡之鞶带，终朝三褫之。[9]

解读

[1] 讼：将争执诉之于公。窒：通“恎”，惧。“窒惕”即惕惧。如果以信实戒惧的心态对待讼事，使事情中途而止，那么则可以吉；如果要坚持将讼事进行到底，那么就会凶。

[2] 因才德而有威望的人，在中止讼事中能起重要作用，所以说

“利见大人”。坚持进行讼事难以根本解决问题，形象地说即“不利涉大川”。

[3] 所事：在此即讼事。“不永所事”指不长久地纠缠于讼事。小有言：小有过失。有讼事即小有过失。虽然“小有言”，但是由于“不永所事”，所以“终吉”。

[4] 克：胜。逋（bū）：亡。“其邑人三百户”指领地内的百姓。三百是虚指，不是实指。眚：灾祸。讼事不胜，返回自己的领地并隐匿起来。意味着不再继续讼事。这样，自己及领地内的百姓都没有什么灾祸。相比初六的“不永所事”，九二的“不克讼”在讼事上纠缠较多，但是由于能够“归而逋”，不再继续讼事，也可以使所治理范围无祸患。李鼎祚《集解》引荀爽曰：“君不争，则百姓无害也。”

[5] 德：通“得”。“食旧德”指靠前人或以往所得生活。《周易折中》引杨启新曰：“食旧德，安其分之所当得，是不与人竞利也。”六三与上九有应，有如“食旧德”。

[6]“或从王事，无成”与坤卦六三爻辞讲“或从王事，无成有终”基本相同。少“有终”二字，表明在此只讲事之“无成”，不讲做事之“终”，因为讼事“终凶”。陈梦雷说：“无与毋同，作戒辞。”（《周易浅述》卷一）这样，“无成”也可以理解为“毋成”。六三与上九有应，有如“从王事”，但是并不力促讼事之成。

[7] 复：回来。即命：听从告诫。渝：改变。安：居处，安居。讼事不胜，回来后，听从告诫，改变态度。意味着不再继续讼事。这样，居处正常而吉。九二讼事不胜，返回并不再继续讼事，是自己决定；九四讼事不胜，返回并不再继续讼事，是听从告诫。二者不再继续讼事的原因不同，但是结果都能避免危害，正常生活。

[8] 九五所讲的讼是断讼。九五刚明中正，断讼公正威严，使各方信服，所以说“元吉”。

[9] 锡（cì）：通“赐”。鞶（pán）：皮制的大腰带，是一种服饰。朝（zhāo）：早晨或者一天。“终朝”形容时间很短。三：多次。褫（chǐ）：夺去衣服或带。上九以刚处讼之极，意味着将讼事进行到底。讼而得胜，故受赏赐。但是这样的荣誉很快地在短时间内被褫夺，意味着由胜讼所得的好处不可长久。《周易折中》引胡炳文曰：“上九以刚极处讼终，卦所谓‘终凶’者也，故设此以戒之。”

《彖》曰：

讼，上刚下险。险而健，讼。[1] 讼，有孚，窒惕，中吉，刚来而得中也。[2] 终凶，讼不可成也。[3] 利见大人，尚中正也。[4] 不利涉大川，入于渊也。[5]

解读

[1] 乾刚坎险，所以说“上刚下险”。大抵心气不平而倔强的人好讼，所以说“险而健，讼”。

[2] 孔颖达说：“凡上下二象，在于下象者则称‘来’。……凡云‘来’者，皆据异类而来。”（《正义》卷第二）下卦坎卦二阴一阳，阳属于异类，九二居下卦中位，所以“刚来而得中”指九二。由于“刚来而得中”，所以能以信实戒惧的心态对待讼事，能使讼事中途而止，所以能“吉”。

[3] 成：与“究”同义（见《广雅疏证》卷第四下），即穷尽其事。由于坚持将讼事进行到底的结果是凶，所以说“讼不可成也”。陈梦雷说，讼卦六爻主要的意思“不外《彖》讼不成一言”（《周易浅述》卷一）。

[4] 尚：尊崇。九五断讼公正有力，自然可以说“利见大人，尚中正也”。但是《彖》中讲的“尚中正”应该还指“刚来而得中”的九二。九二“不克讼，归而逋”也可以说是“尚中正”的一种表现。

[5] 坚持将讼事进行到底，只能是越陷越深，所以说“入于渊也”。

《象》曰：

天与水违行，讼。[1] 君子以作事谋始。[2]

不永所事，讼不可长也。虽小有言，其辩明也。[3]

不克讼，归逋，窜也。自下讼上，患至掇也。[4]

食旧德，从上，吉也。[5]

复即命渝，安贞不失也。[6]

讼元吉，以中正也。[7]

以讼受服，亦不足敬也。[8]

| 解读 |

[1] 乾为天，坎为水，天在上，水往下流，所以说“天与水违行”。讼由双方的利益或意愿不一致所导致。《杂卦》说：“讼，不亲也。”

[2]《老子》说：“和大怨，必有余怨，安可以为善？”（第七十九章）讼事处理得再好，也不如不发生讼事，所以孔子说“必也使无讼乎”（《论语·颜渊》）。要避免发生讼事，就需要谋之于始，以绝讼端。《周易折中》引胡炳文曰：“凡事有始、有中、有终，讼‘中吉终凶’，然能谋于其始，则讼端既绝，中与终不必言矣。”进一步讲，

无论做什么事情，都需要防患于未然，所以说“君子以作事谋始”。

[3] 虽然要尽量避免发生讼事，但是总难以做到完全无讼。如果未能绝讼端于开始，那么就需要力求在讼事的初期辨明纷争。这样才能够使由讼事所造成的损害尽量地小。所以说“虽小有言，其辩明也”。

[4] 窜：伏匿，隐藏。掇：拾取。讼事的胜败，应该是九五公正威严的裁断，如果讼事不胜，还要继续，那么就由原来的讼事变成“自下讼上”，只能是自取其患。

[5] 从上：靠在上者所得生活，不改变既有状况。

[6]《系辞上》说：“吉凶者，失得之象也。”“安贞不失”即安贞不凶，与爻辞中讲的“安贞吉”略有区别。

[7] 九五中位、当位，所以说“中正”。

[8] “服”即鞶带。以胜讼而受赏赐，没有什么值得尊敬的功德，所以说“亦不足敬也”。

师

䷆（坎下坤上）

师：贞，丈人吉，[1] 无咎。

初六：师出以律，[2] 否臧，凶。[3]

九二：在师中，[4] 吉，无咎，王三锡命。[5]

六三：师或舆尸，[6] 凶。

六四：师左次，[7] 无咎。

六五：田有禽，利执言，[8] 无咎。长子帅师，弟子舆尸，[9] 贞凶。

上六：大君有命，[10] 开国承家，[11] 小人勿用。[12]

| 解读 |

[1] 师：众，军队。《彖》《序卦》皆训“师”为“众”。贞：得正。丈人：陆德明《经典释文·周易音义》引郑玄云：“能以法度长于人。”王弼说：“丈人，严庄之称也。为师之正，丈人乃吉也。”（《周易注》卷第二）陈梦雷说，卦辞的主要意思就是“出师贵乎得正，而用将在乎得人”（《周易浅述》卷一）

[2] 律：法律，纪律。程颐说："在邦国兴师而言，合义理则是以律法也……在行师而言，律谓号令节制。"（《程传》卷第一）程颐将律分为兴师之律和行师之律。《左传·僖公二十八年》"师直为壮，曲为老"，直即理直，曲即理屈。这是讲兴师之律。王弼说："为师之始，齐师者也。齐众以律，失律则散。故师出以律，律不可失。"（《周易注》卷第二）这是讲行师之律。

[3] 否臧：《左传·宣公十二年》："执事顺成为臧，逆为否……否臧，且律竭也。"人从律为顺，律从人为逆，否臧即变顺为逆，律将因失去尊严而败坏。为师而律败坏，结果必凶。初六暗弱，不当位、又无应，不能维持律的尊严，所以，虽然一开始"师出以律"，结果还是因"否臧"而"律竭"，导致"凶"。

[4] 在师中：在师并得其中。九二为全卦唯一阳爻，居下卦中位，诸阴爻为众，所以说"在师中"。

[5] 三：多次。锡（cì）：同"赐"。"锡命"指赐予爵位。"三锡命"即多次加官晋爵。

[6] 舆尸：以车载尸。又，程颐说"舆尸"是"众主"。二者皆言失败。以车载尸，讲失败而归。众主，讲失败的原因。六三不当位，并且逆乘九二，容易出现"舆尸"的情况。

[7] 程颐以"左次"为"退舍"。《左传·宣公十二年》："见可而进，知难而退，军之善政也。""左次"也可以是自示卑弱的意思。古代书写、编简都是自右而左，位尊者名在前，书写于右，位卑者名在后，书写于左。"左次"即将名次往左排。当然，这也可以说是退。

[8] 言：语助词。田有禽，利执言：田地里进了禽兽，将其捕捉，没有害处。兴师举兵也是这个道理。朱熹说："六五，用师之主，柔顺而中，不为兵端者也。敌加于己，不得已而应之，故为'田有禽'之象，而其占利以搏执而无咎也。"（《本义》卷之一）

[9] 长子：指九二。弟子：六三及六四。六五与九二有应，使九二帅师，但是，如果使六三、六四也分权参与其事，那就形成“舆尸”即众主，导致失败，所以说“贞凶”。

[10] 大君：最高统治者。《易乾凿度》：“大君者，君人之盛者也。”命：指论功行赏。

[11] 李鼎祚《集解》引干宝曰：“开国，封诸侯也；承家，立都邑也。”“开国承家”是说治理国家的事。

[12]《易经》中讲的“小人”多指社会身份较低的平民，虽然表现了社会的不平等，但是其中道德贬责的含义较少。《易传》中讲的“小人”道德贬责含义较多。

《彖》曰：

师，众也。贞，正也。能以众正，[1] 可以王矣。刚中而应，[2] 行险而顺，[3] 以此毒天下，[4] 而民从之，吉又何咎矣。

| 解读 |

[1] 以：使。众：应该包括各方之众。“能以众正”指能使各方之众得正。

[2] 九二以刚居中，与六五有应，所以说“刚中而应”。

[3] 师卦下卦为坎，上卦为坤，坎险坤顺，所以说“行险而顺”。

[4] 毒：《经典释文·周易音义》引马融云：“治也。”俞樾《群经平议》：“毒字当读为督。《尔雅·释诂》：‘督，正也。’以此督天下言以此正天下也。……正有治义，故督亦有治义。”又，《广雅·释

诂》:“毒，安也。”

《象》曰：

地中有水，师。君子以容民畜众。[1]

师出以律，失律凶也。[2]

在师中吉，承天宠也。王三锡命，怀万邦也。[3]

师或舆尸，大无功也。[4]

左次无咎，未失常也。[5]

长子帅师，以中行也。弟子舆尸，使不当也。[6]

大君有命，以正功也。小人勿用，必乱邦也。[7]

解读

[1] 坎为水，坤为地，坎下坤上，所以说“地中有水”。容民畜众：容纳、畜养民众。孔颖达说：“《象》称‘地中有水’，欲见地能包水，水又众大，是‘容民畜众’之象。若其不然，或当云‘地在水上’，或云‘上地下水’，或云‘水上有地’。今云‘地中有水’，盖取容、畜之义也。”(《正义》卷第二)

[2] 失律：即爻辞所言“否臧”。

[3] 承天宠：指九二与六五有应，受到宠信。怀：包容安抚。

[4] 大：在此指兴师的规模很大，所以才会有“舆尸”。

[5] 常：指兴师的准则。《老子》说：“用兵有言：‘吾不敢为主而为客，不敢进寸而退尺。’”(第六十九章)“左次”即“为客”，即“退”。

[6] 以中行：指九二居中以行事。使不当：既可以说六五用人不

当，也可以说六五的主意不当。

[7] 正功：公正地评定功劳。论功行赏不是说就一定要委以治国重任。用兵贵奇而治国贵正，所以不能简单地将兴师举兵中建立功业之人等同于治理国家之才而任以政事。如果说选人用人在兴师举兵时就非常重要的话，那么在治理国家时就更是重中之重，所以戒之曰“小人勿用”。程颐说：“小人恃功而乱邦者，古有之矣。”（《程传》卷第一）

比

䷇（坤下坎上）

比：吉。原筮，元永贞，无咎。[1]不宁方来，后夫凶。[2]

初六：有孚比之，无咎。[3]有孚盈缶，终来有它，吉。[4]

六二：比之自内，贞吉。[5]

六三：比之匪人。[6]

六四：外比之，贞吉。[7]

九五：显比。[8]王用三驱，[9]失前禽，[10]邑人不诫，吉。[11]

上六：比之无首，凶。[12]

| 解读 |

[1] 比：亲比，亲附。原筮：《易经》中仅此一处，难解。前人多解释为“再筮”。李镜池认为是“并筮”，即同时再占。李镜池说：“古时占卜之法，有三人同占的，以多数取决。《书·洪范》：‘立时人作

卜筮，三人占则从二人之言。'”（《周易通义》，中华书局，1981 年。）尚秉和认为“原筮，犹言野筮也”（《周易尚氏学》卷三）。孔颖达说：“原穷其情，筮决其意。”（《正义》卷第二）似是将原和筮看作两个活动。穷究其情不可决，通过筮来决。元：始端。永：延长。“元永贞”指从开始就一直得正。

[2] 方：邦国。“不宁方”指不安宁的邦国。“后夫凶”即后来者凶。于省吾说：“‘后夫凶’即后大凶也。后谓上，即释上六‘比之无首，凶’之义也。”（《双剑誃易经新证》卷二）

[3] 有孚比之，无咎：有信实，亲比可以无咎。

[4] 盈缶：瓦器盈满。象征真情充实于质朴的表现。以质朴真情亲比，会有更多的人亲近，所以说“终来有它”。《周易折中》引郑汝谐曰：“‘有他，吉’者，非期于必得而得之也。”

[5] 六二以阴爻居阴位，居内卦中位，与外卦中位九五有应，自内比外，得正而吉。朱熹说：“柔顺中正，上应九五，自内比外，而得其正，吉之道也。”（《本义》卷之一）

[6] 匪：同“非”。六三不当位，不中位，上下以及应爻皆为阴爻，所以说“比之匪人”。王弼说：“近不相得，远则无应，所与比者，皆非己亲，故曰‘比之匪人’。”（《周易注》卷第二）

[7] 六四当位，顺承九五，可以得正而吉。孔颖达说：“凡下体为内，上体为外，六四比五，故云‘外比’也。”（《正义》卷第二）

[8] 显比：九五中正，亲比正大光明，不私曲隐伏。《周易折中》引梁寅曰：“九五阳刚中正，为比之主。阳刚则明而不暗，中正则公而不私，此其所以为‘显比’也。”

[9] 三驱：狩猎时，从三面驱赶猎物，前开一面。或者说是三度驱赶猎物，不暗射。

[10] 失（yì）：奔逃。狩猎时，逆来向己者舍之，不逆射，顺去

背己者射之，不中而奔走者也不追射，任其走失，所以说“失前禽”。

[11] 诫：戒备，警惕。邑人知晓王者“用三驱，失前禽”的意思，所以，不需要为了顺还是逆而有所戒备。

[12] 首：向，朝着。比卦九五一阳为群阴亲附的对象，一、二、三、四都是向着九五，所以《象》说比“吉”是由于“下顺从”。上六背对九五，所以说“无首”。胡煦说：“阴处卦终，又在五阳之后，有背去之象，故曰无首。”（《周易函书约注》卷三）

《彖》曰：

比，吉也。比，辅也，下顺从也。[1] 原筮，元永贞，无咎，以刚中也。[2] 不宁方来，上下应也。[3] 后夫凶，其道穷也。[4]

| 解读 |

[1] 朱熹《本义》疑“比，吉也”为衍文，而《朱子语类》中又记载说：“‘比，吉也’，‘也’字羡。当云‘比吉。比，辅也，下顺从也’。‘比，辅也’解‘比’字，‘下顺从也’解‘吉’字。”辅：亲附。比是亲附，由于下顺从上，所以“吉”。

[2] 刚中：指九五。九五一阳，以刚居中位，群阴皆来应之，所以“元永贞，无咎”。

[3] 上下应：指上下群阴皆应九五。

[4] 其道穷：讲“比”道至上六而穷困。

《象》曰：

地上有水，比。[1] 先王以建万国，亲诸侯。[2]

比之初六，有它吉也。[3]

比之自内，不自失也。[4]

比之匪人，不亦伤乎！[5]

外比于贤，以从上也。[6]

显比之吉，位正中也。[7] 舍逆取顺，失前禽也。[8] 邑人不诫，上使中也。[9]

比之无首，无所终也。[10]

| 解读 |

[1] 坤为地，坎为水，坤下坎上，所以说“地上有水”。水地亲近无间，所以说“比”。

[2]“建万国，亲诸侯”是分散亲近点，犹如水漫地上，处处皆是。“建万国”是自上而下之亲，“亲诸侯”是自下而上之亲，这样使上下得以处处亲近。《周易折中》引张浚曰：“‘建万国’以下比其民，‘亲诸侯’以上比其君。”

[3] 初六居比之始，具有亲比的敞开性，所以说“有它吉也”。

[4] 六二与九五皆当位，皆居中位，二者有应。从六二讲，即不自失其正，所以说“不自失也”。

[5] 伤：悲哀。

[6] 六四顺承九五，所以说“以从上也”。比卦以九五一阳为贤，六二以有应比于内，六四以顺承比于外，所以皆“贞吉”。

[7] 位正中：位正位中。中正所以做事能正大光明。

[8] 舍逆取顺：以田猎比喻亲比，意思是，逆己者舍，顺己者取。不强迫人亲附于己。

[9] 使：所用的方法。邑人之所以不需要有所戒备，是由于王的做法中正。

[10] 上六背对九五，没有形成亲比，所以也就不会有亲比之终。

小　畜

☰（乾下巽上）

小畜：亨。[1] 密云不雨，自我西郊。[2]

初九：复自道，[3] 何其咎？吉。

九二：牵复，[4] 吉。

九三：舆说辐，夫妻反目。[5]

六四：有孚，血去惕出，无咎。[6]

九五：有孚挛如，富以其邻。[7]

上九：既雨既处，[8] 尚德载。[9] 妇贞厉。[10] 月几望，君子征凶。[11]

|解读|

[1] 畜：畜止，止而聚。小畜卦乾下巽上，乾为健，主行，巽为入，入有“纳”的意思。纳入虽聚但不全止，犹如水流注入水库，使水流得到调节，所以说“小畜”。

[2]“密云不雨”这是讲云之聚。“自我西郊”讲云由“西郊”聚纳入“我”处。还是表示“小畜”。

[3] 复自道：小畜卦五阳一阴，以一阴畜五阳。乾体纯阳，本是在上之物，现在处于下，欲自下返上，初九与六四有应，为六四所畜而不强进，合乎刚柔相和之道，不会有什么过失，所以说“复自道，何其咎”。没有过失便是“吉”。

[4] 牵：牵连。下卦乾之三阳皆欲返上，初九与六四有应，九三为六四所乘，都被六四畜止，九二下有初九，上有九三，所以也牵连被畜止，所以说“牵复”。

[5] 舆：车厢。说（tuō）：同“脱”。辐：通“輹”。捆绑车轴与车伏兔的绳索，以固定车轴与车厢。“舆说（脱）辐”意味着车厢与车轴脱离，车不能行动。九三重刚不中，意欲上进，但是为六四所乘，难以行动。二者难合而相争，也犹如“舆说（脱）辐”，犹如“夫妻反目”。

[6] 王弼说：“凡称血者，阴阳相伤者也。”（《周易注》卷第二）“血去”即去血，离开阴阳相伤。“惕出”即出惕，离开提心吊胆。六四畜止下卦乾之三阳，尤其与九三剧烈冲突，或有相伤，所以说“血”。但是六四当位，而且顺承九五，与上合志，得以“血去惕出”而“无咎”。

[7] 挛如：牵系不断的样子。“以”是“及”的意思。九五当位，居中位，顺乘六四，与六四有牵系之信，所以说“有孚挛如”。阳实而富，阴虚而不富。九五自己中正，而且与六四牵系以成六四畜止之功，所以说“富以其邻”。或以“邻”为九二。

[8] 既：已经。处：停止。上九至畜之极，阴与所畜之阳凝结成雨，所以说“既雨”；雨降后而止，所以说“既处”。朱熹说：“畜极而成，阴阳和矣。故为‘既雨既处’之象。”（《本义》卷之一）

[9] 尚：尊。德：通“得”。李鼎祚《集解》本作“得”。李镜池说《易经》中说“德”多应作“得”解（见《周易通义》，中华书局，1981年）。载：积载。无论是“既雨”还是“既处”，都是由阴阳共同作用而形成，

得由阳来而载由阴成，所以说“尚德载”。

[10]“妇”属阴性，阴畜阳之事，至上九达到完满状态。由于乾阳健行不息，阴畜阳的完满状态会被打破，所以说“妇贞厉”。程颐说：“妇谓阴。以阴而畜阳，以柔而制刚，妇若固守此，危厉之道也。”（《程传》卷第一）

[11] 月几望：月光将近满盈。征：行。完满状态的畜止被打破，就要向相反方向转化，犹如月一旦圆满就要向缺转变。完满状态主要由乾阳之行打破，所以说“月几望，君子征凶”。上九既讲畜止的完满，也讲这种完满状态的危险。

《彖》曰：

小畜，柔得位而上下应之曰小畜。[1] 健而巽，刚中而志行，乃亨。[2] 密云不雨，尚往也。[3] 自我西郊，施未行也。[4]

丨解读丨

[1]“柔得位”指六四以阴爻居阴位。“上下应之”指五阳皆与六四一阴相应。程颐说：“以阴居四，又处上位，柔得位也。上下五阳皆应之，为所畜也。以一阴而畜五阳，能系而不能固，是以为小畜也。”（《程传》卷第一）

[2] 乾为健，所以说“健而巽”。九二和九五分别居下卦和上卦的中位，所以说“刚中”。乾阳在下而有上进之志，所以说“志行”。以阴畜阳，使阳之行得以调节而稳健，所以说“亨”。

[3] 尚：上。朱熹说：“尚往，言畜之未极，其气犹上进也。”（《本

义》卷之一）“尚”也可以解释为依然。“尚往”指云虽然浓密，但是还在飘移，未能凝结成雨。

[4] 施（yì）：延伸。从“西郊”过来的云还没有降雨的行动，所以说“施未行也”。

《象》曰：

风行天上，小畜。[1] 君子以懿文德。[2]

复自道，其义吉也。[3]

牵复在中，亦不自失也。[4]

夫妻反目，不能正室也。[5]

有孚惕出，上合志也。[6]

有孚挛如，不独富也。[7]

既雨既处，德积载也。[8] 君子征凶，有所疑也。[9]

| 解读 |

[1] 乾为天，巽为风，乾下巽上，所以说“风行天上”。风在高空行，未能厚积，所以说“小畜”。《庄子 · 逍遥游》：“风之积也不厚，则其负大翼也无力。”

[2] 懿：深美。文：外表美。懿、文在此皆用作动词。“懿文德”即从内到外厚积自己的美德。

[3] 初九上行，而为六四所畜止，刚柔相和，所以说“其义吉也”。

[4] 九二居中位，虽然有“牵复”的因素，但是其不强进主要还是由于自己不失其中，所以说“亦不自失也”。程颐说：“二，居中

得正者也，刚柔进退，不失乎中道也。阳之复，其势必强。二以处中，故虽强于进，亦不至于过刚，过刚乃自失也。”（《程传》卷第一）

[5] 室：家。九三过刚，六四逆乘，二者难合而相争，所以说“不能正室也”。

[6] 六四顺承九五，所以说“上合志也”。

[7] 九五中正而富，与六四牵系以成六四畜止之功，所以说“不独富也”。

[8] 爻辞讲“尚德载”，《象》讲“德积载”，突出了“积”的意思。

[9] 疑：通“碍（礙）”。之所以会“征凶”是由于有阻碍，阳不能通畅发散，不能实现动态平衡。

履

☰(兑下乾上)

履：[1] 履虎尾，不咥人，亨。[2]

初九：素履，往，无咎。[3]

九二：履道坦坦，幽人贞吉。[4]

六三：眇能视，跛能履，履虎尾，咥人，凶。[5]武人为于大君。[6]

九四：履虎尾，愬愬，终吉。[7]

九五：夬履，贞厉。[8]

上九：视履，考祥其旋，元吉。[9]

解读

[1] 因为卦名与卦辞首字相同，所以原经文省去了卦名“履”，今按体例补“履”字。履：有践踩的意思，也有行走的意思。《杂卦》说：“履，不处也。”不处即行进之意。朱熹说，履是“有所蹑而进之义”（《本义》卷之一）。

[2] 咥（dié）：咬。履卦兑下乾上，乾健而兑柔，兑蹑着乾而进，

就像踩虎尾而行。踩着虎尾是件危险的事，但是居然没有被伤害，顺利而行，所以说“亨”。

[3] 素：本色的生帛，引申为不加装饰的本然状态。《释名》说，“物不加饰皆目谓之素”。“素履”即按自己的本然状态而行。按本然状态往行则“无咎”。

[4] 道：道路。坦：平直。幽人：幽隐之人。幽人处世会避开险厄，犹如行走在平坦之路。但是，如果为了避险厄而“用邪求益”，那么也不能真正避险，必须是得正而吉，所以说“贞吉”。

[5] 眇：盲一目。跛：废一足。能：而。李鼎祚《集解》本作“而”。盲一目而视则视不正，废一足而履则履不稳。眇视跛履皆不中正。六三不中不正，以此履虎尾而行，必受伤害，所以说“凶”。

[6] 武人：王弼说是“欲陵武于人”（《周易注》卷第二），朱熹说是“刚武之人”（《本义》卷之一）。六三以阴爻居阳位，才柔而志刚，却欲以一阴统五阳而成最高统治者。这如同眇跛之人践踩虎尾一样危险。

[7] 愬愬（sè sè）：恐惧的样子。九四以阳爻居阴位，虽刚而志柔，履危知戒，所以能“终吉”。

[8] 夬（guài）：果决。“夬履”即果断地决定行动。九五刚正而中，以刚决行事，而下卦兑悦而顺从，这固然有其优势，但是，九五无应，容易形成独自裁断，所以说“贞厉”，即既要得正而行，也要心存危惧。

[9] 视履：审察所履的情况。考祥：考核得失。段玉裁《说文解字注》：“凡统言则灾亦谓之祥，析言则善者谓之祥。”旋：旋转画圆。《庄子·达生》说“工倕旋而盖规矩，指与物化而不以心稽”，这是说工倕不需要用心计算，用手指旋转画个圆就非常合规。《庄子·达生》又说：“东野稷以御见庄公，进退中绳，左右旋中规。”“考祥其旋”即考其旋祥，审察所履是否合规，合规为得，不合规为失，得则吉，

失则凶。

《彖》曰：

履，柔履刚也。[1]说而应乎乾，[2]是以履虎尾，不咥人，亨。刚中正，履帝位而不疚，光明也。[3]

| 解读 |

[1] 兑柔乾刚，“柔履刚”指兑蹑踩着乾，以柔随在刚后。

[2] 说（yuè）：同“悦”。“说而应乎乾”是六三应上九。孔颖达说：“六三在兑体，兑为和说，应于上九，上九在乾体。兑自和说，应乎乾刚，无所见害。是以履践虎尾，不咥害于人，而得亨通也。”（《正义》卷第二）或者说是兑顺应乾。《周易折中》引胡炳文曰：“说而应乎乾，亦是以下体之兑，应上体之乾。”

[3] “刚中正”指九五。孔颖达说：“以刚处中，得其正位，居九五之尊，是‘刚中正，履帝位’也。……能以刚中而居帝位，不有疚病，由德之光明故也。”（《正义》卷第二）

《象》曰：

上天下泽，履。[1]君子以辨上下，定民志。[2]

素履之往，独行愿也。[3]

幽人贞吉，中不自乱也。[4]

眇能视，不足以有明也。跛能履，不足以与行也。咥人之凶，位不当也。武人为于大君，志刚也。[5]

愬愬终吉，志行也。[6]

夬履贞厉，位正当也。[7]

元吉在上，大有庆也。[8]

| 解读 |

[1] 乾为天，兑为泽，兑下乾上，所以说“上天下泽”。

[2] 程颐说：“君子观履之象，而分辨上下，使各当其分，以定民之心志也。”（《程传》卷第一）《序卦》以“礼”训“履”。所以，在人生行为而言，履不是任意的行为，而是合乎规则的行为。

[3] 独行愿：独自按意愿而行。《中庸》说：“君子素其位而行，不愿乎其外。”“素履之往”即“素其位而行”，“独行愿”即“不愿乎其外”。

[4] 九二居下卦中位，与九五无应，就像在野幽居之人。虽然幽人“履道坦坦”而避险厄，但是因为居于中位，所以能坚持其志而“不自乱”。孔子说隐居者是以隐居的方式坚持其志的（见《论语·季氏》）。程颢说：“中心如自固，外物岂能迁。”（《河南程氏遗书》附录）

[5] 六三以柔居刚，不足以有明而自以为能明，不足以与行而自以为能行，所处不是为大君的位置却欲为大君，如此必凶。志刚：意气用事。

[6] 志行：指履刚而行的志愿得以实施。《周易折中》引王申子曰：“三与四皆履虎尾者，三凶而四吉何也？三柔而志刚，勇于行而不知惧；四刚而志柔，谨于行而知所惧也。”

[7] 位正当：指九五所处，正是一种即使得正也仍然要心存危惧的位置。

[8] 审察得知其旋中规，也就是合乎礼，所以说“元吉”，也就是“大有庆”。履道贵柔，所以六爻以刚履柔吉，以柔履刚凶，以刚履刚厉。初九在下，为履之始，只讲愿，而说“无咎”。

泰

䷊（乾下坤上）

泰：小往大来，吉亨。[1]

初九：拔茅茹，以其汇，征吉。[2]

九二：包荒，用冯河，不遐遗，朋亡。[3]得尚于中行。[4]

九三：无平不陂，无往不复。[5]艰贞无咎。[6]勿恤其孚，于食有福。[7]

六四：翩翩，[8]不富以其邻，[9]不戒以孚。[10]

六五：帝乙归妹，以祉，元吉。[11]

上六：城复于隍，勿用师。[12]自邑告命，贞吝。[13]

｜解读｜

[1] 泰：通达。阴为小，阳为大；居外为往，居内为来，坤往居外，乾来居内，所以说“小往大来”。阴阳往来，形成乾坤相交的态势，所以“吉亨”。

[2] 茹：茅草根。汇：类"族"。征：行。茅草根相牵连，三阳在下，相牵连而行进，有拔茅连茹之象。初九当位，与六四有应，往行则吉。

[3] 荒：大。"包荒"即包容广大。冯（píng）河：不借助渡河的器具而渡河。冯河之人多恃勇冲动，不易相处，"用冯河"讲对这样的人也能包容。"不遐遗"即不舍弃远处的人。"朋亡"即无朋，没有结党。

[4] 尚：佑助。九二与六五皆居中位而有应，九二上辅六五，六五下助九二，所以说"得尚于中行"。

[5] 陂（bēi）：不平坦。"无平不陂，无往不复"意即没有一直平坦而无斜坡的道路，没有一直前往而不返复的运行，泰含着转为否的趋势。

[6] 艰贞：处艰危而得正。九三当位，正处在乾坤交接之际，所以说"艰贞无咎"。

[7] 恤：担忧。处泰之时，九三以及九二、初九自然会继续上行，不用担忧信用之事，所以说"勿恤其孚"。食：赖以为生的事。"于食有福"意即在赖以为生的事上是有福的。

[8] 翩翩：群飞向下。阳上行而替阴，阴自然下行换阳。六四处上卦之下，一阴既动，六五、上六二阴同类，皆翩然而下。

[9] 阳实阴虚，所以说"不富"。以：及。其邻指六五及上六。

[10] 戒：晓喻。阴翩翩而下，不需晓喻，自守信用。

[11] 帝乙：殷帝，名乙。归：嫁。妹：少女。以祉：有福。"帝乙归妹"指帝王之女下嫁臣下，要降其尊贵，顺从其夫，即以六五之尊下应九二，如此得以有福。

[12] 隍：没有水的护城壕。掘城壕土筑城墙，如今坤复反于下，犹如城墙之土恢复于城壕。"城复于隍"则既无城也无隍，没有可以据守的形势，所以不宜于再兴师御敌，加大损失。或者说，既无城

也无隍，无须“用师”，不攻自破。

[13] 邑：所居之城。告命：命戒。在“城复于隍”的情况下，即使是得正之命戒，也已为时过晚，难免耻辱。

《彖》曰：

泰。小往大来。吉亨，则是天地交而万物通也，[1] 上下交而其志同也。[2] 内阳而外阴，内健而外顺，[3] 内君子而外小人。[4] 君子道长，小人道消也。[5]

|解读|

[1] 乾为天，坤为地，乾下坤上，天升地降，所以说“天地交而万物通也”。《易乾凿度》:“泰者，天地交通，阴阳用事，长养万物也。”《系辞下》:“天地絪缊，万物化醇；男女构精，万物化生。”

[2] 志：交通的意愿。上下：即指坤和乾，也指六五和九二。

[3] 以乾坤之象言，内阳外阴；以乾坤之性言，内健外顺。

[4]《易传》常以阳为君子，以阴为小人，所以说“内君子而外小人”。

[5] 阳的势力不断长进，阴的势力不断消退，即“君子道长，小人道消”。

《象》曰：

天地交，泰。后以财成天地之道，辅相天地之宜，以左右民。[1]

拔茅征吉，志在外也。[2]

包荒，得尚于中行，以光大也。[3]

无往不复，天地际也。[4]

翩翩不富，皆失实也。不戒以孚，中心愿也。[5]

以祉元吉，中以行愿也。[6]

城复于隍，其命乱也。[7]

┃解读┃

[1] 后：君主，帝王。财：通“裁”。“财成”即裁度调节。辅相：辅助。“财成天地之道，辅相天地之宜”即裁度调节天地变化，辅助天地运行得宜。这是儒家很有特色的一个观点。既不是完全顺从自然，也不是着力改变自然，而是辅助自然。孔子说“人能弘道”，《中庸》说“赞天地之化育”，都体现这种主张。左右：帮助。

[2] 志在外：志在上进于外。初九与六四有应，也是“志在外”。

[3] 光大：广大。

[4] 天地际：天地交会处，天地交接时。九三突出体现了“天地交”的意思。在九三这儿，开始出现泰转化为否的征兆，所谓“无往不复”。

[5] 失实：指阴为虚。中心愿：指阴翩翩而下是心中自愿。

[6] 六五居中，下应九二并非勉强，而是行其志愿，所以说“中以行愿也”。

[7] 在“城复于隍”的情况下，政令王命都不成体统，所以说“其命乱也”。在九三已经出现了泰转化为否的征兆，至上六完成了这转化。

否

䷋（坤下乾上）

否：[1]之匪人，[2]不利君子贞。[3]大往小来。[4]

初六：拔茅茹，以其汇，贞吉，亨。[5]

六二：包承，小人吉。[6]大人否，亨。[7]

六三：包羞。[8]

九四：有命无咎，[9]畴离祉。[10]

九五：休否，大人吉。[11]其亡其亡，系于苞桑。[12]

上九：倾否，先否后喜。[13]

｜解读｜

[1] 否（pǐ）：闭塞不通。

[2] 之：到……去。匪：同"非"。人：人道，男女交合之事。阳上行，阴下行，由泰之阴阳交通，转化为否之阴阳不交，所以说"之匪人"。否卦的内容要结合泰卦来看。朱熹说"或疑'之匪人'三字衍文"(《本义》卷之一)。或在"之匪人"之前补"否"字，不从。

[3] 君子常常于变通中得正，否无变通，所以说“不利君子贞”。

[4] 阳为大，阴为小；居外为往，居内为来。泰卦讲“小往大来”，转化为否卦，则讲“大往小来”。

[5] 否卦初六爻辞与泰卦初九爻辞近似，只是泰卦初九讲“征吉”，否卦初六讲“贞吉，亨”。“征”突出行进，行进中自有“亨”意；“贞”强调得正，三阴在下，如果能相牵连而得正，则也可以吉而亨。

[6] 包：段玉裁说是“外裹之称”（《说文解字注》）。也可以说是在外围绕。承：顺承。小人：在此指社会身份较低的平民。六二与九五有应，小人没有自己的独立见解，如果能围绕并顺承九五，可以得些好处，所以说“吉”。这可以说是小人之六二。

[7] 否：在这儿读 fǒu，不的意思。李鼎祚《集解》引虞翻曰：“否，不也。”大人之六二不是一味地顺承九五，而是要根据具体的情况扶助九五。《左传·昭公二十年》记载晏婴论君臣关系说：“君所谓可，而有否焉，臣献其否，以成其可；君所谓否，而有可焉，臣献其可，以去其否。”这样的六二的作用才是可通行的，所以说“亨”。

[8] 六三不当位，虽然也欲围绕在上者，但是才弱而志刚，既无顺承之意，也无扶助之能，徒取羞辱。

[9] 命：天命，自然法则。否泰之变皆为天命，九四处于否开始转为泰的位置，所以说“有命”。

[10] 畴：类。泰卦六四言“翩翩”，否卦九四言“畴”，都是说上三爻。离：通“丽”，附着。朱熹说：“否过中矣，将济之时也。九四以阳居阴，不极其刚，故其占为‘有命无咎’。而畴类三阳，皆获其福也。”（《本义》卷之一）

[11] 休：止息。“休否”即休止否的状态。九五既当位又居中位，并且有大人之六二的扶助，可以在转否为泰的过程中发挥非常重要的作用，所以说“大人吉”。

[12] 其亡：将亡。苞桑：丛生茂密之桑，根系牢固。九五在还没有否极泰来时就考虑将亡之事，所以说“其亡其亡，系于苞桑”。朱熹说：“须常存得危亡之心，方有苞桑之固。”（《朱子语类》卷第七十）

[13] 倾：倾覆。上九居否之极，是否转化为泰的完成者。否之倾覆是天运，不说否倾而说倾否，意在讲人在否泰转化中的作用。否之倾覆，泰随之而来，否忧而泰喜，所以说“先否后喜”。

《彖》曰：

否之匪人，不利君子贞，大往小来，则是天地不交而万物不通也，[1] 上下不交而天下无邦也。[2] 内阴而外阳，内柔而外刚，[3] 内小人而外君子。小人道长，君子道消也。

解读

[1] 乾为天，坤为地，坤下乾上，天升地降，所以说“天地不交而万物不通也”。《易乾凿度》：“否者，天地不交通，阴阳不用事，止万物之长也。”

[2] 上下：即指乾和坤，也指九五和六二。无邦：邦以上下交通而成立，上下不交也就无邦。李鼎祚《集解》引何妥曰：“泰中言‘志同’，否中云‘无邦’者，言人志不同，必致离散而乱邦国。”

[3] 泰卦讲健、顺，否卦讲柔、刚。《老子》说：“万物负阴而抱阳，冲气以为和。”（第四十二章）泰有阴阳相冲的态势，所以说“内

健而外顺”；否没有阴阳相冲的态势，所以说“内柔而外刚”。

《象》曰：

天地不交，否。君子以俭德辟难，不可荣以禄。[1]

拔茅贞吉，志在君也。[2]

大人否，亨，不乱群也。[3]

包羞，位不当也。[4]

有命无咎，志行也。[5]

大人之吉，位正当也。[6]

否终则倾，何可长也。[7]

| 解读 |

[1] 俭：约。孔子说：“以约失之者鲜矣。”（《论语·里仁》）否闭之世，不为了荣华富贵而居禄位，所以说“不可荣以禄”。孔子说：“邦无道，富且贵焉，耻也。”（《论语·泰伯》）或者如朱熹说：“收敛其德，不形于外，以避小人之难，人不得以禄位荣之。”（《本义》卷之一）

[2] 阳为君。《文言》“同声相应”，李鼎祚《集解》引张璠曰：“天者，阳也。君者，阳也。”《益》卦辞“利涉大川”，李鼎祚《集解》引郑玄曰：“阴阳之义，阳称为君，阴称为臣。”初六与九四有应，“志在君”即志在于九四。

[3] “不乱群”即大人之六二不混同于小人之六二中去。

[4] 位不当：指六三所处是一个蒙羞的位置。王弼说："俱用小道以承其上，而位不当，所以'包羞'也。"（《周易注》卷第二）

[5] 志行：转否为泰之志得以行。

[6] 位正当：指九五所处，是可以在转否为泰的过程中发挥非常重要的作用的位置。

[7] "何可长"是对否和泰的概括。否极泰来，泰极否来，否和泰皆不可长。但并不是说人在否泰转化中完全不起作用。当处于泰时，人要力求保泰；当处于否时，人要促进否向泰的转化。

同 人

䷌（离下乾上）

同人：[1]同人于野，亨，利涉大川，利君子贞。[2]

初九：同人于门，无咎。[3]

六二：同人于宗，吝。[4]

九三：伏戎于莽，升其高陵，三岁不兴。[5]

九四：乘其墉，弗克攻，吉。[6]

九五：同人先号咷而后笑，大师克相遇。[7]

上九：同人于郊，无悔。[8]

| 解读 |

[1] 因为卦名与卦辞首二字相同，所以原经文省去了卦名“同人”，今按体例补“同人”二字。同：聚会，合和。同人：与人和睦聚处。

[2] 野：郊外。“同人于野”即与人和睦聚处于郊外，指与人相聚的范围广远。这样则可以行得通，所以说“亨”。广泛与人和睦聚处利于渡过艰险，所以说“利涉大川”。广泛与人和睦聚处利于得正，所以说“利君子贞”。

[3] 门：门外。门内之人为家人，门外之人为外人。“同人于门”即能与外人和睦聚处。程颐说：“九居同人之初，而无系应，是无偏私，同人之公者也。”(《程传》卷第一)

[4] 宗：祖庙，为同一宗族的人会聚的地方。“同人于宗”即与同族的人和睦聚处。六二当位、居中位、与九五有应，在一般情况下，这是非常好的处境。但是，在同人卦，由于其有应，同人的广泛性受局限，所以说“吝”。

[5] 戎：军队。莽：草丛。升：登上。高陵：山丘。三岁：长时间。兴：在此指聚人之盛。九三重刚不中，处下卦之上，就上卦讲有“伏戎于莽”之象，就下卦讲有“升其高陵”之象。意思指九三与人聚处，或暗怀敌意，或盛气凌人，所以长时间难以会聚人众，所以说“三岁不兴”。

[6] 墉：高墙。克：能。九四居上卦而乘九三，有登高凌下之象。但是以柔居刚，虽然有争夺之意，还是能避免攻争。不争则“吉”。

[7] 同人：指同人者，不同于“同人”的活动。号咷：啼哭呼喊。师：众。克：能够。九五当位、居中位、与六二有应。在同人卦，由于其有应，同人的广泛性受局限。如果说这种情况在六二是可忧虞之事的话，那么处于九五之尊的位置，出现这种情况就更是可悲伤之事了。所以“号咷”。但是，毕竟九五有中正之德，能扩大心胸，与师众相遇，所以又“后笑”。

[8] 郊：邑外。郊的范围虽然不及野，但是胜于宗、门，所以能“无悔”。《周易折中》引梁寅曰：“上无所系应，而‘同人于郊’，则所同者远，亦无私矣。然犹未能极乎远，故不能吉亨，止于‘无悔’而已。”

《象》曰：

同人，柔得位得中而应乎乾，[1] 曰同人。同人曰，[2] 同人于野，亨，利涉大川，乾行也。[3] 文明以健，[4] 中正而应，[5] 君子正也。唯君子为能通天下之志。[6]

解读

[1] 柔得位得中：指六二。乾：指九五。

[2] 朱熹认为“同人曰”三字为衍文。

[3] 乾行：刚健之行。“乾”在此用为形容词。

[4] 离为明，乾为健，所以说“文明以健”。

[5] 六二中正而与九五有应，所以说“中正而应”。

[6] 君子以文明、刚健、中正之德会通天下各种不同志向，而不是只限于某种范围。

孔子说：“君子周而不比，小人比而不周。”（《论语·为政》）王引之《经义述闻》：“以义合者周也，以利合者比也。”“比”是因某种“圈子”而亲近，如同乡（地域圈子）、同事（职业圈子）、同学（学业圈子）、同行（行业圈子）以及共同的利益、相同的信仰等等。“周”之亲近没有这些因素，而是建立在“义”的基础上的“天下”这个圈子。孔子还说君子“群而不党”（《论语·卫灵公》），朱熹解释说“群”是“和以处众”（《论语集注》）。“和”是多样事物的适度配合，“和以处众”致力于构建群体之和，需要有文明、刚健、中正之德。《中庸》说：“君子和而不流，强哉矫！”

《象》曰：

天与火，同人。[1] 君子以类族辨物。[2]

出门同人，又谁咎也。[3]

同人于宗，吝道也。[4]

伏戎于莽，敌刚也。三岁不兴，安行也？[5]

乘其墉，义弗克也。其吉，则困而反则也。[6]

同人之先，以中直也。大师相遇，言相克也。[7]

同人于郊，志未得也。[8]

| 解读 |

[1] 乾为天，离为火，所以说“天与火”。天与火差别很大，但是，“本乎天者亲上”（《文言·乾》）而火炎上，因此火与天又有了共同性。

[2] 类族辨物：分类辨别不同事物的属性，以存异求同。“同人”即在于能存异求同。

[3] 程颐说：“出门同人于外，是其所同者广，无所偏私。人之同也，有厚薄亲疏之异，过咎所由生也。既无所偏党，谁其咎之？”（《程传》卷第一）

[4] 朱熹说：“六二虽中且正，然有应于上，不能大同而系于私，吝之道也。”（《本义》卷之一）

[5] 敌刚：指敌视上卦三阳。九四乘九三，九三敌之；九三乘六二，而六二与九五有应，九三敌之；上九与九三无应，九三敌之。安：岂。“安行”意即不能行。

[6] 义：宜。九四“弗克攻”是合宜的。困而反则：被相争所困

而返归于法则。

[7]“同人之先”是“同人先号咷而后笑”的省文。中直：中正刚直。相克：九五、六二相互克制其应。

[8]得：足。“志未得”指同人之志没有充分实现。《周易折中》引梁寅曰：“言‘志未得’，盖其所同者未能周于天下，是其志之未遂也。”

大有

䷍（乾下离上）

大有：[1] 元亨。

初九：无交害。[2] 匪咎，艰则无咎。[3]

九二：大车以载，有攸往，[4] 无咎。

九三：公用亨于天子，小人弗克。[5]

九四：匪其彭，无咎。[6]

六五：厥孚交如，威如，吉。[7]

上九：自天佑之，[8] 吉无不利。

| 解读 |

[1] 大有：所有之大，即有大。

[2] 无交害：没有交往之害。

[3] 匪：同“非”。咎：恶。“匪咎”指不恶人。有如子贡所言“富而无骄”（《论语·学而》）之意。艰：艰困。处大有之时，容易骄奢，所以戒之以“匪咎，艰则无咎”。

[4]“大车以载”指能承载重任。“有攸往”指能致远。九二以刚

居柔，柔则虚而能受，刚则健而能行。

[5] 公：公侯。用：杀牲祭祀。亨（xiǎng）：祭享。《诗·周颂·雍》"相维辟公，天子穆穆"，其中，"相"即助祭，"辟公"即诸侯。"公用亨于天子"即公侯助祭。九三当位，居下卦之上，有公侯之象。小人：指身份低的人。克：能。不是公侯身份，占得此爻，也不能助祭。或以"亨"为宴享。

[6] 彭（páng）：盛大强壮的样子。九四以刚近比六五，并且居四阳爻之首，在大有卦中，有强盛之象。但是，九四以刚居柔，能不自大，所以"无咎"。

[7] 厥：代词。其。孚：信。"厥孚交如"讲六五以信与众阳交往的情形。威：威严，尊严。信则自有威严和尊严，所以说"威如"。如此交往则"吉"。

[8] 佑：助。上九居大有之极而顺乘六五，有天佑助之象。

《彖》曰：

大有，柔得尊位大中而上下应之，曰大有。[1]其德刚健而文明，[2]应乎天而时行，[3]是以元亨。[4]

解读

[1] 柔得尊位大中而上下应之：五为尊位，六五以阴爻居上卦中位，所以说"柔得尊位大中"；一阴居尊，众阳并应，所以说"上下应之"；众阳为大，皆归一阴，所以说"大有"。

[2] 其德刚健而文明：刚健指内卦乾，文明指外卦离，内刚健而外文明。

[3] 应乎天：指六五以柔应九二。时行：行不失时，即“与时……”和“因……制宜”。

[4] 刚健文明论德，应天时行论位。有德有位，所行无不通，所以说“元亨”。

《象》曰：

火在天上，大有。[1] 君子以遏恶扬善，[2] 顺天休命。[3]

大有初九，无交害也。

大车以载，积中不败也。[4]

公用亨于天子，小人害也。[5]

匪其彭，无咎，明辨晳也。[6]

厥孚交如，信以发志也。[7] 威如之吉，易而无备也。[8]

大有上吉，自天佑也。[9]

解读

[1] 离为火，乾为天，乾下离上，所以说“火在天上”。朱熹说：“火在天上，所照者广，为大有之象。”（《本义》卷之一）

[2] 遏：遏止。扬：弘扬。程颢说：“谓之恶者非本恶，但或过或不及便如此。”（《河南程氏遗书》卷第二上）如是，“遏恶扬善”即纠正过与不及而使之中，即时中而行。

[3] 休：有休息的意思，也有嘉美的意思。嘉美又可以是用作动

词，或者用作形容词。所以对“顺天休命”可以有不同的理解。如果嘉美用作动词，那么“顺天休命”就是顺应天，嘉美命。如果嘉美用作形容词，那么“顺天休命”就是顺应天的嘉美之命。从大有卦看，六五一阴居尊位，众阳并应，犹如“北辰居其所而众星共之”（《论语·为政》）。孔子说：“无为而治者，其舜也与？夫何为哉？恭己正南面而已矣。”（《论语·卫灵公》）大有之六五居尊得中，就是“恭己正南面”。这样，“顺天休命”的意思就是顺应于天，休宁于命。

[4] 积中：蕴积中和之德。败：衰。九二以刚居柔，既有刚健，又能谦顺，是静之中。居下卦中位，而承重致远，是动之中。九二蕴积中德于身，所以能不衰惫。

[5] 如果不具有公侯身份而助祭天子，那么是僭礼越分而有害的，所以说“小人害也”。

[6] 明辨：辨别清楚。晢：《经典释文·周易音义》读 zhé。或作“哲”字。九四清楚自己所处之位和所遇之时，所以不自大。这是有智慧的。

[7] 发：实行。“信以发志”指以信实行大有之志。

[8] 易：简易。备：齐备。对于六五来说，信则自有威严和尊严，这是简易的，无须方方面面都具备能力。孔子说：“民无信不立”。（《论语·颜渊》）

[9] 上：即上九。上九之吉是天佑之吉。这也是“顺天休命”。

谦

䷎（艮下坤上）

谦：[1] 亨。君子有终。[2]

初六：谦谦，[3] 君子。用涉大川，[4] 吉。

六二：鸣谦，[5] 贞吉。

九三：劳谦，[6] 君子有终，吉。

六四：无不利，撝谦。[7]

六五：不富以其邻，利用侵伐，无不利。[8]

上六：鸣谦，利用行师征邑国。[9]

| 解读 |

[1] 谦：有恭敬、损抑、退让等意思。李鼎祚《集解》引郑玄曰：“谦者，自贬损以下人。”朱熹说：“谦者，有而不居之义。”（《本义》卷之一）

[2] 君子有终：君子能终谦，所以也能终亨。

[3] 谦谦：谦而又谦。朱熹说：“以柔处下，谦之至也，君子之行也。”（《本文》卷之一）吕祖谦说：“凡事不可太甚，惟谦无穷极，

故谦而又谦。”(《易说·上》)

[4] 用涉大川:以谦而又谦的态度应对艰险。

[5] 鸣:在此是名声远播的意思。“鸣谦”指虽然名声远播,仍然能够谦逊。

[6] 劳:功劳。“劳谦”指虽然有功劳,仍然能够谦逊。程颐说:“乐高喜胜,人之常情。平时能谦,固已鲜矣,况有功劳可尊乎?虽使知谦之善,勉而为之,若矜负之心不忘,则不能常久,欲其有终,不可得也。唯君子安履谦顺,乃其常行,故久而不变,乃所谓有终,有终则吉也。”(《程传》卷第二)

[7] 撝(huī):同“挥”。挥动,舞动。“撝谦”指指动作之谦或者行为之谦,即行为动作恭敬有礼。六四逆乘九三,所以戒之以“撝谦”。谦卦下卦讲谦之德,上卦讲谦之行。

[8] 富:盛多,完备。在谦卦,不富与谦相合。六五阴爻不富,六四和上六也不富,由此形成谦的环境,所以说“不富以其邻”。侵伐:兴兵越境讨罪。所谓“利用侵伐”,不是说就一定要兴兵,而是说,在谦的环境下,即使侵伐,也不害为谦。“无不利”也不是说侵伐无不利,而是说在谦的环境下,无论做什么事,都无不利,包括侵伐。

[9] 行师:出兵。邑国:在此指自己管辖范围。上六不居尊位,所以,只是在自己的管辖范围内“行师”不害为谦。如果是超出自己的管辖范围“行师”,那就害谦了。

《彖》曰:

谦,亨,天道下济而光明,地道卑而上行。[1]天道亏盈而益谦,[2]地道变盈而流谦,[3]鬼神害盈而福谦,[4]人道恶盈而好谦。谦尊而光,卑而不可逾，[5] 君子之终也。[6]

| 解读 |

[1] 天道：指阳的运行。地道：指阴的运行。艮是阳性卦，《彖》说艮“其道光明”。今在下，所以说“天道下济而光明”，即天道光明而下济。“济”是通的意思。坤在上，所以说“地道卑而上行”。阳下济使阴上行，是“谦”的表现。通、行则“亨”。

[2] 亏：减损。“亏盈”即减损盈满。益谦：增益不足。

[3] 变盈：改变盈满状态。流谦：将高处的东西移动到低处。

[4] 害盈：祸害盈满者。福谦：福祐谦损者。

[5] 光：显扬。谦是卑让，但由此而更受尊重，所以说“尊而光”。谦者虽然卑让，但是没有势力能超越他，所以说“卑而不可逾”。

[6] 程颐说：“君子志存乎谦巽。达理，故乐天而不竞；内充，故退让而不矜。安履乎谦，终身不易。自卑而人益尊之，自晦而德益光显。此所谓君子有终也。”（《程传》卷第二）

《象》曰：

地中有山，谦。[1] 君子以裒多益寡，称物平施。[2]

谦谦君子，卑以自牧也。[3]

鸣谦贞吉，中心得也。[4]

劳谦君子，万民服也。[5]

无不利撝谦，不违则也。[6]

利用侵伐，征不服也。[7]

鸣谦，志未得也。可用行师，征邑国也。[8]

解读

[1] 坤为地，艮为山，艮下坤上，所以说“地中有山”。朱熹说：“山至高而地至卑，乃屈而止于其下，谦之象也。”（《本义》卷之一）不说“山在地中”而说“地中有山”，意在表明谦卑中蕴含着崇高。

[2] 裒（póu）：减少。“裒多益寡”即损有余而益不足。称物平施：根据具体事情权衡损益，以趋于平。

[3] 牧：修养。“卑以自牧”即自我修养谦卑之德，谦逊自处。吕祖谦说：“人不以谦自牧，则矜胜之心必为害。”（《易说·上》）

[4] 六二中正，其“鸣谦”是发自内心的谦虚品德，是“诚于中，形于外”的，所以说“中心得也”。这样的“鸣谦”才是能得正而吉的。如果内心无谦虚之诚，只是将谦虚作为外饰，那是难以“贞吉”的。

[5] 服：佩服。在谦卦这儿，并非服其功劳，而是服其有功劳而能谦。

[6] 不违则：不违反规则，不违反礼。

[7] 所谓“侵伐”只是用以“征不服”，而不是随意兴兵。

[8] 六二之“鸣谦”讲“中心得”，上六之“鸣谦”讲“志未得”，或可以说，上六之谦还未能完全根于心，施于四体。

豫

䷏（坤下震上）

豫：利建侯，行师。[1]

初六：鸣豫，凶。[2]

六二：介于石，[3] 不终日[4]，贞吉。

六三：盱豫，悔。[5] 迟有悔。[6]

九四：由豫，大有得。[7] 勿疑，朋盍簪。[8]

六五：贞疾，恒不死。[9]

上六：冥豫，成有渝，无咎。[10]

| 解读 |

[1] 豫：安乐，喜悦。也有预备的意思。建侯：建国封侯。豫卦下卦为坤为地，上卦为震为动，出师征战、建国封侯皆地上之大变动，所以说“利建侯，行师”。

[2] 鸣豫：过分逸乐而发之于音声。初六以阴居初而与九四有应，恃其配而乐之过，不胜其豫而张扬于声。孔子说“乐而不淫”（《论语·八佾》），朱熹解释说：“淫者，乐之过而失其正者也。”乐过失

正则为淫，必然会凶。

[3] 介：坚固。六二当位，居下卦中位，操守坚固如石，不苟求安乐，所以说“介于石”。

[4]《系辞下》说：“君子见几而作，不俟终日。”即君子能够及时发现变化苗头，采取应对措施。安乐之事，最易使人沉溺。六二得位履中，稍有沉溺的苗头，就能够及时发现并纠正过失，所以说“不终日”。

[5] 盱：张目上视。“盱豫”指企望得豫。六三不中不正，顺承九四，企望从九四而得安乐，难免过失。

[6] 悔有过失之意，也有改过之意。“迟有悔”指如果迟疑于悔过，那么过失就真成为过失了。孔子说：“过而不改，是谓过矣。”（《论语·卫灵公》）有：或可读“又”。这样的话，“迟有悔”的意思就是，如果迟疑于悔过，那么就是过上加过了。六三居刚，尚能有悔过之意。但是如果迟疑于悔过，那么就难以无过失。六三爻辞两次讲悔，前面戒人导致过失的原因，后面勉人改正过失的勇气。

[7] 豫卦只有九四一阳，众阴之豫皆由此而得，所以说“由豫”。以一阳而众阴皆归，所以说“大有得”。

[8] 勿疑：不怀疑犹豫。朋：古代贝币以五贝为一朋，在此指五阴。盍：同“合”。簪：本是用以聚发，在此指九四一阳把五阴聚起来，犹如用绳索将五贝系起来。“由豫，大有得”就位势讲，“勿疑，朋盍簪”就行动讲。

[9] 疾：担忧。六五逆乘九四，虽然在豫乐中，也不能没有担忧。因为居中位，所以能心有忧患，由此而得以生存，所以说“恒不死”。《周易折中》引何楷曰：“六五以柔居尊，当豫之时，易于沉溺，必战兢畏惕，常如疾病在身，乃得恒而不死，所谓生于忧患者也。”

[10] 冥：昏昧。“冥豫”即昏昧于逸乐。渝：改变。上六居豫卦之终，

昏昧于逸乐，本当有咎。如果能改变已经形成的冥豫状态，那还是可以无咎的。

《彖》曰：

豫，刚应而志行，顺以动，豫。[1] 豫，顺以动。[2] 故天地如之，而况建侯行师乎？[3] 天地以顺动，故日月不过而四时不忒；[4] 圣人以顺动，则刑罚清而民服。豫之时义大矣哉！[5]

| 解读 |

[1] 豫卦一阳五阴，一阳为众阴所应，所以说“刚应”，即应刚。一阳动而上下顺应而动，所以说“顺以动”。阳动之志得以行，所以说“志行”。

[2] 豫卦下卦为坤，上卦为震，坤顺震动，所以说“顺以动”。《彖》中两次讲“顺以动”，一就六爻关系讲，一就上下卦关系讲。

[3] “天地如之”意即天地是“顺以动”。所以，建侯行师也要“顺以动”。

[4] 忒：差错。

[5] 义：宜。大：重要。“以顺动”是顺时而动，即“与时……”之动，其关键在“时”，所以说“豫之时义大矣哉”。

《象》曰：

雷出地奋，豫。[1] 先王以作乐崇德，[2] 殷荐之上帝，以配祖考。[3]

初六鸣豫，志穷凶也。[4]

不终日，贞吉，以中正也。[5]

盱豫有悔，位不当也。[6]

由豫，大有得，志大行也。[7]

六五贞疾，乘刚也。恒不死，中未亡也。[8]

冥豫在上，何可长也？[9]

解读

[1] 震为雷，坤为地，坤下震上，所以说“雷出地奋”。古人以为雷是地中积郁的阳气爆发而成，“雷出地奋”意思是雷像鸟展翅奋飞似的出地而上。孔颖达说：“雷是阳气之声，奋是震动之状。”（《正义》卷第二）

[2] 雷声犹如击鼓声，古代人用鼓节制其他乐器，以鼓为群音之长，因此“鼓”也用以泛指器乐，所以观“雷出地奋”之象而作乐，以崇弘功德。

[3] 殷：隆重。荐：进献。配：连同。祖考：祖先。盛大的乐声犹如雷声，响彻云霄，伴同祭祀礼品进献给上帝和祖先，所以说“殷荐之上帝，以配祖考”。

[4] 志穷：指初六恃其配而穷极逸豫之志，必凶。

[5] “以中正”即因为中正。在此，“中正”既指所居之位，也指所为之事。

[6] 六二之贞吉，得之于中正；六三之有悔，是因为位不当。

[7] 志大行：九四一阳而使众阴从己皆豫，致豫之志得以大行。

[8] 六五之疾，由于乘刚；六五之恒不死，由于居中位。

[9] 上六处豫之终，其昏昧于逸乐的状况是不可长久的，所以说“何可长也”。

随

䷐（震下兑上）

随：元亨，利贞，无咎。[1]

初九：官有渝，贞吉。出门交有功。[2]

六二：系小子，失丈夫。[3]

六三：系丈夫，失小子。随有求得，利居贞。[4]

九四：随有获，贞凶。[5]有孚在道以明，何咎？[6]

九五：孚于嘉，吉。[7]

上六：拘系之，乃从。[8]维之，王用亨于西山。[9]

解读

[1] 随：跟随，随感而应。应得其当为应当（yìng dàng），应当则“元亨，利贞，无咎”。

[2] 官：用作动词。渝：变。司职治事，只有随时而变，才能够得正而吉。但是，随时而变不能出于偏私，所以又补充说“出门交有功”。“出门交”类似同人卦“同人于门”的意思，但是同人卦讲广泛会聚，随卦则是讲随时而变为的是公正，即公之正。

[3] 系：段玉裁《说文解字注》："凡相联属谓之系。" 小子：未成年男子。丈夫：成年男子。在这儿，小子指六三，丈夫指初九。金景芳、吕绍刚认为，"《易》以阳为大，以阴为小。六三是阴，故称小子。初九是阳，故称丈夫。"（《周易全解》，吉林大学出版社，1989年，第151页。）《周易折中》引俞琰曰："随之六爻，专取相比相随，不取其应。" 六二上联属六三而舍初九，所以说"系小子，失丈夫"。或者以初九为小子，以九五为丈夫。六二与九五有应，又逆乘初九，不随应九五而系之初九，所以说"系小子，失丈夫"。无论哪种解释，"系小子，失丈夫"都是意指所系者小所失者大。

[4] "系丈夫，失小子"指六三上联属九四而舍六二。六三顺承九四，所以说"随有求得"。"利居贞"指利于居止等待，随应得正。

[5] 九四为六三所随，所以说"随有获"，即得六三。《周易折中》引郭雍曰："六三'随有求得'，盖随人而有得者。九四'随有获'，盖以得人之随为获也。" 随卦重在讲随应，而不是被跟随，所以，虽然九四"有获"，但是其所有之"正"不是随感而应所得之"正"，而是无感而起之"正"，是设定的。设定的"正"往往会被执泥而不通，所以虽然有"正"也难免于凶。

[6] 在道：在路上，在途中。明：明察。如果所有之"正"能够在被随从的途中，据信验以明察，进而调整，那么也就不会有什么过失了。

[7] 程颢说："谓之恶者非本恶，但或过或不及便如此。"（《河南程氏遗书》卷第二上）反过来说，无过无不及则善。九五履正居中，在随卦，意味着尽随时之宜，即在随时过程中实实在在地做到无过无不及，所以说"孚于嘉"。

[8] 拘系：缚系。上六居随之极，又逆乘九五。上已无可随，又不肯下随九五，因而拘系使之随。这样上六才随从于九五，所以说"拘

系之，乃从”。

[9] 维之：指上六自动维系于九五。“拘系”是强制的，“维之”是自动的。用：进行。亨（xiǎng）：同“享”。西山：即岐山。岐山在今陕西省岐山县境，位于周太王故邑之西，所以周人称西山。上六逆乘九五，如果能自动随从，就不会因为柔逆乘刚而危及生存。“王用亨于西山”的表层意思是说王在西山进行享祭，深层意思是说“王”在“西山”立足生存。

《彖》曰：

随，刚来而下柔，动而说，随。[1] 大亨贞无咎，而天下随时。[2] 随时之义大矣哉！[3]

| 解读 |

[1] 随卦下卦震为刚，上卦兑为柔，所以说“刚来而下柔”。说（yuè）：同“悦”。震为动，兑为悦，所以说“动而说（悦）”。所谓“随”即兑随震之动而应之以悦。

[2] 随应则通，所以说“大亨”。通不必然无咎，须得正而无咎，所以说“贞无咎”。“天下”指天下事。“天下随时”即天下事都是要随时而行。《管子·桓公问》说：“勿创勿作，时至而随。”《国语·越语下》“圣人随时以行，是谓守时”，韦昭注：“随时，时行则行，时止则止。”这也就是“与时……”。吕祖谦说：“先辈谓《易》三百八十四爻，一言以蔽之，只是一‘时’字。”（《易说·上》）

[3] “随时”蕴涵着得正，否则的话，便失去讲“随时”的意义，所以说“随时之义大矣哉”，即强调随时之义的重要性。义：宜。宜

则正。程颐说："君子之道，随时而动，从宜适变，不可为典要，非造道之深，知几能权者，不能与于此也。"（《程传》卷第二）"随时之义大矣哉"或作"随之时义大矣哉"，不必从。

《象》曰：

泽中有雷，随。[1] 君子以向晦入宴息。[2]

官有渝，从正吉也。[3] 出门交有功，不失也。[4]

系小子，弗兼与也。[5]

系丈夫，志舍下也。[6]

随有获，其义凶也。[7] 有孚在道，明功也。[8]

孚于嘉吉，位正中也。[9]

拘系之，上穷也。[10]

解读

[1] 兑为泽，震为雷，震下兑上，所以说"泽中有雷"。豫卦讲"雷出地奋"，雷不能一直奋力震动，随卦讲"泽中有雷"，随时休息。

[2] 向晦：傍晚。宴息：休息。"向晦入宴息"即日入而息的意思。

[3] 变必以正为尺度，所以说"从正吉也"。孔子说："君子之于天下也，无适也，无莫也，义之与比。"（《论语·里仁》）"无适无莫"的意思是，既没有非如此不可，也没有绝对不行。但是要以义为准，即"义之与比"。没有"义之与比"的"无适无莫"是无忌惮，不会吉。王通说："非君子不可与语变。"（《中说·述史》）

[4] 不失：没有漏失，没有偏弃。

[5] 与：亲从。“弗兼与”即不能兼随丈夫和小子。

[6] “志舍下”指六三上随九四而下舍六二。

[7] 义：宜。宜则正。九四之所以“凶”，是因为其“正”即其“义”出了问题，即不是应之宜。

[8] 明功：意为能够避免过失，在于明察之功。

[9] “位正中”则不偏于过，也不偏于不及。

[10] 上穷：即上无所随，拘系之而随下。

蛊

䷑（巽下艮上）

蛊：元亨，利涉大川。[1] 先甲三日，后甲三日。[2]

初六：干父之蛊，[3] 有子，考无咎，[4] 厉，终吉。[5]

九二：干母之蛊，不可贞。[6]

九三：干父之蛊，小有悔，无大咎。[7]

六四：裕父之蛊，往见吝。[8]

六五：干父之蛊，用誉。[9]

上九：不事王侯，高尚其事。[10]

解读

[1] 蛊：事。"事"有事故的意思，也有治理的意思。《序卦》："蛊者事也。"《杂卦》："蛊则饬也。""蛊"又有坏乱的意思。也就是说，"蛊"之为"事"，并不是一般意义的事，而是犹如医治病症之类的事，即社会状况出了问题而对其进行治理整顿。吕祖谦说："天下本无事，惟其蛊坏，修治整顿，方是有事。"（《易说·上》）朱熹说："蛊，坏极而有事也。"（《本义》卷之一）其实，不必"坏极"再治理整顿，

正如不必等病症“坏极”再救治。有了病症，经过医治，消除或减轻既有病症的损害，相比原来病症的状况都可以说是见成效的，所以说“亨”。如果大见成效，那么就是“元亨”。尤其是对疑难杂症，医治的意义更大，所以说“利涉大川”，即利于渡过艰险。

[2] 甲：中国古代用干支纪时，天干以甲为始。先甲三日为辛日，后甲三日为丁日。“先甲三日，后甲三日”指从辛日到丁日。如果说是在甲日实施某项社会治理措施的话，那么，弄清楚问题产生的原因，可以说是“先甲三日”；考虑所实施的措施会对以后产生什么样的影响，可以说是“后甲三日”。社会治理要联系前因后果来施行，所以说“先甲三日，后甲三日”。“三日”不是确指，而是指一段时期。程颐说：“治蛊之道，当思虑其先后三日，盖推原先后，为救弊可久之道。先甲谓先于此，究其所以然也。后甲谓后于此，虑其将然也。……究其所以然，则知救之之道；虑其将然，则知备之之方。善救则前弊可革，善备则后利可久。”（《程传》卷第二）

[3] 干（gān）：正。蛊之为事，多是对沉疴痼疾的救治，所以，蛊卦诸爻，多以父子或母子为喻。“干父之蛊”表示后人纠正从前辈开始的积弊。《周易折中》引熊良辅曰：“诸爻称干蛊者，皆干前人已坏之事。”

[4] 考：父。孔颖达说：“对文，父没称考；若散而言之，生亦称考。”（《正义》卷第三）“有子”指有后人救治沉疴痼疾。这样，前辈的过失也就被纠正了，所以说“考无咎”。

[5] 纠正积弊，必然会有阻力，会遇到艰险，所以说“厉”。但终究是会有成效的，所以说“终吉”。

[6] 父为阳，母为阴，阳主阴辅。所以，父之蛊和母之蛊的区别是主事和辅事的区别。“不可贞”是说，辅助之事不可单独得正，而是要随着主要之事而正。

[7] 九三以阳爻居阳位，纠正积弊时难免过刚失当，所以说“小有悔”。但是纠正积弊的方向是对的，所以说“无大咎”。

[8] 裕：宽松。六四以阴爻居阴位，由于才性过柔，不能在纠正积弊上有所作为，致使积弊进一步加深，所以说“往见吝”。九三之“悔”趋向于吉，六四之“吝”趋向于凶。

[9] 用：有。六五居尊得中，刚柔相济，所以能纠正前辈之失，既使自己得誉，又不损前辈之誉，所以说“用誉”。

[10]“不事王侯”指不担任处理政务的职位。“高尚其事”指通过自己的言行纠正社会弊端。章学诚说：“世俗风尚，必有所偏，达人显贵之所主持，聪明才俊之所奔赴，其中流弊必不在小。……苟欲有所救挽，则必逆于时趋。”（《上钱辛楣宫詹书》）又说：“所贵君子之学术，为能持世而救偏。”（《文史通义·原学》）许多弊端正是在“达人显贵之所主持，聪明才俊之所奔赴”的过程中产生的，“不事王侯”者通过“逆于时趋”而持世救偏，这也就是“高尚其事”。

《彖》曰：

蛊，刚上而柔下，巽而止，蛊。[1] 蛊，元亨而天下治也。[2] 利涉大川，往有事也。[3] 先甲三日，后甲三日，终则有始，天行也。[4]

解读

[1] 艮为阳性卦，巽为阴性卦，所以说“刚上而柔下”。巽即顺，艮为止，所以说“巽而止”。这是讲产生问题的原因。朱熹说：“艮

刚居上，巽柔居下，上高亢而不下交，下卸巽而不能救，此所以蛊坏也。”（《朱子语类》卷第七十）

《国语·郑语》说：“和实生物，同则不继。以他平他谓之和，故能丰长，而物归之。若以同裨同，尽乃弃矣。”“刚上而柔下”则刚柔没有交通，难以形成阴阳相互制约、相互补充的状态，难以在“以他平他”的过程中形成“和”。“巽而止”是说下对上止于顺从，是“以同裨同”。《淮南子·主术训》“君臣异道则治，同道则乱”，高诱注：“君臣异道，不易夺，言相和。君所谓可，臣亦曰可；君所谓否，臣亦曰否，是同也。莫相匡弼，故曰乱也。”

[2] 社会状况出了问题，经过治理整顿，消除或减轻所出问题的损害，这也就是拨乱反正。拨乱反正也就走向了治，所以说“元亨而天下治也”。这是说解决问题的结果。

[3] 如果没有病症，那么也就无须医治。问题是，任何社会都不会是没有任何“病症”的，所以，任何社会也就都需要有或这样或那样的医治之事。越是出现疑难杂症，医治之事也就越重要，所以说“利涉大川，往有事也”。

[4]“先甲三日，后甲三日”也可以解释为以甲日为转折点的一个过程。“先甲三日”指经过治理整顿，由乱而治，到甲日达到最佳状态。由于社会运行的惯性，甲日的状态难以稳固，“后甲三日”指以往的治理整顿措施产生出新的弊端。这样，社会就陷入一治一乱的循环中，所以说“终则有始，天行也”。问题是，这种社会治乱的“天行”，其实都是“人行”的结果。因此，“终则有始”也就会由于不同的“人行”而有不同的表现。如果人能根据具体情况及时调整治理措施，那么，以甲日为中点的振动的幅度就可以比较小，否则，其振幅就会很大，产生剧烈的社会动荡。

《象》曰：

山下有风，蛊。[1] 君子以振民育德。[2]

干父之蛊，意承考也。[3]

干母之蛊，得中道也。[4]

干父之蛊，终无咎也。[5]

裕父之蛊，往未得也。[6]

干父用誉，承以德也。[7]

不事王侯，志可则也。[8]

| 解读 |

[1] 艮为山，巽为风，巽下艮上，所以说“山下有风”。山下有风，风吹落山体的败朽之物，使山的面貌焕然一新。所以“蛊”的意思即整顿坏乱之事。

[2] 振民育德：整顿民风，化育民德。君子观“山下有风”之象，也以德教之风，化民间习气。

[3] 干父之蛊，意承考也：之所以有“干父之蛊”的意图，是因为承接着前辈所致的既有状况。人不能选择自己的前辈，必须承受前辈所导致的对后人来说是既定的状况。如果这种既定状况没有弊端，那么后人当然可以萧规曹随；如果有弊端，那就需要纠正。初六居蛊之始，所以《象》先讲干蛊之用意。

[4] 九二居下卦中位，能以中道操持纠正辅事的弊端的尺度，所以说“得中道也”。

[5] “悔”包含着悔过的意思。九三虽然“小有悔”，但是如果能

及时悔过，那么就“终无咎也”。

[6] 来知德说：“未得者，未得治其蛊也。九三之刚失之过，故悔。悔者渐趋于吉，故终无咎。六四之柔失之不及，故吝。吝者渐趋于凶，故往未得。”（《周易集注》卷四）

[7] 干父用誉，承以德也：之所以能有“誉”，是因为六五以中正之德承接前辈所致状况。

[8] 孔颖达说：“身既不事王侯，志则清虚高尚，可法则也。”（《正义》卷第三）

临

䷒（兑下坤上）

临：元亨，利贞。[1] 至于八月有凶。[2]

初九：咸临，贞吉。[3]

九二：咸临，吉无不利。[4]

六三：甘临，无攸利。既忧之，无咎。[5]

六四：至临，无咎。[6]

六五：知临，大君之宜，吉。[7]

上六：敦临，吉无咎。[8]

| 解读 |

[1] 临：居上视下。在上之阴观在下之阳。临又有“大”的意思，从阳的方面讲，阳正在不断壮大，所以《序卦》说“临者，大也”。阳由“临”进一步增长，将成为“泰”，形成“天地交而万物通”的局面，所以说“元亨，利贞”。

[2] 八月：因为不同的历史时期，人们确定一年正月的时间不同，所以有不同的解释。周历以子月为正月，殷历以丑月为正月，夏历

以寅月为正月。周历的八月为夏历的六月，夏历的八月为周历的十月。

一个卦有六个爻，所以，可以用复、临、泰、大壮、夬、乾六个卦来表示阳长阴消的过程，用姤、遁、否、观、剥、坤六个卦来表示阳消阴长的过程。后来人们将这十二个卦称为“十二消息卦”。阳长阴消的六个卦被称为息卦，阳消阴长的六个卦被称为消卦。如果将这十二个卦对应周历的十二个月的话，那么，二月对应临卦，八月对应遁卦。遁卦是艮下乾上，下面两爻为阴爻，上面四爻为阳爻，正是阴柔势力逐渐盛大之时，所以说“至于八月有凶”。“凶”是从阳消阴长的角度讲的。

[3] 咸：感。初九当位，与六四有应，得正而感应，所以“贞吉”。

[4] 九二居下卦中位，与六五有应，得中而感应，所以“吉无不利”。

[5] 六三居位不中不正，且逆乘九二，如果自己甘悦于这种局面，那么当然是“无攸利”了。只有担忧而不是甘悦自己的处境，才可以“无咎”。反过来说，如果不能担忧而是甘悦于自己的处境，那么就会有咎。

[6] 至：从高而下。六四下应初九，得正而感应，所以说“无咎”。初九讲“贞吉”而六四讲“无咎”，是因为在阴阳感应中，阳感而阴应。

[7] 知：同“智”。六五以柔居中，下应九二刚中，有大君任用贤臣，以成上下互补之宜的意思。这是一种大智慧，所以说“知临”。

[8] 敦：通“殿”。朱骏声《说文通训定声》：“敦，叚借为殿。”《逸周书・武顺》：“一卒居前曰开，一卒居后曰敦。”“敦临”即殿后之临。临卦六爻，二阳爻以上进临，四阴爻以位势临。上六居卦之上，殿临之后，所以说“敦临”。或以“敦”为“厚”。

《彖》曰：

临，刚浸而长，说而顺，刚中而应。[1] 大亨以正，天之道也。[2] 至于八月有凶，消不久也。[3]

| 解读 |

[1] 浸：渐进。“刚浸而长”指阳刚的势力逐渐增长。说：同“悦”。兑为悦，坤为顺，所以说“说（悦）而顺”。九二与六五有应，所以说“刚中而应”。

[2] “大亨以正”指阳由“临”进一步增长而成为“泰”。这是天道的运行，所以说“天之道也”。李鼎祚《集解》引虞翻曰：“‘大亨以正’谓三动成乾，天得正为泰，天地交通，故亨以正，天之道也。”王弼说：“阳转进长，阴道日消，君子日长，小人日忧，‘大亨以正’之义。”（《周易注》卷第三）

[3] 阳长阴消不能一直持续，发展到一定程度就要发生转化，转化为阳消阴长，所以说“消不久也”，即阳消阴长的情况不久就会到来。

《象》曰：

泽上有地，临。[1] 君子以教思无穷，容保民无疆。[2]

咸临贞吉，志行正也。[3]

咸临吉无不利，未顺命也。[4]

甘临，位不当也。既忧之，咎不长也。[5]

至临无咎，位当也。[6]

大君之宜，行中之谓也。[7]

敦临之吉，志在内也。[8]

解读

[1] 兑为泽，坤为地，兑下坤上，所以说“泽上有地”。李鼎祚《集解》引荀爽曰：“泽卑地高，高下相临之象也。”

[2] 教思：高亨认为应该是“教思民”。高亨说：“教思民谓教育民众，关心民众。容保民谓包容民众，保护民众。”（《周易大传今注》，齐鲁书社，1979 年，第 208 页。）

[3] 初九正位、正应，所以说“志行正也”。

[4] 命：当时所遇。九二与六五有应，但是却遇六三逆乘，九二未顺六三之遇而与六五相应，所以能“吉无不利”。

[5] 卦辞讲“无咎”，《象》讲“咎不长”，如此说来，卦辞的“无”可以说是动词，“无咎”即把咎“无”掉。

[6] 六四阴爻居阴位，所以说“位当也”。

[7] 六五柔中，而倚任九二刚中，以成上下互补之宜，所以说“大君之宜，行中之谓也”。

[8] 上六虽然是殿后之临，但却是在最高处临望内卦之阳，所以说“志在内也”。

观

䷓（坤下巽上）

观：[1] 盥而不荐，有孚颙若。[2]

初六：童观，小人无咎，君子吝。[3]

六二：窥观，[4] 利女贞。[5]

六三：观我生，进退。[6]

六四：观国之光，利用宾于王。[7]

九五：观我生，君子无咎。[8]

上九：观其生，君子无咎。[9]

| 解读 |

[1] 观：有观看、观察的意思，也有显示、示范的意思。“观”在此兼有这两种意思。朱熹说：“观者，有以示人，而为人所仰也。”（《本义》卷之一）

[2] 盥：祭祀时的灌祭，酌酒浇地降神。朱熹认为“盥”只是洗手，不是“灌鬯”。荐：祭祀时献牲。孚：诚信。颙：有肃敬的意思，也有仰望的意思。若：语助词。

祭祀先灌后荐，开始时心情恭敬，态度严肃，随着祭祀的进行，心情态度难免会有所松懈。孔子说："禘自既灌而往者，吾不欲观之矣。"（《论语·八佾》）孔子为什么"不欲观"？也许和灌之后人们的松懈有关。"盥而不荐，有孚颙若"是说，要始终保持真诚的心情、肃敬的态度。这样，在上者才能很好地起示范作用，在下者才能真心地去仰望。《程传》引胡翼之曰："君子居上，为天下之表仪，必极其庄敬，则下观仰而化也。故为天下之观，当如宗庙之祭，始盥之时，不可如既荐之后，则下民尽其至诚，颙然瞻仰之矣。"

[3] 童：愚昧浅陋。"童观"指目光短浅，只顾眼前，不顾长远。《易经》中的"君子""小人"多就社会身份讲。对于平头百姓来说，目光短浅也说不上是什么过失，而对于处于不同层次的社会治理者来说，如果目光短浅，那么往往会把小失误变成大过失，所以说"小人无咎，君子吝"。

[4] 窥：从狭缝或小孔里看。"窥观"指视野狭窄，只见一斑。《周易折中》引胡炳文曰："窥观是所见者小而不见全体也。"

[5] 利女贞：六二居位中正，且与九五有应，在这样的情势下，即使看问题不全面，因为能跟从九五，也能够有所得正，所以说"利女贞"。"女"指跟从的一方面。

[6] 我生：程颐说："我之所生，谓动作施为出于己者。"（《程传》卷第二）六三居下卦之上，可以根据自己行为的现状选择或进或退。

[7] 国之光：国家的盛治景象。宾：喜而服从。六四顺承九五，近观九五施为之盛而服从之。

[8] 六三之"观我生"是考察自己行为的现状，以选择进退；九五之"观我生"是考察自己示范的行为，反省是否得当。九五居中而当位，能始终以中正之德示范天下，则可以无过失。

[9] 观其生：既有上九观他人之行的意思，也有上九显示其行的

意思，还有上九被他人仰观的意思。由于九五居处尊位，其所示范会因不同的原因得到响应，比如，六四之承，六二之应，初六也会因利而趋。这些响应往往会使九五的示范作用走样。《礼记·缁衣》说："王言如丝，其出如纶；王言如纶，其出如綍。"意思是说，统治者的言说，在人们贯彻的过程中，往往会被放大、走样。说一个指示不难，但是，要使人们的行动都符合指示却很不容易。行为示范也是如此。章学诚说："世俗风尚，必有所偏，达人显贵之所主持，聪明才俊之所奔赴，其中流弊必不在小。……苟欲有所救挽，则必逆于时趋。"（《上钱辛楣》）上九根据所观他人之行，显示自己之行，逆于时趋，起救挽流弊的作用。上九与六三有应，其所显示或可得到六三的回应。

《彖》曰：

大观在上，顺而巽，中正以观天下，观。[1]盥而不荐，有孚颙若，下观而化也。[2]观天之神道，而四时不忒；[3]圣人以神道设教，而天下服矣。[4]

| 解读 |

[1] 大：敬辞。观：示范。上：指九五。因为是伟大的典范，所以被在下者仰望。巽：谦逊。"顺而巽"意即下顺而上巽。在下者学习典范，在上者表现谦逊。九五居中而当位，以中正之德示范天下，所以说"中正以观天下"。

[2] 化：被感化。桂馥《说文解字义证》："躬行于上，风动于下，谓之化。"张载说："作于此，化于彼者，皆感之道。"（《横渠易说·上经》）

[3] 神：神妙莫测的变化。《系辞上》“阴阳不测之谓神”，韩康伯注曰：“神也者，变化之极，妙万物而为言，不可以形诘者也。”（《周易注》卷第七）忒：差错。在神妙莫测的变化中，四时的运行秩序没有差错。

[4] “圣人以神道设教”其实是圣人观神道以设教。孔子说：“天何言哉？四时行焉，百物生焉，天何言哉？”（《论语·阳货》）圣人观天之道，所以，所设之教也是行为之教，即以身作则。这样，天下人才能信服。

《象》曰：

风行地上，观。[1] 先王以省方观民设教。[2]

初六童观，小人道也。[3]

窥观女贞，亦可丑也。[4]

观我生进退，未失道也。[5]

观国之光，尚宾也。[6]

观我生，观民也。[7]

观其生，志未平也。[8]

解读

[1] 巽为风，坤为地，坤下巽上，所以说“风行地上”。程颐说：“风行地上，遍触万类，周观之象也。”（《程传》卷第二）

[2] 省方：省视各方。观民：考察民情。省方观民，设教才有针对性，才能对症下药，随时补救。

[3] 王弼说："夫进物之速者，义不若利；存物之终者，利不及义。"（《周易注》卷第一）就是说，如果追求做事的速度，那么讲义不如讲利；如果要使做事能持续，那么讲利不如讲义。小人多求进速，君子则求存终。陆机说："经始权其多福，虑终取其少祸。"（《文选》卷五四）就是说，如果只顾眼前的利益的话，那么就会思谋着求取多福；如果想着长远的结局的话，那么就会考虑避免产生祸患。小人多经始，君子常虑终。孔子说"君子喻于义，小人喻于利。"（《论语·里仁》）

[4] 丑：众，类。像这种自己视野狭窄而跟从在上者的人是很多的，所以说"亦可丑也"。又，丑也可以理解为耻，这样的话，"窥观女贞，亦可丑也"意即看问题不全面，即使有所得，也以此为耻。

[5] 六三根据具体的情况选择或进或退，符合《周易》"动静不失其时"的道理，所以说"未失道也"。

[6] 尚：心所希望，希冀。"尚宾"指愿意服从。

[7] 观民：观察民生民风。"观我生，观民也"即通过观察民生民风以知自己施政之得失。程颐说："人君欲观己之施为善否，当观于民，民俗善则政化善也。"（《程传》卷第二）

[8] 志未平：救挽世风的志向没有平息。程颢说："却似扶醉汉，救得一边，倒了一边，只怕人执着一边。"（《河南程氏外书》卷第十二）上九是扶醉汉者。

噬 嗑

䷔（震下离上）

噬嗑：[1] 亨，利用狱。[2]

初九：屦校灭趾，无咎。[3]

六二：噬肤灭鼻，无咎。[4]

六三：噬腊肉，遇毒，小吝，无咎。[5]

九四：噬干胏，得金矢，利艰贞，吉。[6]

六五：噬干肉，得黄金，贞厉，无咎。[7]

上九：何校灭耳，凶。[8]

解读

[1] 噬：咬。嗑：合。人们将噬嗑卦想象为嘴里有东西而咬合。朱熹说："为卦上下两阳而中虚，颐口之象。九四一阳间于其中，必啮之而后合，故为噬嗑。"（《本义》卷之一）

[2] 用狱：以刑狱进行治理。吕祖谦说："不曰用刑而曰用狱者，盖狱者，察其情也。"（《易说·上》）

[3] 屦（jù）：鞋。在此用作动词。校（jiào）：枷械类刑具，在肩为枷，

在脚为桎，在手为梏。“屦校”指脚上穿着刑具。灭：没，看不见。“灭趾”指看不见脚。“屦校灭趾”说明不是戴在脚腕的刑具，而是把双脚固定在木头上两个状似鞋的坑里使人不能行走的刑具。这种刑具只是限制人行走，如果受惩戒能避免犯大错，也就能“无咎”。《系辞下》说“小惩而大诫，此小人之福也”。

[4] 肤：《经典释文·周易音义》引马融云：“柔脆肥美曰肤。”如猪肚皮上的肉可以叫作“肤”。由于“肤”很柔脆，咬的时候把鼻子也陷没了，所以说“噬肤灭鼻”。噬嗑卦初爻和上爻讲受刑，二、三、四、五爻讲治刑。“噬肤”比喻治刑不太费事，“灭鼻”比喻治刑有些急猛。六二居位中正，虽然治刑有些急猛，但是有针对性的，所以能“无咎”。

[5] 腊（xī）肉：较小的动物整体全干的肉。毒：伤害，怨恨。腊肉坚硬，而且由于整体全干而容易有使人受伤害的东西。“遇毒”即咬的时候受到伤害。“噬腊肉，遇毒”比喻所要处理的刑狱之事难度大，治刑时或有失宜，受刑之人不服而怨恨。就治刑来说，有些遗憾，但是没有什么灾祸。王弼说：“‘噬’以喻刑人，‘腊’以喻不服，‘毒’以喻怨恨。然承于四而不乘刚，虽失其正，刑不侵顺，故虽‘遇毒’，‘小吝无咎’。”（《周易注》卷第三）

[6] 胏（zǐ）：带骨的肉脯。“噬干胏”比喻所要处理的刑狱之事更难。古代狱讼双方要向官方送三十斤铜和一束矢，叫作“钧金束矢”。金者取其坚，矢者取其直。“得金矢”在此比喻以刚直之德断狱。九四阳爻，有刚之德，但是居位不中正，所以直对九四更重要。经过一番艰难，能得正而吉，所以说“利艰贞，吉”。

[7] 干肉：肉脯。黄金：铜。黄是中之色。黄者取其中，金者取其坚。六五阴爻而居阳位、中位，其刚中全由居位而来，所以在用狱上不及九四，虽然“噬干肉”的难度比不上“噬干胏”，但是只能求得“贞

厉，无咎”。

[8] 何(hè)：同“荷”。“何校灭耳”指戴在肩上的刑具遮没了耳朵。说明刑具厚重。

《彖》曰：

颐中有物，[1] 曰噬嗑。噬嗑而亨。[2] 刚柔分，动而明，雷电合而章。[3] 柔得中而上行，虽不当位，利用狱也。[4]

| 解读 |

[1] 颐：面颊，腮帮子。嘴里有东西，咬的时候是下巴动，腮帮子跟着动。说“颐中有物”不是说嘴里含着东西，而是说在咬动东西。

[2] 颐中有物，则上下颌被间隔开，咬动则上下颌相合，所以说“噬嗑而亨”。

[3] 震刚，离柔。震在下，离在上，所以说“刚柔分”。震动，离明，所以说“动而明”。震为雷，离为电，电光与雷声相继而至，所以说“雷电合而章”。

[4] 噬嗑卦六二和六五都是“柔得中”，但是六二当位，六五不当位，说“柔得中而上行，虽不当位，利用狱也”，先以“上行”，再以“不当位”确定“用狱”之主为六五。程颐说：“治狱之道，全刚则伤于严暴，过柔则失于宽纵，五为用狱之主，以柔处刚而得中，得用狱之宜也。”（《程传》卷第二）

《象》曰：

雷电，噬嗑。[1] 先王以明罚敕法。[2]

屦校灭趾，不行也。[3]

噬肤灭鼻，乘刚也。[4]

遇毒，位不当也。[5]

利艰贞吉，未光也。[6]

贞厉无咎，得当也。[7]

何校灭耳，聪不明也。[8]

| 解读 |

[1] 震为雷，离为火，为电。雷电：朱熹说当作“电雷”。古人以为雷出地中，雷动于下，有噬之象。雷电合，有嗑之象，所以说“雷电，噬嗑”。

[2] 明罚：严明刑罚。敕法：整饬法令。程颐说：“电明而雷威。先王观雷电之象，法其明与威，以明其刑罚，饬其法令。”（《程传》卷第二）

[3] “不行”既指禁止身体的行动，也指禁止犯法行为进一步加重。

[4] 六二居位中正，治刑有些急猛，主要是由于乘初九之刚。陈梦雷说：“噬肤至于灭鼻，疑于深矣。所以无咎者，以乘刚故也。盖在下有强梗之人，恐过柔以治之则废，故深严而得宜，乃得其中也。”（《周易浅述》卷三）

[5] “位不当”即阴爻居阳位。程颐说：“六三以阴居阳，处位不当，自处不当，故所刑者难服而反毒之也。”（《程传》卷第二）

[6] 九四是经过一番艰难始得正而吉，这也说明其用狱之道尚有不足，所以说“未光也”。

[7] “得当”不是说当位，而是说六五居中位，而且刚柔相济，处事得当。这样才能虽有危险，却无灾祸。

[8] 聪：听而能审察明辨。《说文解字》：“聪，察也。”《管子·宙合》：“闻审谓之聪。”“聪不明”指不辨是非，不听劝诫。由于不辨是非，不听劝诫，小过失发展成大罪过，导致受“何校灭耳”的重惩。

贲

䷕（离下艮上）

贲：亨，小利有攸往。[1]

初九：贲其趾，舍车而徒。[2]

六二：贲其须。[3]

九三：贲如濡如，永贞吉。[4]

六四：贲如皤如，白马翰如。[5] 匪寇，婚媾。[6]

六五：贲于丘园，束帛戋戋。[7] 吝，终吉。[8]

上九：白贲，无咎。[9]

| 解读 |

[1] 贲（bì）：修饰。《序卦》说“贲者，饰也”。《经典释文·周易音义》引郑玄云：“贲，变也，文饰之貌。”贲卦下卦为离，上卦为艮，离为日，艮为山，所以贲卦卦象为日在山下，即日之将出和日之将落的时刻，这时的天空明暗层次犹如对天空的装饰，所以说“贲”。由于这时天空明暗层次的变化显著，因此又说“亨”。及至阳光普照或毫无光亮，则天空的明或暗似乎处于没有变化的状态，所以说“小

利有攸往”，即这种明暗层次变化显著的状况是短时的，不能一直如此。这说明修饰要附丽于具体处境的对象，不能离开其所依附的对象而单独讲。

[2] 趾：脚。初九居贲卦最下，犹如脚。“贲其趾”即对脚做修饰，比如，穿着一双好鞋，既美观，又便于行走。徒：步行。自饰其趾，既美观，又便于行走，所以“舍车而徒”。

[3] “贲其须”即修饰胡须。

[4] 贲如：修饰之貌。濡：鲜明而有光泽。“贲如濡如”即修饰出的是光鲜润泽的样子。九三当位，又顺乘六二，阴阳相比而贲，有光鲜润泽之貌。能坚持其正则吉。

[5] 皤（pó）：素白之色。“贲如皤如”指修饰的样子是素白的，意即没有太多的修饰。翰：《经典释文·周易音义》引董遇、黄颖云：“马举头高卬也。”“白马翰如”即白色的马高昂着头。朱熹说：“六四‘白马翰如’，言此爻无所贲饰，其马亦白也，言无饰之象如此。”（《朱子语类》卷第七十一）

[6] 匪：同“非”。白色的马昂头而行，所遇不是为寇者，而是相合的婚媾。六四与初九有应，初九“舍车而徒”，六四“白马翰如”，二者皆无太多修饰。

[7] 丘：荒地。园：园圃。束帛：《经典释文·周易音义》引《子夏传》云：“五匹为束，三玄二纁，象阴阳。”玄是青黑色，纁是浅红色。戋（jiān）戋：《经典释文·周易音义》：“一云显见貌。”“贲于丘园，束帛戋戋”的意思是把丘园修饰得犹如展现开的束帛。六五顺承上九，阴阳相比而贲，有将束帛展现开的样子，所以说“束帛戋戋”。或以“戋戋”为委积之状。

[8] 六五不当位，与六二无应，因此而有遗憾，所以说“吝”。但是六五居中位，而且顺承上九，相比而贲，所以“终吉”。

[9] 白：素。“白贲”即以素为饰。王弼说：“处饰之终，饰终反素，故任其质素，不劳文饰而无咎也。”（《周易注》卷第三）贲卦下面三爻修饰渐盛，到九三呈现出华美光鲜之貌。上面三爻讲由华饰而返素朴，到上九为以素为饰。《庄子·山木》中说“既雕既琢，复归于朴”。贲卦六爻就是这样一个过程。

《彖》曰：

贲亨，[1] 柔来而文刚，故亨。分刚上而文柔，故小利有攸往。[2] 天文也。[3] 文明以止，人文也。[4] 观乎天文，以察时变。[5] 观乎人文，以化成天下。[6]

解读

[1] 贲亨：朱熹怀疑“亨”字为衍文。

[2] 对“柔来而文刚”和“分刚上而文柔”的解释，众说纷纭，不必拘于某种说法，要在领会刚柔相杂而成文。

[3] 朱熹《本义》中讲“先儒说，‘天文’上当有‘刚柔交错’四字”。王弼说：“刚柔交错而成文焉，天之文也。”（《周易注》卷第三）也就是说，天之文是天所呈现的刚柔交错的现象。日在山下时天空所呈现的明暗层次的景象是直观的天之文，诸如日月星辰的运行、季节气候的变化所呈现的现象都是天之文。

[4] 以：而。离为明，艮为止，“文明以止”的意思是明而止之文，即在显明不同的社会行为规范和界限时，所呈现出的错综复杂的现象。陈梦雷说：“君臣父子夫妇兄弟朋友之间，灿然有礼以相接，文之明也；截然有分以相守，文之止也。”（《周易浅述》卷三）显明不

同的社会行为规范和界限是人的活动，所以叫作“人文”。

[5] 察时变：察知季节气候的变化。

[6] 化成天下：通过教化，成就天下治理。

《象》曰：

山下有火，贲。[1] 君子以明庶政，无敢折狱。[2]

舍车而徒，义弗乘也。[3]

贲其须，与上兴也。[4]

永贞之吉，终莫之陵也。[5]

六四当位，疑也。匪寇婚媾，终无尤也。[6]

六五之吉，有喜也。[7]

白贲无咎，上得志也。[8]

解读

[1] 艮为山，离为火，离下艮上，所以说“山下有火”。山下有火光，照亮山体植被，有装饰之象，所以说“贲”。

[2] 庶政：各种政务。“明庶政”是使各种政务表现得条理分明。折狱：断狱。“无敢折狱”指不敢依据表面现象断狱。

[3] 义：宜。按初九所居之位，无乘车之义，所以不饰其位，而饰其趾以行。《中庸》说：“君子素其位而行，不愿乎其外。”“素其位”即位不加饰。

[4] 兴：动。六二顺承九三，犹如胡须要依附于面颊，随面颊而动，所以说“与上兴也”。

[5] 九三顺乘六二，又逆承六四，而六四与初九有应，所以九三能与六二相比而贲，不能与六四相比而贲，这样才能吉，所以说“永贞之吉，终莫之陵也”。陵：在此兼有“上”和“乱”的意思。“终莫之陵”即终未承上而乱。

[6] 六四与初九有应，同时逆乘九三，所以行贲而有所迟疑。由于六四当位而正，最终与初九相合，所以说“终无尤也”。尤：过错。

[7] 喜：喜庆，喜悦。有修饰丘园的喜悦。

[8] 上得志：即上九得复朴返素之志。

剥

䷖（坤下艮上）

剥：[1] 不利有攸往。[2]

初六：剥床以足，蔑贞凶。[3]

六二：剥床以辨，蔑贞凶。[4]

六三：剥之，无咎。[5]

六四：剥床以肤，凶。[6]

六五：贯鱼以宫人宠，无不利。[7]

上九：硕果不食，[8] 君子得舆，小人剥庐。[9]

解读

[1] 剥：剥落，剥蚀。剥卦五阴在下不断增生，一阳在上将要消尽，所以说“剥”。

[2] 剥卦下卦坤为地，上卦艮为山，犹如在地上有一座山挡住去路，不能通行。另外，阳即将剥落殆尽之时，也是不利于发展的，所以说“不利有攸往”。

[3] 以：犹“之”。“剥床以足”即剥蚀床足。蔑：《经典释文·周

易音义》引马融云："无也。"贞：正固。剥蚀床足则床会倾斜不稳，如果没有及时扶正加固，那么就会有凶险。

[4] 辨：床足与床身分辨处。"剥床以辨"则所受剥蚀更严重，如果没有及时扶正加固，那么就会有凶险。

[5] 剥之：指受到剥蚀。马其昶指出，剥卦诸阴所言"剥"，皆"本爻变刚自剥之象"，即阳已消剥成阴，非往剥它爻，故六三之"剥"亦"指本爻也"。（转自黄寿祺、张善文《周易译注》，上海古籍出版社，2001年，第200页。）六三不中不正，但是在阳消剥之时，因其居阳位，更有与上九之应，所以能"无咎"。

[6] 肤：外皮。李鼎祚《集解》引崔憬曰："床之肤谓荐席。"床以荐席为外皮。剥蚀从下而上，直至床面所铺设的席子都受到剥蚀，这样，整个床也就完全废了。或以"肤"为在床之人的皮肤，意思是不仅剥蚀床，而且剥蚀人了。这种解释不如前面的解释。初六阴爻，但是还有其位之刚；六二阴爻，但是还有其位之中，所以讲"凶"都还是有条件的，即如果没有及时扶正加固，那么就会有凶险。至于六四，则是直接讲"凶"了。

[7] 贯鱼：鱼依序串起。宫人：在此比喻卦中其他四个阴爻。六五居尊位，统领其他四阴鱼贯而行，以承上九，由此而得荣耀，所以说"贯鱼以宫人宠，无不利"。

[8] 食：通"蚀"。剥卦中，阳几乎被剥蚀殆尽，仅上九一阳硕果仅存，所以说"硕果不食"。在这仅存的硕果中蕴含着阳的复生。朱熹说："一阳在上，剥未尽而能复生。"（《本义》卷之一）

[9] 舆：车。剥卦五阴承一阳，一阳乘五阴。从一阳的角度讲，五阴犹如车舆，所以说"君子得舆"。"得舆"意味着吉。从五阴的角度讲，一阳犹如屋顶，阴要继续剥蚀阳就如同要将屋顶剥去。阳为大，阴为小，所以说"小人剥庐"。"剥庐"意味着凶。

《彖》曰：

剥，剥也，柔变刚也。[1]不利有攸往，小人长也。[2]顺而止之，观象也。[3]君子尚消息盈虚，天行也。[4]

| 解读 |

[1]“柔变刚”指阳从下而上，不断地消退，阴从下而上，不断地增进，占据阳所退出的位置，以此来说明“剥”，所以说“剥，剥也，柔变刚也”。

[2]《易传》常以阳为君子，以阴为小人，剥卦阳消阴长，所以说“小人长也”。小人势力盛壮则君子实力衰弱，所以“不利有攸往”。

[3]坤为顺，艮为止，所以卦象为“顺而止之”，即顺时而止。君子观此卦象，知小人得势，故止而不行。“止”有停止的意思，也有不变的意思，即不变操守。

[4]尚：尊崇。消：减少。息：增长。盈：强盛。虚：衰弱。天道运行，阳消阴长至于其极，则要转为阳长阴消；阴盛阳衰至于其极，则要转向阴衰阳盛。君子尊崇天道变化，当行则行，当止则止，“天下有道则见，无道则隐”（《论语·泰伯》）。

《象》曰：

山附于地，剥。[1]上以厚下安宅。[2]

剥床以足，以灭下也。[3]

剥床以辨，未有与也。[4]

剥之无咎，失上下也。[5]

剥床以肤，切近灾也。[6]

以宫人宠，终无尤也。[7]

君子得舆，民所载也。[8]小人剥庐，终不可用也。[9]

| 解读 |

[1] 艮为山，坤为地，坤下艮上，不说“地上有山”或者“山在地上”，而说“山附于地”，是要突出山体被剥蚀的意思。山体下大上小，经过从下到上的剥蚀，变成上大下小，犹如附生于地面的赘疣，所以说“山附于地”。

[2] 在上者观剥卦之象，要重视加厚根基，这样建筑才能安稳，所以说“上以厚下安宅”。司马光说：“基薄则墙颓，下薄则上危，故君子厚其下者，所以自安其居也。”（《温公易说》卷二）

[3] 初六为剥卦最下，剥蚀从下开始，所以说“以灭下也”。

[4] 与：亲附。六二既当位，又中位，但是在剥卦中不趋时。剥是阳即将被剥落殆尽之时，此时最需要阳。全卦五个阴爻，能与上九一阳有应比关系则不凶。六二与上九没有应比关系，所以说“未有与也”。

[5] 失：离开。上下：指其他四阴爻。六三处五阴爻之中，而独与上九有应，所以说“失上下也”。

[6] 切近：贴近。“切近灾”即紧挨着灾祸了。

[7] 尤：罪过。六五顺承上九，阳消阴长之时而得阳之助，所以“终

无尤也”。

[8] 诸阴犹如民众，所以说“君子得舆，民所载也”。

[9]“小人剥庐，终不可用也”指小人自剥其庐，则终无庐可用。朱熹说：“‘小人剥庐’，是说阴到这里时，把他这些阳都剥了。此是自剥其庐舍，无安身己处。”(《朱子语类》卷第七十一)

复

䷗（震下坤上）

复：亨。[1] 出入无疾，[2] 朋来无咎。[3] 反复其道，七日来复。[4] 利有攸往。[5]

初九：不远复，无祇悔，元吉。[6]

六二：休复，吉。[7]

六三：频复，厉无咎。[8]

六四：中行独复。[9]

六五：敦复，无悔。[10]

上六：迷复，凶，有灾眚。[11] 用行师，终有大败。[12] 以其国君凶，[13] 至于十年不克征。[14]

解读

[1] 复：返。复卦一阳在下，意味着阳返回开始阳长阴消的过程。地球的北半球从冬至开始，阳光逐渐增多，所以，如果以“十二消息卦”对应十二个月的话，那么复卦对应的是冬至所在之月。阳是动能，一阳复始意味着由静复动，所以说“亨”。

[2]“出”谓阳消减的过程，“入”谓阳开始增长。无：通“毋”。疾：急。“出入无疾”的意思是，无论阳的消减还是阳的增长，都有其自然的进程，不可急疾。胡煦说：“复也者，未尝竟绝之称，言往来也，故曰出入无疾。……出指阳，言其长而盈，盈而消，皆已过者也。入谓阳复，指见（现）在也。无疾，循序有渐也。”（《周易函书约注》卷六）

[3] 朋：同类。“朋来”指即将在阳长阴消的过程中增长出诸阳爻。

[4]“反复”即返而复。“七日”主要是突出“七”。自复卦一阳生，经过临、泰、大壮、夬等卦，到乾卦达到阳最盛，在这个过程中没有阳复的问题。自姤卦一阴生，经过遁、否、观、剥等卦，到坤卦达到阴最盛，在这个过程中才有阳复的问题。从姤卦开始再到复卦时，是第七个卦，所以说“七日来复”。

[5] 从复卦开始阳长阴消，所以说“利有攸往”。

[6] 祇（qí）：大。或作“祗（zhī）”。复卦六个爻就人事讲。“不远复，无祇悔”是说失之未远而反复，则不会有大的过失和懊悔。《周易折中》引俞琰曰：“初居震动之始，方动即复，是不远而复，复之最先者也。”屈原在《离骚》中说：“悔相道之不察兮，延伫乎吾将反。回朕车以复路兮，及行迷之未远。”行迷则有悔，但是行迷未远而回复，则无大悔。于省吾说：“‘无祇悔’应读作无灾悔，言无灾无悔也。”（《双剑誃易经新证》卷二）

[7] 休：止息。“休复”指先止息而后反复。六二逆乘初九，但是居位中正，能变上乘为下从。虽然失之渐远，但是能休止而下从初九反复，如此而“吉”。

[8] 频：急。六三失之愈远，如果不能紧急反复，则有危险。反之，如果能紧急反复，那么则虽危而无咎。司马光说：“复者，过而能复之谓也。不慎其始，频过而复，亦已危矣。虽然，犹愈于迷而不复也。

故曰无咎。”(《温公易说》卷二)

[9]“中行”指六四处于五阴爻之中。“独复”指五阴爻中唯有六四与初九有应。这一句爻辞主要是肯定六四下应初九。朱熹说:“四处群阴之中,而独与初应,为与众俱行,而独能从善之象。”(《本义》卷之一)

[10] 敦:厚,注重。六五居上卦中位,能注重反复,这样则能避免懊悔。

[11] 迷复:迷而不知复。眚:灾祸。程颐说:“灾,天灾,自外来;眚,己过,由自作。”(《程传》卷第二)

[12]“用行师”即迷复而用兵。

[13] 国、君皆用作动词。迷复而治国,迷复而为君,皆凶。

[14]“十年”不是指确定的时间,而是指相当长的时间。克:能。征:正行。“十年不克征”指在相当长的时间不能走上正轨。

《彖》曰:

复亨,刚反。[1] 动而以顺行,是以出入无疾,朋来无咎。[2] 反复其道,七日来复,天行也。[3] 利有攸往,刚长也。[4] 复其见天地之心乎?[5]

解读

[1]“刚反”即阳复。

[2] 复卦下卦震,上卦坤,震动坤顺,所以说“动而以顺行”。阳消阴长、阳长阴消都是自然过程,不可急疾,所以说要“出入无疾”。这样阳的增长才是合宜的,才能“朋来无咎”。

[3]“天行”即自然运行。

[4]“刚长”即阳开始增长。《周易折中》引邱富国曰：“‘刚反’言方复之初，‘刚长’言已复之后。”

[5]见（xiàn）：体现。“心”字在此不好做直接的解释，需要做些分析。

天地本无心，在此讲天地之心，应该是指天地“生生”的那个几微处。《易》是讲变化的书。所谓变化无非就是万事万物的生生死死，而生生死死的起点是生，有生必有死，死是包含在生中的，在这个意义上，所谓变化也就是生生了，所以说“生生之谓易”（《系辞上》）。其中的“易”指变易，也指讲变易的《易》。也就是说，《易》就讲个生生的道理。

怎样实现生生呢？阴阳交感而已。正是阴阳的相互作用，形成生生死死的变化。在形成变化的过程中，阳的作用是发动变化，阴的作用是承载变化，阳主行，阴主形，所以《象》说“天行，健”，“地势，坤”。

乾卦和坤卦是从纯阳和纯阴的状态来讲阳和阴的作用，而“十二消息卦”则将乾卦和坤卦置于阴阳消息的序列，通过阴阳纠缠往来的过程体现阳和阴的作用。阳长阴消为息，阳消阴长为消。阴的消和长是对阳的长和消的回应，阴自身没有动能。乾卦之象为纯阳，阳长至乾不可能再长了，这时，如果继续有变化的话，那么只能是阳消，否则将成为没有变化的状态。在解读乾卦的时候我们说过，“一阴一阳之谓道”（《系辞上》）中的“道”是一团“变”，万事万物都在这一团“变”中，都是不断变化的，不存在没有变化的时候，所以，在纯阳的状态中必然蕴含着阳消的征兆。从姤卦开始，经过遁、否、观、剥等卦，到坤卦，是在阳消的运行中逐渐成形的过程。坤卦之象为纯阴，阳消至坤不可能再消了，这时，如果继续有变化的话，那么只能是阳长，否则将成为没有变化的状态。所以，在纯阴的状态中必然蕴含着阳长的征兆。从复卦开始，经过临、泰、大壮、夬等卦，再到乾卦，是在阳长的运行中逐渐消解既成之形的过程。这样，阳长阴消，阳消阴长，阴阳纠缠往来，周而复始。当然，这只是一种简化的分析，现实的变化过程远比这分析复杂得多。

在“十二消息卦”中，“乾—姤”和“坤—复”是两个转折处，正是因为有这两处转折，才有生生不已的变化。但是这两个转折处的性质是不同的。“乾—姤”是遏止运行的转折处，“坤—复”是促进运行的转折处；前者是开始制动，后者是开始发动。因为没有发动也就谈不上制动，所以“坤—复”的转折更为根本。所以说“复其见天地之心乎”。

《象》曰：

雷在地中，复。[1] 先王以至日闭关，商旅不行，后不省方。[2]

不远之复，以修身也。[3]

休复之吉，以下仁也。[4]

频复之厉，义无咎也。[5]

中行独复，以从道也。[6]

敦复无悔，中以自考也。[7]

迷复之凶，反君道也。[8]

解读

[1] 震为雷，坤为地，震下坤上，所以说“雷在地中”。古人以为雷是地中积郁的阳气爆发而成，复卦一阳在下，虽然已经开始阳长阴消之行动，但是其能量尚不足以爆发，犹如雷复于地中，所以说“复”。

[2] 至日：冬至，夏至。在此指冬至。闭关：闭塞关门。后：君主。省（xǐng）方：巡视四方。冬至一阳复，此时阳还很微弱，需要逐渐积蓄。在传统的农耕社会，冬至时，农事、物流都很少，所以在冬至时，统治者采取相应的管理措施，“至日闭关，商旅不行，后不省方”。程颐说：“阳始生于下而甚微，安静而后能长。先王顺天道，当至日阳之始生，安静以养之，故闭关，使商旅不得行，人君不省视四方，观复之象而顺天道也。”（《程传》卷第二）

[3] 司马光说：“过者，人之所必不免也；惟圣贤为能知而改之……固不以无过为贤，而以改过为美也。”（《资治通鉴》卷十二）君子对于过失的态度，一是谨慎言行，力免过失；二是省察言行，知过速改。初九能及时知过改过，以修正己身，所以说“不远之复，以修身也”。

[4]《中庸》说：“力行近乎仁。”初九知过速改，可谓力行近仁之举。六二能休止而下从初九返回，也可以说是“下仁”，即下从仁。

[5] 义：宜。《系辞上》说：“无咎者，善补过也。”六三能频复补过，符合“无咎”之说。

[6]“从道”即应从于初九。程颐说：“称其独复者，以其从阳刚君子之善道也。”（《程传》卷第二）

[7] 考：省察，察考。六五居中位，能自己省察得失，改正过失。《周易折中》引梁寅曰：“中以自考，言其有中德，故能自考其善不善也。”

[8] 反君道：违背为君之道。吕祖谦说：“君道莫大于改过复善，一不改过，则非君道矣。”（《易说·上》）

无妄

䷘（震下乾上）

无妄：[1] 元亨，利贞。其匪正有眚，不利有攸往。[2]

初九：无妄，往吉。[3]

六二：不耕获，不菑畬，则利有攸往。[4]

六三：无妄之灾，或系之牛，行人之得，邑人之灾。[5]

九四：可贞，无咎。[6]

九五：无妄之疾，勿药有喜。[7]

上九：无妄，行有眚，无攸利。[8]

|解读|

[1] 妄：胡乱，不法。“无妄”即没有胡乱作为，没有不法行为。或作“无望”，即无所希望。朱熹说：“有所愿望即是妄。但‘望’字说得浅，‘妄’字说得深。”（《朱子语类》卷第七十一）《周易折中》引邱富国曰：“唯其无妄，所以无望也。若其处心未免于妄，则无道

以致福，而妄欲徼福，非所谓无望之福；有过以召灾，而妄欲免灾，非所谓无望之灾。此皆未免容心于祸福间，非所谓无妄也。”

[2] 匪：同“非”。正：不偏，合乎法度。在无妄之时，“匪正”即妄。妄则有灾祸，不利于行动，所以说“不利有攸往”。

[3] 初九居无妄之初，以无妄之志而行，自然是吉。《周易折中》引兰廷端曰：“初则当行，终则当止，行止适当则无妄，不妄则吉。无妄之初，当行者也，故往则有吉；无妄之终，当止者也，故行则有眚。”

[4] 菑（zī）：开荒。畬（yú）：熟田。《尔雅·释地》：“田一岁曰菑，二岁曰新田，三岁曰畬。”“不耕获，不菑畬”是说，不耕种就不期望有收获，不开荒就不期望有熟田。不耕而获，不菑而畬就是妄。也可以说是只做当时要做的事，不是在耕种的时候就期望收获，在开荒的时候就期望熟田。《周易折中》引何楷曰：“人之有妄，在于期望。‘不耕获’者，不方耕而即望有其获也。‘不菑畬’者不方菑而即望成其畬也。”如果怀有“不耕获，不菑畬”的想法，那么会有利于发展，所以说“利有攸往”。

[5]“无妄之灾”指没有胡乱作为，没有不法行为，却蒙受灾祸。《周易折中》引胡炳文曰：“匪正有眚，人自为之也。无妄之灾，天实为之也。”比如，有人拴着一头牛，缰绳松脱而牛走失，被路上行人获得，而居住在那儿的人却要遭受诘问搜捕的烦扰，这就是一种无妄之灾。

[6] 可贞：可得正。在无妄之时，即得无妄之正。

[7] 疾：毛病，欠缺或不完备、不完善的地方。“无妄之疾”指按无妄而行，没有胡乱作为，却仍然有不完备、不完善的地方。人的能力是十分有限的，“无妄之疾”就是人的能力的有限性的表现。九五居位中正，又有六二与之相应，就无妄而言，应该是很好的状态，在这种状态下所出现的不完备、不完善，就不是人力所能救治

的，如果硬要救治，往往是越治越糟，所以说“勿药有喜”。药：疗治。当然，这并不是说对所有的缺陷都不要救治，如果是“妄之疾”，当然要救治。

[8] 上九居卦之极，不满足于“无妄之疾”，而要更进一步，以人力做到完备、完善，结果只能是转变为妄。妄行则有人为的灾祸，所以说“行有眚，无攸利”。

《彖》曰：

无妄，刚自外来而为主于内。[1] 动而健，刚中而应。[2] 大亨以正天之命也。[3] 其匪正有眚，不利有攸往，无妄之往，何之矣？[4] 天命不祐，行矣哉？[5]

| 解读 |

[1] 刚：指初九。按《说卦》，震是坤从乾求得一阳而得。无妄卦的外卦为乾，内卦为震，所以说“刚自外来而为主于内”。

[2] 震动乾健，所以说“动而健”。“刚中而应”指九五。九五以阳爻居阳位、居中位、与九二有应，所以说“刚中而应”。

[3] “大亨”即“元亨”。以：因为。“正”为得正，即“贞”。“正天之命”即得正于天之命。得正于天之命而行即“无妄”，得以“大亨”。

[4] 这一句讲上九。上九居卦之极，如果在这种情况下还要更进一步，那么只能是转变为妄，所以说“无妄之往，何之矣”？“何之”其实是说要走到“妄”那儿去了。程颐说：“既已无妄，不宜有往，

往则妄也。”(《程传》卷第二)

[5] 不得正于天之命而行，则天不佑助，这样的话，还能做什么事呢？所以说："天命不祐，行矣哉？"

《象》曰：

天下雷行，物与无妄。[1] 先王以茂对时，育万物。[2]

无妄之往，得志也。[3]

不耕获，未富也。[4]

行人得牛，邑人灾也。[5]

可贞无咎，固有之也。[6]

无妄之药，不可试也。[7]

无妄之行，穷之灾也。[8]

解读

[1] 乾为天，震为雷，震下乾上，所以说“天下雷行”。与：皆。孔颖达说："诸卦之《象》直言两象，即以卦名结之，若‘雷在地中，复’。今《无妄》应云‘天下雷行，无妄’。今云‘物与无妄’者，欲见万物皆无妄，故加‘物与’二字也。”(《正义》卷第三)

[2] 茂：勉，努力。对：配，适应。“茂对时”即努力适应时。“茂对时，育万物”即《中庸》所言“赞天地之化育”。

[3] “得志”指实现无妄之志。

[4] 富：谋求富。六二居位中正，与九五有应，但是是自然之应，

不是人为谋求应。

[5]“无妄之灾”与人的行为无关，修身但求无妄，不在意“无妄之灾”。

[6]“固有之”即固守其所有的无妄之正。无妄卦的下卦以动讲无妄，上卦以健讲无妄，初九和九四分别讲下卦和上卦的特性。无妄时的健体现在固守既有的无妄之正。

[7]“无妄之药”指疗治无妄。朱熹说：“既已无妄，而复药之，则反为妄而生疾矣。”(《本义》卷之一)所以说“无妄之药，不可试也”，即不要因为有“无妄之疾”而尝试着去救治“无妄”，否则只会疾上加疾。

[8]“穷之灾”既有居位于极的因素，更有欲求极至的原因。程颐说：“无妄既极，而复加进，乃为妄矣，是穷极而为灾害也。”(《程传》卷第二)

大畜

☶(乾下艮上)

大畜：[1]利贞。不家食，[2]吉。利涉大川。[3]

初九：有厉，利已。[4]

九二：舆说輹。[5]

九三：良马逐，利艰贞。[6]曰闲舆卫，利有攸往。[7]

六四：童牛之牿，元吉。[8]

六五：豮豕之牙，吉。[9]

上九：何天之衢，亨。[10]

| 解读 |

[1] 畜：畜止，止而聚。乾为健，主行，艮为山，为止。山将所有的行走都阻止了，将所有的动能都畜聚了，所以说“大畜”。

[2] 家食：赋闲，不食公家俸禄。就个人来说，“不家食”是说不是在家无所事事，而是要畜聚德才，走出家门为公家做事。就社会来说，“不家食”就是要把有德才的人招集起来，使之为公家做事。

[3] 能聚力量，能用贤才，则利于渡过险难，所以说“利涉大川”。

[4] 已：止。大畜卦是艮止畜乾。初九阳刚，如果不受止畜而上进不已，那就有危险，所以说“有厉”。初九与六四有应，在大畜卦，即被六四止畜，如果能由此而止，那就有利，所以说“利已”。

[5] 舆：车厢。说（tuō）：同“脱”。輹：捆绑车轴与车伏兔的绳索，以固定车轴与车厢。“舆说輹”意味着车厢与车轴脱离，车不能行动。九二与六五有应，被六五畜止而不行，其状况犹如“舆说輹”。

[6] 逐：驰行。艰贞：处艰危而得正。《说卦》说乾为“良马”。九三与上九同为阳性，上九对九三没有畜止，因此九三能纵步驰行，处艰危而得正，所以说“良马逐，利艰贞”。

[7] 曰：李鼎祚《集解》作“日”。朱熹《本义》中也说当为“日”。闲：通“娴”。熟习。良马纵步驰行，驾车行驶速度自然很快，要使所驾车舆正常行进，需要不断熟练驾驶技术，适应各种行驶环境，保持各方面协调配合，比如车舆与卫士的协调配合，所以说“日闲舆卫，利有攸往”。古代“六艺”中的“御”有各种训练项目，就是练习这方面的技能。

[8] 童牛：还没有长出角的牛。牿：牛在没有长出角之前，不好穿牛鼻以牵制，需要在牛头两边各缚一条木板以牵制，这叫作牿。六四畜止初九，初九性刚而力微，犹如童牛，加牿而止畜，可使驯服。童牛加牿，意味着将得牛之力而为人所用，这是大好事，所以说“元吉”。

[9] 豮（fén）：公猪去势叫豮。牙：啃咬。公猪性躁，常胡乱啃咬，去其势能止其躁。六五性刚力强，不能像童牛加牿那样止畜，而是要像豮豕那样改变其躁性。豮豕止躁，虽然未能像童牛加牿那样得牛之力而为人所用，但是能减少猪胡乱啃咬的损害，也是好事，所以说“吉”。

[10] 何（hè）：承受。衢：四通八达的路。“何天之衢”即背负天空，任意通行。王夫之说：“‘何天之衢’，庄周所谓负云气，背青天也。艮之畜乾，非抑遏之也，止其躁，养其德，以使裕于行也。”（《周易内传》卷二下）上九居大畜之极，既储积了充足的动能，又能很好地制动。《杂卦》说“《大畜》时也”。上九应时而行，得以畅行无阻，所以说“亨”。

《彖》曰：

大畜，刚健笃实，辉光日新其德。[1] 刚上而尚贤，能止健，大正也。[2] 不家食吉，养贤也。[3] 利涉大川，应乎天也。[4]

| 解读 |

[1] 乾有刚健之性，艮有笃实之德。刚健，则自强不息；笃实，则厚重实在。自强不息，则其德日新；厚重实在，则其德充实。日新之德充实于内而辉光于外，即其德日新辉光，所以说“辉光日新其德”。

[2] “刚上”指上九。五为尊位，上九居六五之上，阳刚居尊位之上是尚贤的意思，所以说“刚上而尚贤”。艮止乾健，所以说“能止健”。能行能止，当行则行，当止则止，这样才正。尚贤者大，止健能正，所以说“大正”。

[3] “养贤”包括自己修养贤德和社会畜养贤者。

[4] “应乎天”中的“天”既有“天衢”的意思，又有“天时”的意思。上九“何天之衢”，应时而行，能渡过各种艰险，所以说“利

涉大川，应乎天也”。

《象》曰：

天在山中，大畜。[1] 君子以多识前言往行，以畜其德。[2]

有厉利已，不犯灾也。[3]

舆说輹，中无尤也。[4]

利有攸往，上合志也。[5]

六四元吉，有喜也。[6]

六五之吉，有庆也。[7]

何天之衢，道大行也。[8]

解读

[1] 乾为天，艮为山，乾下艮上，所以说“天在山中”。朱熹说：“‘天在山中’，不必实有其事，但以其象言之耳。”（《本义》卷之一）

[2] 识：也可读为 zhì。有记取、明辨等意思。“多识前言往行，以畜其德”，指通过多记取明辨前人言行的得失，以畜养自己的品德。

[3] 犯灾：不顾灾祸，冒有灾之险。程颐说：“有危则宜已，不可犯灾危而行也。不度其势而进，有灾必矣。”（《程传》卷第二）

[4] 九二居中位，自知止已，不会像初九有“犯灾”的可能，所以说“中无尤也”。

[5] 九三与上九同为阳性，志同道合，所以说“上合志也”。《周易折中》引赵汝梅曰：“它卦阴阳应为得，此则为畜。它卦阴阳敌为

不胥与，此则为合。”

[6] 童牛加牿，得有力者之力而用，自然高兴，所以说“有喜”。

[7] 豮豕止躁，止有害者之害而安，免祸即福，所以说“有庆”。

[8] 道：阳刚健行之道。健行不是躁动。躁动不能“应乎天”，不能“道大行”。

颐

䷚（震下艮上）

颐：贞吉。[1]观颐，[2]自求口实。[3]

初九：舍尔灵龟，观我朵颐，凶。[4]

六二：颠颐，拂经于丘颐，征凶。[5]

六三：拂颐，贞凶。[6]十年勿用，无攸利。[7]

六四：颠颐，吉。[8]虎视眈眈，其欲逐逐，无咎。[9]

六五：拂经，居贞吉，不可涉大川。[10]

上九：由颐，厉吉，利涉大川。[11]

| 解读 |

[1] 颐：颊，腮。颐卦上艮下震，上下各一阳爻，中间四个阴爻，上止下动，犹如颊腮。《序卦》说：“颐者，养也。”朱熹说：“颐，口旁也。口食物以自养，故为养义。”（《本义》卷之一）所以，颐卦主要讲“养”。养，得正则吉，所以说“贞吉”。《杂卦》说：“《颐》养正也。”颐养的问题其实是养正的问题。

[2] 颐之象外实中虚，如果颐是实的，就既没有可能也没有必要“求口实”了。颐之象上止下动，颐中有物，通过咬动下咽而转实为虚，这样才能不断发挥颐的功能。通过观颐之象，可以得颐养之理，即虚和动。无论是养身心还是养德性，都要在虚和动的过程中进行。

[3] 实：充实。“自求口实”即口自求实，主要强调“自”。颐中有物则口不求实，颐中无物而口自求实。无论是养身心还是养德性，都不是强行填塞的，而是自求的。

[4] 灵龟：用以占卜的大龟。古人认为龟龄长龟体大，用以占卜灵验，所以叫“灵龟”。灵龟新陈代谢过程比较慢，进食少。朵颐：鼓腮嚼物。颐卦六爻讲养，以阳实阴虚，实能自养及养人，虚不能自养而论。初九正位，其适宜的颐养之道是如灵龟那样，如果看到别人朵颐而羡馋，放弃适宜自己的颐养之道，那么就会“凶”。“观我朵颐”是借他人的口气而言。朱熹说：“初九阳刚在下，足以不食，乃上应六四之阴而动于欲，凶之道也。”（《本义》卷之一）

[5] 颠：本意是头顶，引申则头朝下也叫颠。拂：违背。经：常规。“拂经”指违背颐养之道。丘：高出平地的小土山。在这儿指上九。六二虽然居位中正，但是不能自养，下求养于初九，即“颠颐”，因为逆乘初九，乘承关系不顺，所以不能得正养；上求养于上九，与上九无应，违背颐养之道，所以说“拂经于丘颐”，即颐于丘拂经。六二向下或向上不能得正养，一动即错，所以说“征凶”。

[6] 六三居位不中正，又处震动之上，虽然与上九有应，也仍然会凶，所以说“拂颐，贞凶”。“拂颐”指不守颐养之正。程颐说：“三以阴柔之质，而处不中正，又在动之极，是柔邪不正而动者也。其养如此，拂违于颐之正道，是以凶也。”（《程传》卷第二）可以看出，关于颐养之“正”的要求是很严的。初九正位，但是因为与六四有应，若舍己从人则失其正。六二居位中正，但是因为无正应，无正比，

而不得正养。

[7] 十年：相当长的时间。勿用：不能有颐养之用。无攸利：没有颐养之利。

[8] 六四正位，与初九有应，所以“吉”。六四和六二都正位，都是下求养于初九，但是一吉一凶，区别就在于与初九的关系是否正。正则吉，不正则凶。

[9] 眈眈：注视的样子。逐：或读 dí。“逐逐”指急于得到的样子。六四专注于初九，虽然有些急，但是也没有什么过失。

[10] 六五以阴爻居阳位，居位不正，与六二无应，所以说“拂经”。但是其顺承上九，而且居艮止之体，不像六三那样邪动求养，所以还能够止居而得养。所以说“居贞吉”。止居待养，难以应对艰险，所以说“不可涉大川”。

[11] 由：奉行。“由颐”即奉行颐养之道。奉行颐养之道自然能吉，利于渡过艰险。但是，上九居颐之极，又有物极则反的危险，所以戒之以“厉”，说“厉吉”。

《彖》曰：

颐，贞吉，养正则吉也。观颐，观其所养也。自求口实，观其自养也。[1] 天地养万物，圣人养贤，以及万民。[2] 颐之时大矣哉！[3]

解读

[1] “养正则吉”可以是“养正，则吉”，也可以是“养，正则吉”。前者指其所养是否得正，后者指其自养是否以正。正则吉，不正则

不吉。所以，后面说“观其所养”“观其自养”。其实这两方面是相关的，其自养以正，其所养才能得正。

[2] 天地以正养万物而万物各得其正，圣人以正养贤以及万民而万民各得其正，都离不开“正”字。

[3] “正”只是个“宜”，宜则正，所以，“养正”也就是养宜。宜是具体的，要根据具体境遇而“因 X 制宜”，不能离开具体境遇讲颐养，所以说“颐之时大矣哉”。大：重要。

《象》曰：

山下有雷，颐。[1] 君子以慎言语，节饮食。[2]

观我朵颐，亦不足贵也。[3]

六二征凶，行失类也。[4]

十年勿用，道大悖也。[5]

颠颐之吉，上施光也。[6]

居贞之吉，顺以从上也。[7]

由颐厉吉，大有庆也。[8]

丨解读丨

[1] 艮为山，震为雷，震下艮上，所以说“山下有雷”。雷动于下，山止于上，犹如颐之下动上止。

[2] 颐之动，主要实现两大功能，即饮食和言语。所以，就颐来说的正，也就是饮食之正和言语之正，即根据具体境遇而制饮食之宜和言语之宜。宜是无过无不及的状态，对于饮食和言语这两种活

动而言，不及可以通过补充来使之宜，但是如果是过的话，那就很难补救了。所以，颐之正就是要管住自己的嘴巴，言语不多出，饮食不多入。程颐说："慎言语以养其德，节饮食以养其体。不唯就口取养义，事之至近而所系至大者，莫过于言语饮食也。在身为言语，于天下则凡命令政教出于身者皆是，慎之则必当而无失；在身为饮食，于天下则凡货资财用养于人者皆是，节之则适宜而无伤。"（《程传》卷第二）

[3] 舍弃适宜自己的颐养之道，羡慕适宜他人的颐养之道，不值得崇尚。《老子》说要"甘其食，美其服，乐其俗，安其居"（第八十章）。其中的甘、美、乐、安都用作动词，而要点在"其"字上，即以自家的光景过自家的日子。《庄子·骈拇》说："夫不自见而见彼，不自得而得彼者，是得人之得而不自得其得者也，适人之适而不自适其适者也。"其中的得、适是得宜、适宜的意思。得人之得、适人之适是以人家的舒适过自家的日子，犹如按别人的饭量饱自己的肚子，难得舒适。

[4] 失：违背，错乱。类：法则，事理。六二之所以"征凶"是因为上下求养都违背事理，所以说"行失类也"。

[5] 如果说初九之凶是因为自己行为的失正，六二之凶是因为与养者的关系不正，那么，六三之凶却是因为自身不正，这在颐养的各种不正的情况中，是最严重的，所以说"道大悖也"。

[6] 六四与初九有应，六四居艮止之体，初九居震动之体，所以从事"施"之动者不是六四，而是初九。所以，"上"也就不是指位置，而是指动的方向。光：恩惠，也有充的意思。"上施光"即初九上动而施惠，使六四得以充实。

[7] "顺以从上"即六五顺从上九而得养。

[8] 颐卦六爻，初九和上九两阳爻能自养及养人，而初九有舍己从人之失，所以只有上九奉行颐养之道，而大有吉庆。

大 过

䷛（巽下兑上）

大过：栋桡，[1] 利有攸往，亨。[2]

初六：藉用白茅，无咎。[3]

九二：枯杨生稊，老夫得其女妻，无不利。[4]

九三：栋桡，凶。[5]

九四：栋隆，吉。[6] 有它吝。[7]

九五：枯杨生华，老妇得其士夫，无咎无誉。[8]

上六：过涉灭顶，凶，无咎。[9]

解读

[1] 过：超过，越过。又，过（過）通“祸（禍）”。古书中常有一字兼多义的情况，需要综合地看。栋：房屋的脊檩。桡：弯曲。在此特指向下弯曲。从上下卦看，下卦为巽木，上卦为泽水，水没过木。房屋最高处的木是脊檩。水没过脊檩，致使脊檩向下弯曲，所以说“大过，栋桡”。从阴阳看，阳为大，卦中初爻和上爻为阴爻，中间四个阳爻，中间过盛而两头过弱，不胜重荷，所以说“大过，栋桡”。

[2] 从境遇看，“大过”是危难之时。处危难之时，阳刚盛大，德才大过于常人的人，能临危不惧，拯救灾难，大有作为，所以说“利有攸往，亨”。

[3] 藉（jiè）：祭祀朝聘时陈列礼品的垫物。“藉用白茅”即用白茅草垫礼品以敬奉。初六以柔居刚，且顺承九二，犹如白茅垫物，表示身处危难而有为之始，有敬畏慎重的态度，因此得以“无咎”。朱熹说：“真正大英雄人却从战战兢兢、临深履薄处做将出来。若是气血粗豪，却一点使不着也。”（罗大经《鹤林玉露·人集》卷之一）

[4] 大过卦主要讲阳过，阳过是由于四个阳爻集聚在卦中间导致的，所以四个阳爻都从阳过的角度讲。阳过则要济之以阴，所以大过卦中的阳爻居阴位的较好，居阳位的不好。九二以阳爻居阴位，就阳爻讲是阳过，刚过则不柔，所以比喻为枯杨、老夫。但是，由于九二居阴位，而且顺乘初六，能得阴的滋润而尚存生机，所以说“枯杨生稊，老夫得其女妻”。稊：植物的嫩芽。“枯杨生稊”指在老杨树根部长出新嫩枝。女妻：娶年轻女子为妻。“老夫得其女妻”或可有生育之功。

[5] 九三以阳爻居阳位，是双重的阳，在大过之时，即重叠的大过，虽然与上六有应，但是在大过卦中，上六过弱，难以辅助九三，所以必然是“凶”。

[6] “栋隆”是栋向上隆起，这样有利于承重。九四以阳爻居阴位，以柔济刚，所以说“吉”。

[7] 九四与初六有应，所以说“有它”。以柔济刚要得宜，九四既以阴位济阳爻，如果再志于初六之应，那么就会过于柔，所以说“有它吝”。程颐说：“以刚处柔，为得宜矣，若又与初六之阴相应，则过也。既刚柔得宜，而志复应阴，是有它也。有它则有累于刚，虽未至于大害，亦可吝也。”（《程传》卷第二）

[8] 九五以阳爻居阳位，与上六是逆承关系，只是在表面上看有阴的配合，难以实在地得到阴的滋润，所以，犹如枯杨之生华，虽然有所生发，但是很快就枯了。或者犹如老妇与士夫相合，没有生育的功能。老妇与士夫相合说不上什么“咎”，但是也谈不上“誉”。士夫：青年男子。

[9] 涉：徒步渡水。在此指渡过危难。上六居大过之极，处最危难之时，然而自身柔弱无力，不能力挽狂澜，结果只能是灭顶之凶。虽然结局是凶，但是不能因此责怪其不避危难而勇于挽救的志向，所以说“无咎”。苏轼说：“过涉至于灭顶，将有所救也。势不可救而徒犯其害，故凶。然其义则不可咎也。”（《东坡易传》卷三）

《彖》曰：

大过，大者过也。[1] 栋桡，本末弱也。[2] 刚过而中。[3] 巽而说行，利有攸往，乃亨。[4] 大过之时大矣哉！[5]

| 解读 |

[1]“大者”指“阳”。64 卦中，4 个阳爻的卦有 15 个，所以，说“大过”不是就阳爻的数量讲，而是说四个阳爻集聚在卦中间导致“过”。

[2] 初为本，上为末。四阳在中间过盛，本末两头过弱，难以承重，以致弯曲，所以说“栋桡，本末弱也”。

[3]“刚过而中”是进一步说“本末弱”。这儿的“中”应该不是指中位，而是说“过”是因为“刚”聚于“中”。

[4] 说：同“悦”。巽为顺，兑为说。“巽而说（悦）行”是说，

处在“大过”这样的危难之时，以低调乐观的态度做自己的事。如此而“利有攸往”，如此而“亨”。

[5]“大过”之时正是大过人之才有为之时，所以感叹“大过之时大矣哉”。

《象》曰：

泽灭木，大过。[1]君子以独立不惧，遁世无闷。[2]

藉用白茅，柔在下也。[3]

老夫女妻，过以相与也。[4]

栋桡之凶，不可以有辅也。[5]

栋隆之吉，不桡乎下也。[6]

枯杨生华，何可久也。老妇士夫，亦可丑也。[7]

过涉之凶，不可咎也。[8]

| 解读 |

[1] 灭：淹没。兑为泽，巽为木，“大过”之象是泽水淹没了木头。

[2] 朱熹说：“泽灭于木，大过之象也，不惧无闷，大过之行也。”（《本义》卷之一）泽水淹没了木头，是危难之时。君子身处危难，做事坚持自己的操守，无所畏惧；不为世用而隐居，也没有抑郁不平的心情。程颐说：“君子所以大过人者，以其能独立不惧，遁世无闷也。天下非之而不顾，独立不惧也；举世不见知而不悔，遁世无闷也。”（《程传》卷第二）

[3] 白茅柔软，垫物在下，初六爻象如此。

[4] 以：而。与：结交，亲附。“过以相与”是说，这是超出常情的结交，是非正常的。

[5] 栋桡本来就是因为难以承重而导致向下弯曲，在这种情况下，任何辅助都会加重重量，加重弯曲的程度，所以说“不可以有辅也”。惠栋说：“辅之益桡，故不可以有辅。”（《周易述》十二）

[6] “不桡乎下”即不下应初六。程颐说：“栋隆起则吉，不桡曲以就下也，谓不下系于初也。”（《程传》卷第二）

[7] 九五的爻辞说“老妇得其士夫，无咎无誉”，《象》则说“老妇士夫，亦可丑也”，这与《易传》重视“生”的观点相关。《系辞下》说“天地之大德曰生”，《系辞上》说“生生之谓易”。

[8] 王弼说：“志在救时，故不可咎也。”（《周易注》卷第三）

坎

☵(坎下坎上)

习坎：[1] 有孚，维心亨，行有尚。[2]

初六：习坎，入于坎窞，凶。[3]

九二：坎有险，求小得。[4]

六三：来之坎坎，[5] 险且枕，[6] 入于坎窞，勿用。[7]

六四：樽酒簋贰用缶，[8] 纳约自牖，[9] 终无咎。[10]

九五：坎不盈，[11] 祇既平，[12] 无咎。

上六：系用徽纆，寘于丛棘，三岁不得，凶。[13]

｜解读｜

[1] 坎是八经卦之一，其象有水，其义有陷。习：通“袭”。重叠，重复。“习坎”即坎的重叠。《序卦》说：“坎者，陷也。”《象》说：“习坎，重险也。”作为六画卦，坎主要讲陷而险，陷之又陷，险而又险。

[2] 孚：信。维：语气词。心：秉性。坎为水，水外表柔顺，但是其中却包含着强大的动能，就像坎卦一阳在中，二阴在外之象。

这两方面决定了水的本性，既顺应形，遇到阻碍则止而不行；又保持势，不行只是表面的，其实是在蓄势而发，通过积聚力量而继续前行，所以说“心亨”，即水的秉性就是要行，不会因为受阻而违背秉性。所以说“有孚”。尚（cháng）：通“常”。“行有尚”即行是不停息的。正是由于在暂时的不行中有不息的行动，才使得水能够越过各种阻碍而不断前行。

[3] 窞（dàn）：深坑，坎中有坎。初六以阴柔居重坎之下，深陷重坎之中，然而居位不正，又无应，难以走出陷坑，所以说“凶”。

[4] 九二一阳陷于二阴之中，所以说“坎有险”。由于阳主动，所以，虽然一阳陷于二阴之中，但是却不会因为陷险而止动，而是为走出陷坑一点一点地积聚力量，所以说“求小得”。

[5] 来：自上往下。之：自下往上。六三处下坎之上，上坎之下，上下都是险，所以说“来之坎坎”。

[6] 枕：《经典释文·周易音义》引郑玄云：“木在首曰枕。”又引陆绩云：“闲碍险害之貌。”由此可以说“枕”是头顶有横木阻拦。“险且枕”即不仅有陷坑之险，还有栅栏之险。

[7] 六三居位不正，又无应，虽然已不在坑底，但是在头顶却有栅栏阻拦，仍然难以走出陷坑，所以说“入于坎窞，勿用”。“勿用”即不要急于行动。

[8] 樽：酒器。簋：盛食物的圆形器具。贰：辅佐。“樽酒簋贰”即以樽盛酒，佐以簋食。或以“贰”为“二”，如是，则“樽酒簋贰”为一樽酒二簋食。缶：瓦器。“用缶”指樽、簋皆以缶为之。王引之说：“用缶云者，以缶为尊（樽），又以缶为簋也。故曰‘樽酒簋贰用缶’。”（《经义述闻》第一）“用缶”意味着简朴。

[9] 纳：贡献。约：俭。“俭”和“约”可以互训。《国语·周语下》：“夫宫室不崇，器无彤镂，俭也。”“用缶”即“器无彤镂”，是

“俭”，也可以说是“约”。牖：在此与一般意义的窗户稍有区别，是指处于上方的光亮处。《诗·召南·采蘋》“宗室牖下”，马瑞辰按：“古者牖一名向，取向明之义，其制向上取明，与后世之窗稍异。”（《毛诗传笺通释》卷三）“纳约自牖”的意思是，从陷坑口贡献上简朴的礼物。

[10] 六四正位，顺承九五，虽然仍处险境，但是能以简朴的行动上交九五，所以“终无咎”。

[11]“坎不盈”是说坑坎还没有被注满。坑坎被注满，水就会继续向前行进，没有注满表明水还被阻碍着。进一步的意思就是说，走出险境的力量积聚得还不够。

[12] 祇：语气词。既：将。表示推测。“既平”即推测坑坎即将被水填平，也就是坎快“盈”了。“祇”或作“祗”。于省吾说：“‘祇既平’应读作灾既平，犹后世言患既平也。”（《双剑誃易经新证》卷二）

[13] 徽、纆都是绳索。“系用徽纆”即用绳索系缚。寘：放置。丛棘：指囚禁犯人的地方。四周墙头都用荆棘堵塞。“寘于丛棘”即投入牢狱。三岁：指较长的时间。不得：不能免除。程颐说：“上六以阴柔而居险之极，其陷之深者也。以其陷之深，取牢狱为喻。如系缚之徽纆，囚寘于丛棘之中，阴柔而陷之深，其不能出矣。故云至于三岁之久，不得免也，其凶可知。”（《程传》卷第二）

《彖》曰：

习坎，重险也。水流而不盈，行险而不失其信。[1] 维心亨，乃以刚中也。[2] 行有尚，往有功也。[3] 天险不可升也，地险山川丘陵也，王公设险以守其国。险之时用大矣哉！[4]

解读

[1] 孟子说 :“流水之为物也,不盈科不行。”(《孟子 · 尽心上》)“盈科”即水充满坑坎。“水流而不盈,行险而不失其信”是说,水被坑坎所阻,不能前行,在这种情况下,水不会为了急于前行而违背自己的秉性,一定要把坑坎流满后,才继续向前。

[2] 由于柔中有刚,所以,无论遇到什么险阻,都能通过不断地行动而继续前行,所以说“心亨”。

[3] 由于运行不息,所以能走出险境,所以说“往有功”。陈梦雷说 :“盖坎以能行为功,若止而不行,则常在险中矣。”(《周易浅述》卷三)

[4] 时用 : 在一定境遇中的作用。天险、地险是自然之险,王公设险是人为之险。行动遇险固然不利,但是,如果能以险阻止敌对方的行动,那么险就转化为对己有利的因素了。所以说“险之时用大矣哉”。

《象》曰 :

水洊至,习坎。[1] 君子以常德行,习教事。[2]

习坎入坎,失道凶也。[3]

求小得,未出中也。[4]

来之坎坎,终无功也。[5]

樽酒簋贰,刚柔际也。[6]

坎不盈,中未大也。[7]

上六失道,凶三岁也。[8]

| 解读 |

[1] 洊（jiàn）：再次，一次又一次。坎为水，上下卦重叠就像水一次又一次来临，所以说“水洊至，习坎”。

[2] 习坎之水的特点，一是其德信而有常，二是其事持续不息。君子观此卦象，要恒常其所修养的德行，熟练其所受教的事情。《周易折中》引俞琰曰：“常德行，谓德行有常而不改；习教事，谓教事练习而不辍。”

[3] “习坎入坎”即陷入坎中之坎。初六之“凶”主要不是因为深陷重坎，而是因为“失道”，即失正失应，所以说“失道凶也”。

[4] “求小得”意味着还不具备足以走出险境的力量，所以“未出中也”，即还没有走出险境。

[5] “终无功”针对爻辞中的“勿用”讲，即在六三这样的处境，企图走出陷坑，是无用功。

[6] 际：交会。孔颖达说：“所以一樽之酒、贰簋之食得进献者，以六四之柔与九五之刚两相交际而相亲，故得以此俭约而为礼也。”（《正义》卷第三）

[7] 九五居位中正，坎之不盈，只是因为积聚还不够大，所以说“中未大也”。

[8] 上六以阴柔处极险之地，没有走出险境的能力，所以说“失道”。

离

䷝（离下离上）

离：[1] 利贞，亨。畜牝牛，吉。[2]

初九：履错然，敬之，无咎。[3]

六二：黄离，元吉。[4]

九三：日昃之离，[5] 不鼓缶而歌，则大耋之嗟，凶。[6]

九四：突如其来如，焚如，死如，弃如。[7]

六五：出涕沱若，戚嗟若，吉。[8]

上九：王用出征，有嘉，折首，获匪其丑，无咎。[9]

| 解读 |

[1] 离是八经卦之一。离卦一阴在中，二阳在外，阴主形质，阳主动能，离卦之象犹如物体发光，所以说离为火（光）、为日（光）等等。发光之能要附丽于一定的形质，所以，离卦之义为丽。以前，出于扶阳抑阴的考虑，人们多认为是阴丽于阳，如果不强调扶阳抑

阴的话，那么不如解释为阳丽于阴。李光地说："以为阴丽乎阳者，非矣。"（《周易折中》卷九）

[2] "畜牝牛" 指畜养牝和牛之性。王弼说："柔处于内而履正中，牝之善也；外强而内顺，牛之善也。"（《周易注》卷第三）

[3] 错：交替。九三讲 "日昃之离"，比照九三，初九可以说是日出之离，是明暗交替之时，所以说 "履错然"。在行动之初而加以敬慎，则可以避免过失，所以说 "敬之，无咎"。

[4] 黄：中色。用以比喻 "中"。六二居位中正，所以 "元吉"。

[5] 日昃：太阳偏西。李鼎祚《集解》引荀爽曰："初为日出，二为日中，三为日昃。""日昃之离" 指走向暮色的阳光，比喻走下坡路。

[6] 缶：瓦器，在此指瓦质的打击乐器。"鼓缶而歌" 表示心境坦然。耋：年老。"大耋之嗟" 指哀叹垂老。九三重刚不中，心性过强，虽然暮色渐浓，但是不能坦然地接受失去光芒的结局，所以有 "大耋之嗟"。孔子说老年 "戒之在得"（《论语 · 季氏》）。老年是失的时代，老年而不能坦然接受失，将会招致凶。《老子》说："知常，明也。不知常，妄。妄作，凶。"（《老子》第 16 章）"知常" 即明白事物生死盛衰变化的道理，不明白这道理，就会不切实际地作为，就会凶。

[7] 九四居位不正，处薪尽火传之际，不能渐进接续，而是突然猛烈燃烧，结果很快被焚烧尽，成为死灰而被弃绝。

[8] 沱：泪流如雨的样子。戚嗟：忧伤嗟叹。若：语助词。离卦的两个阴爻都居中位，但是，六二是即中且正，六五则中而不正，虽然说中重于正，但是一正一不正还是有些区别，所以六二是"元吉"，而六五之吉则要经历些忧伤。

[9] 上九处离之极，有刚明之德，能察邪惩恶，以此出征则有使敌首屈服，俘获其兵众的嘉绩。折：屈服，在此为使屈服。获：俘获。

匪：通“彼”。其（jì）：助词。丑：众，兵众。或以“王用出征”为王者用上九出征。

《彖》曰：

离，丽也。日月丽乎天，百谷草木丽乎土，重明以丽乎正，乃化成天下。[1] 柔丽乎中正故亨，是以畜牝牛吉也。[2]

| 解读 |

[1]“重明”指上卦下卦都是离。“丽乎正”指六二、六五附丽于中正，即不违背中正。就中与正讲，中重于正，所以，虽然六五居中位而不正位，却也可以说正。引申而言，“重明以丽乎正”指上下各从其正，就像“日月丽乎天，百谷草木丽乎土”，这样则可以“化成天下”，即教化成就天下之事。

[2] 离卦之亨是由于“柔丽乎中正”，所以要畜养柔顺中正的品性。陈梦雷说：“全卦以柔顺得正为吉。”（《周易浅述》卷三）

《象》曰：

明两作，离。[1] 大人以继明照于四方。[2]

履错之敬，以辟咎也。[3]

黄离元吉，得中道也。[4]

日昃之离，何可久也。[5]

突如其来如，无所容也。[6]

六五之吉，离王公也。[7]

王用出征，以正邦也。[8]

解读

[1]《孟子·尽心上》“日月有明，容光必照焉”，朱熹注说：“明者光之体；光者明之用。”（《孟子集注》卷十三）如日、月、灯、火等等，称之为“明”，日光、月光、灯光、火光等等，是“明之用”。离为明，上下重叠，所以说“明两作”。“作”即用。之所以说“明两作”而不说“两明作”，是因为要突出光照的连续，而不是突出发光体。

[2]“照”也是“明之用”。“光”是“明”发出的光线，“照”是光线射在物体上。“大人以继明照于四方”指统治者持续地以明智照察四方。“大人”既指某一个体，也指不同个体间的传承，如薪尽火传，光照不断。

[3] 错：从时间讲是交替，从空间讲是交错。所以，“履错”也可以有履空间之错的意思。履时间之错，要敬慎其始；履空间之错，要敬慎其择。这样才能避免过失。辟：同“避”。

[4]“得中道”即《彖》中所讲的“柔丽乎中正”。

[5]“日昃之离，何可久也”包含两方面的意思，一方面是说，之所以出现“日昃之离”的现象，是因为“日昃之离”之前的状况不可久；另一方面是说“日昃之离”的状况也不可久，同样要被其后续现象所替代。

[6] 容：舒缓从容。“无所容”即没有一点舒缓从容。

[7] 离王公：根据上九爻辞“王用出征”来看，“王公”应该指上九。六五顺承上九，即依附于王公。高亨说：“六五为阴爻，为柔，象臣下；

上九为阳爻，为刚，居一卦之最高位，象王公。”（《周易大传今注》，齐鲁书社，1979 年，第 284 页。）或以五为王公之位，六五以柔居尊位，所以说“离王公也”。来知德说：“王指五，公指上九，‘离王公’者，言附丽于王之公也。”（《周易集注》卷六）

[8] 王之出征，目的是为了治理邦国，不是为了诛杀。

咸

䷞（艮下兑上）

咸：[1] 亨，利贞，[2] 取女吉。[3]

初六：咸其拇。[4]

六二：咸其腓，凶。居吉。[5]

九三：咸其股，执其随，往吝。[6]

九四：贞吉，悔亡。[7] 憧憧往来，朋从尔思。[8]

九五：咸其脢，无悔。[9]

上六：咸其辅颊舌。[10]

| 解读 |

[1] 咸：感。“咸”又有全、皆的意思，所以在此“咸”不限于某种感应现象，而是说所有事物都处于感应中。程颐说：“天地之间，只有一个感与应而已，更有甚事？”（《河南程氏遗书》卷第十五）《世说新语》记载，殷仲堪曾经问慧远《易》以何为体，慧远回答说：“《易》以感为体。”（《世说新语·文学》）《周易》讲的中心问题是变易问题，而变易是事物之间的普遍联系和相互交感的体现。

[2] 感应是复杂多样的。春暖花开是感应，春寒倒袭使花凋零也是感应，前者是常态，后者是非常态。从人的角度看，常态为正，非常态为不正，所以有正常、不正常之说。只有正常的感应，事物的变易才能顺利，所以说“亨，利贞”。离开人的角度，无所谓好坏得失，《易》中所有的断辞都是从人的角度讲的。

[3] 八卦，后来人们将其分成阴和阳两类。乾为阳，坤为阴。其他六个卦，以“阳卦多阴，阴卦多阳”（《系辞下》）为标准来分阴阳。所谓阳卦多阴指阳性卦是两画阴，一画阳；阴卦多阳指阴性卦是两画阳，一画阴。据此，震、坎、艮为阳性卦，巽、离、兑为阴性卦。《说卦》进一步将乾、坤称之为父、母。根据一画阳在卦的下、中、上的位置，将震、坎、艮分别称为长男、中男、少男；根据一画阴在卦的下、中、上的位置，将巽、离、兑分别称为长女、中女、少女。咸卦艮下兑上，下少男，上少女，类似泰卦之乾下坤上，形成阴阳交通的态势。程颐说：“物之相感，莫如男女，而少复甚焉。”（《程传》卷第三）所以说“取（娶）女吉”。

[4] 拇：指脚拇指。脚拇指在身体最末端，感之不深而应之不敏。由于感之不深而应之不敏，所以感而未动。《系辞下》说：“吉凶悔吝者，生乎动者也。”由于感而未动，所以初六未言吉凶悔吝。

[5] 腓（féi）：腿肚子。“咸其腓”意指感应渐深。由于感应渐深，所以容易导致躁动。从阳感阴应来说，如果阴由于受感渐深而超越受感程度躁妄先动，那么会导致凶。如果能随感而不先动，那么就能吉。“居”不是全然不动，而是不妄动。张载说：“无所感而起，妄也。”（《正蒙·中正》）《周易折中》引顾象德：“居非专静，特不妄动而已。”

[6] 股：大腿。“咸其股”即感应更深。九三与上六感应，从阳感阴应来说，九三是感的一方，应该掌控感应过程，然而九三重刚

不中而性躁，在“咸其股”的状态时，未能掌控感应过程，反而被上六之应所执持。这样进行感应，则会有遗憾，所以说“往吝”。朱熹说：“此卦虽主于感，然六爻皆宜静而不宜动也。”（《本义》卷之二）

[7] 亡（wú）：通“无”。《周易》中凡“悔亡”之“亡”皆读 wú。九四不当位，易于有过失，但是在与初六的感应过程中，正是这阳爻阴位的状况却适得其正，所以说“贞吉，悔亡”。李鼎祚《集解》引虞翻曰：“失位，悔也。应初动得正，故贞吉而悔亡矣。”

[8] 憧憧：《经典释文·周易音义》引王肃云：“往来不绝貌。”《类篇·心部》：“憧……迟也。”如是，憧憧有迟缓而行、往来不绝的意思。朋：在此指初六。从：追求，顺从。尔：词缀。“从尔”即追求、顺从的样子。思：语气词。或以“憧憧”为心意不定的样子，亦可。

[9] 脢（méi）：脊肉。“咸其脢”意指使不敏感的背脊肉产生反应，说明感应强。九五重刚，但是居中位，能使感应相宜，没有出现过失，所以说“无悔”。

[10] 辅颊：面颊。感应过程以“咸其拇”开始，以“咸其辅颊舌”结束。

《彖》曰：

咸，感也。柔上而刚下，[1] 二气感应以相与。[2] 止而说，男下女，是以亨利贞，取女吉也。[3] 天地感而万物化生，[4] 圣人感人心而天下和平。[5] 观其所感，而天地万物之情可见矣！[6]

解读

[1] 兑柔在上，艮刚在下，所以说“柔上而刚下”。也可以从卦爻的变动来说，否卦为坤下乾上，如果否卦之六三上行为上六，上九下行为九三，那么就变成咸卦，所以说“柔上而刚下”。李鼎祚《集解》引蜀才曰 ：“此本否卦。案六三升上，上九降三，是柔上而刚下。”

[2] 阴上阳下，阳升阴降，形成阴阳交流，所以说“二气感应以相与”。孔颖达说 ：“艮刚而兑柔，若刚自在上，柔自在下，则不相交感，无由得通。今兑柔在上而艮刚在下，是二气感应以相授与，所以咸亨也。”（《正义》卷第四）“相授与”则阴中有阳，阳中有阴。“与”也可以解释为“亲”。“相与”即相互渗透。

[3] 说（yuè）：同“悦”。艮为止，兑为悦，所以说“止而说”。艮为少男，兑为少女，所以说“男下女”。在阴阳交感过程中，阳主动，阴被动，所以，说“男下女”也包含男主动追求的意思。李道平说 ：“《仪礼·士婚礼》凡纳采、问名、纳吉、纳征、请期、亲迎诸礼，皆‘男下女’之事。”（《周易集解纂疏》卷五）这是婚娶之事的常态，所以说“是以亨利贞”，说“取女吉也”。王弼说 ：“女虽应男之物，必下之而后取女乃吉也。”（《周易注》卷第四）

[4] 天地 ：在此不是指实质的天和地，而是指“天行，健”“地势，坤”意义上的天地，是对全部感应的概括。万物都是在天地感应中而生，所以说“天地感而万物化生”。所谓“化生”，从“行”讲为“化”，从“形”讲为“生”。

[5] 在传统社会，讲社会治理都是自上而下的，即统治者针对社会状况采取一定的调整措施，民众随之响应，由此实现天下和平，所以说“圣人感人心而天下和平”。《国语 · 周语下》载周景王时司乐官州鸠说 ：“政象乐，乐从和，和从平……声应相保曰和，细大不

逾曰平。”“声应相保”指不同的声音相互依赖配合，“细大不逾”指不同的声音在相互配合过程中都能合乎准则。“和平”要在这样的意义上理解。

[6] 情：在咸卦指天地万物相感而动的态势。孔颖达说：“感物而动，谓之情也。”（《正义》卷第四）通过咸卦，知道天地万物就是一团感和应，所以说“观其所感，而天地万物之情可见矣”。

《象》曰：

山上有泽，咸。[1] 君子以虚受人。[2]

咸其拇，志在外也。[3]

虽凶居吉，顺不害也。[4]

咸其股，亦不处也。[5] 志在随人，所执下也。[6]

贞吉悔亡，未感害也。[7] 憧憧往来，未光大也。[8]

咸其脢，志末也。[9]

咸其辅颊舌，滕口说也。[10]

解读

[1] 艮为山，兑为泽，艮下兑上，所以说“山上有泽”。李鼎祚《集解》引崔憬曰：“山高而降，泽下而升，山泽通气，咸之象也。”

[2]“以虚受人”是从应的角度讲。山上有泽，泽水下渗而出，至于山谷。《老子》讲“谷神”（第六章），朱熹说“谷只是虚而能受，神谓无所不应”（《朱子语类》卷第一百二十五）。君子观“山上有泽”之象而有“以虚受人”之感。《管子》说：“君子之处也若无知，言

至虚也；其应物也若偶之，言时适也。”（《管子·心术上》）

[3] 初六与九四有应，虽然“咸其拇”而脚未动，但是心志动了，所以说“志在外也”。

[4] 六二受感渐深，容易躁动致凶，如果能随感后动，则可免受患害，所以说“顺不害也”。

[5] 处：止歇，止息。感应过程本来应该由感的一方掌控，而处在“咸其股”状态中的九三却随应而感，不能止歇，所以说“亦不处也”。

[6] 感为上，应为下，九三随应而感，所行实为应，所以说“所执下也”。

[7] “贞吉悔亡”说明九四之感正而无害，所以说“未感害也”。

[8] 光大：广大，扩充。九四憧憧而感，使感应过程平缓持续，没有扩充至极，所以说“未光大也”。

[9] 志：心情。《左传·昭公二十五年》“以制六志”，孔颖达疏：“情动为志。”末：背脊。《淮南子·墬形》“人面末偻”，高诱注：“末，犹脊也。”如是，则“咸其脢”就不是直接触动背脊，而是由于感而情动，背脊产生反应。或者以“末”为末尾，这样，“志末”的意思就是，感应之志近于尾声。

[10] 滕：水腾涌。“滕口说”即声音言语张口而出。咸卦六爻只是讲感应过程，不必拘于部位先后。

恒

☱☳（巽下震上）

恒：亨，无咎，利贞，利有攸往。[1]

初六：浚恒，贞凶，无攸利。[2]

九二：悔亡。[3]

九三：不恒其德，或承之羞，贞吝。[4]

九四：田无禽。[5]

六五：恒其德，贞。[6] 妇人吉，夫子凶。[7]

上六：振恒，凶。[8]

解读

[1] 恒：长久，固定。《系辞下》说："刚柔相推，变在其中矣。"阴阳对立双方的交感，蕴涵着事物的变化。所有的事物都处在不断地变化过程中，所以说世界"是过程的集合体"（《马克思恩格斯选集》第四卷，人民出版社，1972 年，第 240 页）。具体事物的变化在一定的时空范围以及其他条件下又具有一定的固定性，从而使具体事物在连续的变化过程中呈现出来，使连续的变化过程表现出相对

静止的间断性。没有相对的固定或静止，就不会有任何具体事物呈现。所以，世界也是“事物的集合体”，只是“不是一成不变的事物的集合体”（同上）。世界是不断的变化与间断的事物的统一，是恒久的变化与相对的固定的统一。

所以，既要讲“咸”，即阴阳对立双方的交感形成事物的变化过程；还要讲“恒”，即在事物的变化过程中呈现出相对固定的状态。《彖》讲乾卦时说“品物流形”，“恒”使“品物”得以呈现，“咸”使“流形”得以延续。

所以，恒卦之“亨，无咎”包括“利贞”和“利有攸往”两方面。“贞”有正的意思，也有固的意思。“利贞”则“品物”“各正性命”（《彖》），“利有攸往”则“流形”“变动不居”（《系辞下》）。《周易折中》引徐几曰：“恒有二义，有不易之恒，有不已之恒。‘利贞’者，不易之恒也。‘利有攸往’者，不已之恒也。合而言之乃常道也，倚于一偏，则非道矣。”

[2] 浚：深。“浚恒”指深固于恒。恒卦下卦为巽，巽为入。初六居卦之始，入恒深固，执意于恒定不变的状态，所以，虽然初始所求也许其有正当性，但是由于“泥常而不知变”（陈梦雷《周易浅述》卷四），因此结果为“凶”，不会有什么利。

[3] 九二不当位，所以有“悔”。但是居中位，所以说“悔亡”。吕祖谦说：“大抵天下事惟得中则可以无悔。”（《易说·下》）

[4] 德：通“得”。《论语·述而》“据于德”，邢昺疏：“德者，得也。物得其所谓之德。”（《论语注疏》卷第七）九三虽然正位，但是重刚不中，易于躁动偏至，不能安守所处之位的准则，所以说“不恒其德”。如此而往常会承受羞辱，所以说“贞吝”。

[5] 田：田猎。胡煦说：“田无禽如云田猎于无禽之地耳。”（《周易函书约注》卷七）九四不当位，不按其位而谋其事，有如一直在无禽之地田猎，劳而无获。

[6] 六五不当位，但是以柔居中位，能顺从所处之位的准则，这也就是“贞”，即得正。

[7] “妇人”指妻子或成年女子，与此相对，“夫子”指丈夫或男子。在此二者分别表示顺从准则和因 X（时、地、事、势等等）制宜这两种行为。柔的特点是顺，能顺从既定的准则，但是要因 X 制宜，则不是单纯的柔顺所能胜任。孔颖达说：“‘妇人吉’者，用心专贞，从唱而已，是妇人之吉也。‘夫子凶’者，夫子须制断事宜，不可专贞从唱，故曰‘夫子凶’也。”（《正义》卷第四）

[8] 振：快速变动。《周易折中》引王申子说：“振者，运动而无常也。”初六“浚恒”，泥常而不知变，上六“振恒”，无常而不知止，各偏至一极，所以皆“凶”。

《彖》曰：

恒，久也。刚上而柔下，[1] 雷风相与，[2] 巽而动，[3] 刚柔皆应，[4] 恒。[5] 恒，亨，无咎，利贞，久于其道也。[6] 天地之道，恒久而不已也。[7] 利有攸往，终则有始也。[8] 日月得天而能久照，四时变化而能久成，圣人久于其道而天下化成。[9] 观其所恒，而天地万物之情可见矣！[10]

｜解读｜

[1] 震刚在上，巽柔在下，所以说“刚上而柔下”。也可以从卦爻的变动来说，泰卦为乾下坤上，如果泰卦之初九上行为九四，六四

下行为初六，那么就变成恒卦，亦可说“刚上而柔下”。李鼎祚《集解》引蜀才曰：“此本泰卦。案六四降初，初九升四，是刚上而柔下也。”

[2] 震为雷，巽为风，亦可说“雷风相与”。与：配合。程颐说：“雷震则风发，二者相须，交助其势，故云相与，乃其常也。”（《程传》卷第三）

[3] 巽顺雷动，所以“巽而动”即顺而动，风随雷动。

[4]“刚柔皆应”指恒卦六爻皆有应。

[5]“刚上而柔下”“雷风相与”“巽而动”“刚柔皆应”这四点结合起来看，即体现“各正性命”，又体现“变动不居”，所以说“恒”。

[6] 道：事理。事物“各正性命”，即维持其相对固定的规定性，其事理才能得以持续，即“久于其道”。

[7]“天地之道，恒久而不已”也是由于天、地“各正性命”，“天行，健”，“地势，坤”，由此“恒久而不已”。高亨认为：“天地之道，恒久而不已也”与“利有攸往，终则有始也”这两句的前后位置应该互移。（参见《周易大传今注》，齐鲁书社，1979 年，第 297 页。）

[8] 任何具体事物都是有限的，皆有其终。任何有限事物的终结，都不意味着整体变化的终止。不断地有事物终结，又不断地有事物开始，万物“终则有始”交错纠缠的过程，形成永恒的“变动不居”。

[9] 日月久照、四时久成，都是“久于其道”，圣人也是要“久于其道”，这样才能“化成天下”而“天下化成”。

[10] 情：在恒卦指天地万物的存在性状。一方面，天地万物的所现之象都具有相对稳定的状态；另一方面，天地万物又都处于不断的变化过程中，将这两方面结合起来，可以知道天地万物的存在性状就是既“各正性命”，又“变动不居”。吕祖谦：“恒之一字最难看，可以见六十四卦之妙。非独可以见六十四卦之妙，又可以见《易》之全体。”（《易说·下》）

《象》曰：

雷风，恒。[1] 君子以立不易方。[2]

浚恒之凶，始求深也。[3]

九二悔亡，能久中也。[4]

不恒其德，无所容也。[5]

久非其位，安得禽也。[6]

妇人贞吉，从一而终也。[7] 夫子制义，从妇凶也。[8]

振恒在上，大无功也。[9]

解读

[1] 震为雷，巽为风，所以说“雷风”，即《彖》所言“雷风相与”。

[2] 立：似当读 wèi，通“位”。方：在此有方位的意思，也有法规、准则的意思。所谓“立不易方”即按所处位置的准则行事，比如，处在父的位置即按父的准则行事，处在子的位置即按子的准则行事。“易方”即角色错乱。既有相对固定的准则，又能变换不同的角色，如此而恒久。

[3] “始求深”即一开始就深执于恒定不变的状态。

[4] “能久中”即能久是由于能中。陈梦雷说：“过不及皆不能久，可久之道唯中而已。”（《周易浅述》卷四）

[5] 容：在此有法则的意思，也有适宜的意思。九三“不恒其德”，不守所处位置的相宜法则，所以“无所容也”。

[6] “久非其位”即长期未能做到在什么位置按什么法则行事。

如果说九三的过失是不守所处位置的相宜法则，那么九四的过失则是错乱不同位置的相宜法则。所以，虽然九四也总是意欲按法则行事，但又总是收不到按法则行事的效果，所以说“安得禽也”。

[7] 一：在此有开始的意思，也有专一的意思。“从一而终”即“一而终”地“从”，自始至终专意顺从。如果说九四是“久非其位”，那么六五可以说是久顺其位，即总是顺从所处之位的准则。

[8]“制义”即制宜。“从妇”的意思是像“妇人”那样地顺从，即一味地顺从。“夫子”要因X制宜，即根据具体的情况营造相宜的局面，就不能一味地顺从既定的准则，否则很难制出那宜来，所以说“夫子制义，从妇凶也”。在这儿有对“妇人”的偏见，我们要摒弃这种偏见，而理解其中所包含的道理。

[9] 功：事情，功绩。如果只有不间断地变动，没有相对静止，就不会有任何具体事物呈现。就人的活动而言，如果没有相对静止，就谈不上做任何具体事情，也就谈不上任何功绩，所以说“大无功也”。

遁

䷠（艮下乾上）

遁：亨，[1]小利贞。[2]

初六：遁尾，厉，勿用有攸往。[3]

六二：执之用黄牛之革，莫之胜说。[4]

九三：系遁，有疾厉。[5]畜臣妾，吉。[6]

九四：好遁，君子吉，小人否。[7]

九五：嘉遁，贞吉。[8]

上九：肥遁，无不利。[9]

解读

[1] 遁：退，隐。遁卦二阴在下，四阳在上，是阳消阴长之象。阴自身没有动能，阴的消和长是因着阳的长和消的回应，阳之长导致阴之消，阳之消导致阴之长。“十二消息卦”从复经过临、泰、大壮、夬到乾，是阳长阴消的过程。乾为纯阳，阳长至乾不可能再长了，这时，如果变化持续的话，那么只能是阳消，否则将成为没有变化的状态。从姤经过遁、否、观、剥、坤，是阳消阴长的过程。坤卦之象为纯阴，

阳消至此不可能再消了，这时，如果变化持续的话，那么只能是阳长，否则将成为没有变化的状态。可见，正是阳的消长，使变化得以持续，所以说“遁，亨”。“遁”指阳消，“亨”指变化持续。这其实是借“遁”来说整个阳消阴长的过程，不只是指“遁”这一个阶段。

[2] 阳为大，阴为小。“小利贞”指利于阳消阴长一类的事。阴阳可以有很多的对应，所以阳消阴长的事也是一类的。其中有些事具有道德意义，可以做道德评价，有些事不具有道德意义，不必强做道德评价。

[3] 遁卦内卦为艮，艮之卦义为止，所以遁卦下三爻之遁都不顺利。初六居全卦最下，向外退行时尾随在后，难以退出，处境危险，所以说“遁尾，厉”。既难以退出，则不可强退，要等待时机而退，所以说“勿用有攸往”。

[4] 执：在此有系缚意思，也有持守的意思，即“执”并非完全是被动的。黄：中色。牛：顺物。革：皮。“黄牛之革”指黄牛皮绳。胜（shēng）：尽。说（tuō）：通“脱”。六二虽然居位中正，而且与九五有应，但是为其中顺之德所牵系，难以完全脱身。比如，孔子一方面说天下“无道则隐”（见《论语·泰伯》），另一方面又说“天下有道，丘不与易也”（《论语·微子》），反过来说就是，参与改变世道，正是由于天下无道。程颢说：“却似扶醉汉，救得一边，倒了一边，只怕人执着一边。”（《河南程氏外书》卷第十二）改变世道无非是根据世道的偏倾做扶持，正是中顺之德的表现。

[5] 系：缠缚。疾厉：病患缠身似的危险。九三与二阴合而为艮，居艮止上画，与二阴最近，当遁之时，被阴缠缚，有如病患缠身，不能退避，所以说“系遁，有疾厉”。《周易折中》引胡瑗曰：“为遁之道，在乎远去。九三居内卦之上，切比六二之阴，不能超然远遁，是有疾病而危厉者也。”

[6] 畜：养。臣妾对应阴。九三从遁讲，被阴缠缚，“有疾厉”；从畜养臣妾讲，顺乘六二，则“吉”。胡煦说：“‘疾’与‘畜’皆‘系’字中义，‘疾’自阴之侵阳而言，‘畜’自阳之覆阴而言。”（《周易函书约注》卷七）当然，还是要摒弃“臣妾”概念所包含的偏见。

[7] 遁卦外卦为乾，乾主行，处遁之时即利于退行，所以遁卦上三爻之遁都比较顺利。好：读为 hào。九四下应初六，有所爱好。君子处遁之时，能舍其爱好而遁，所以吉；小人系恋于爱好而不能遁，所以不能吉。“好”也可以读为 hǎo。这样的话，“好遁”即从容顺适而遁，不是忿戾不平之遁。否：或读 pǐ。

[8] 嘉：美好。九五居位中正，所应之六二也居位中正，不以相应而有所牵系，中正而遁，所以“贞吉”。

[9] 肥：宽裕。上九处外卦之极，与下二阴没有应、比关系，所以没有任何牵累，当遁之时，飘然远逝，无所不利。

《彖》曰：

遁亨，遁而亨也。[1] 刚当位而应，与时行也。[2] 小利贞，浸而长也。[3] 遁之时义大矣哉！[4]

┃解读┃

[1] “遁而亨”即由于阳遁，得以变亨。王弼说：“遁之为义，遁乃通也。”（《周易注》卷第四）

[2] “刚当位而应”指九五。九五当位并且中位，又与六二有应，如果只从其表面境况来看，似不当遁，但是从变化趋势来讲，却需要遁，知时而遁，所以说“与时行也”。

[3] 浸：逐渐。阳消阴长，阴的逐渐增长，对应着阳的逐渐退隐。

[4] 义：宜。"时义"即时之宜。时宜进则进，适宜退则退，要在"与时偕行"（见《彖》《文言》），所以说"遁之时义大矣哉"。大：重要。

《象》曰：

天下有山，遁。[1] 君子以远小人，不恶而严。[2]

遁尾之厉，不往何灾也。[3]

执用黄牛，固志也。[4]

系遁之厉，有疾惫也。畜臣妾吉，不可大事也。[5]

君子好遁，小人否也。[6]

嘉遁贞吉，以正志也。[7]

肥遁无不利，无所疑也。[8]

解读

[1] 乾为天，艮为山，艮下乾上，所以说"天下有山"。苏轼说："山有企天之意而不可及，阴有慕阳之志而不可追，遁之象也。"（《东坡易传》卷四）

[2] "远小人"可以是空间上的远，但更多的是行为上的远，所以后面说"不恶而严"。程颐说："君子观其象，以避远乎小人。远小人之道，若以恶声厉色，适足以致其怨忿，唯在乎矜庄威严，使知敬畏，则自然远矣。"（《程传》卷第三）恶：或读为 wù。张载说："恶读为憎恶之恶，远小人不可示此恶也，恶则患及之，又焉能远？

严之为言，敬（警）小人而远之之义也。”（《横渠易说·下经》）

[3] 难以退出而强退，往往会加剧危险。如果等待时机而退，则不会加剧危险，所以说“不往何灾也”。“不往何灾”是相对于加剧危险讲的，不是说能改变原有的危险处境。

[4] “执用黄牛”是“执之用黄牛之革”的省文。固：固有，固守。“固志”解释“莫之胜说”的原因是因为固守既有之志。既有之志即顺应而中之志。

[5] 疾惫：因病患而疲惫。可为大事者，不拘于“畜臣妾”之“吉”。

[6] 程颐说：“君子虽有好而能遁，不失于义；小人则不能胜其私意，而至于不善也。”（《程传》卷第三）

[7] “正志”指遁退之志中正，与时偕行。

[8] 无所疑：遁退没有任何迟疑犹豫。

大壮

䷡（乾下震上）

大壮：利贞。[1]

初九：壮于趾，征凶，有孚。[2]

九二：贞吉。[3]

九三：小人用壮，君子用罔，贞厉。[4] 羝羊触藩，羸其角。[5]

九四：贞吉，悔亡。[6] 藩决不羸，[7] 壮于大舆之輹。[8]

六五：丧羊于易，无悔。[9]

上六：羝羊触藩，不能退，不能遂，无攸利，艰则吉。[10]

| 解读 |

[1] 大壮卦四阳在下，有阳长过中而盛的意思。孔颖达说："壮者，盛之名。以阳称大，阳长既多，是大者盛壮，故曰大壮。"（《正义》卷第四）《杂卦》说："大壮则止。"阳长过中而盛则需要止之以得正，

所以说“利贞”。

[2] 趾：脚。趾在身下而主行，“壮于趾”即壮于初而欲行。初九以阳居阳，一开始就用壮而行，所以“征凶”。一开始就用壮而行总是会凶，所以说“有孚”。

[3] 大壮为阳长过中而盛，在此时，需要对阳有所节制，使之中正，所以卦中之爻以阳爻居阴位为吉，阳爻居阳位，或凶或厉。《周易折中》引易祓曰：“爻贵得位，大壮则以阳居阴为吉，盖虑其阳刚之过于壮也，故二与四皆言‘贞吉’。”九二居下卦之中位，而且阳爻居阴位，所以“贞吉”。

[4] 罔：王弼解释为“罗”，即罗网的意思，程颐、朱熹解释为“无”，王弼的解释合理。九三阳爻阳位，居乾之上，在大壮诸爻中，最容易发生过猛之行，所以需要节制。“小人用壮”即以强力妄动，以此为壮，其危险自不待言。“君子用罔”即以强力约束自己，即使如此，也不能完全保证避免危险，所以仍然以“贞厉”戒之。王弼说：“处健之极，以阳处阳，用其壮者也。故小人用之以为壮，君子用之以为罗已者也。”（《周易注》卷第四）《周易折中》引郭雍曰：“刚至三而壮矣，小人务胜人，故喜壮而用之；君子务胜己之私，是以勿用壮于外也。”

[5] 羝羊：公羊。藩：篱笆。羸：缠绕。公羊性躁，用角触抵篱笆，结果角被篱笆缠绕，动弹不得。“小人用壮”就是这样的。“君子用罔”则控制自己不与篱笆抵触。

[6] 九四阳长过中，本来有悔，但是以阳爻居阴位，在大壮之时得以“贞吉，悔亡”。王弼说：“下刚而进，将有忧虞。而以阳处阴，行不违谦，不失其壮，故得‘贞吉’而‘悔亡’也。”（《周易注》卷第四）

[7] 九四之前只有二阴，所以有“藩决”之象。王弼说：“已得其壮，

而上阴不罔己路，故‘藩决不羸’也。”(《周易注》卷第四）朱熹说：“九二贞吉，只是自守而不进，九四却是有可进之象。盖以阳居阴，不极其刚，而前遇二阴，有藩决之象，所以为进。非如九二前有三、四二阳隔之，不得进也。”(《朱子语类》卷第七十二）

[8] 大舆：大车。輹：捆绑车轴与车伏兔的绳索，以固定车轴与车厢。“壮于大舆之輹”意思是九四之壮好像乘着牢固的大车，可以往行。

[9] 丧：失。羊：指下面四个阳爻的刚躁之性。易：改易。从初九到九四都是阳爻，至六五而变成阴爻，使四阳爻所带的刚躁之性丧失，所以说“丧羊于易”，由此而得以“无悔”。

[10] 遂：顺利向前。上六下应九三，但中间有九四隔离而不能退；欲待阳进，但中间有六五阻隔而不能进。进退皆不可，有“羝羊触藩”之象，无利可言，所以“无攸利”。所幸以柔居柔，处大壮之时，若能艰难持守，也不会有什么灾祸，所以说“艰则吉”。

《彖》曰：

大壮，大者壮也。[1] 刚以动，故壮。[2] 大壮利贞，大者正也。[3] 正大而天地之情可见矣！[4]

解读

[1]“大者”指阳，“大者壮也”即阳之盛壮。

[2] 以：而。乾刚而震动，所以说“刚以动”。“大者壮也”从静的角度讲阳之盛壮，“刚以动，故壮”从动的角度讲阳之盛壮。刚健而动，其势盛壮。

[3] 正：不偏，合适。“大者壮也”讲的是力量大小的问题，“壮”意味着力量强大。“大者正也”讲的是用力的方向和强度的问题。虽然力量弱小时也有用力的方向和强度的问题，但是相对而言，在力量强大时更需要控制用力的方向和强度。天地间不正之事，多由力量强大所导致。

[4] 正：在此用作动词。正大即正阳。天地：在此不是指实质的天和地，而是指“天行，健”“地势，坤”意义上的天地。乾阳坤阴，“天地之情”即阴阳共同作用形成变化。在形成变化的过程中，阳的作用是发动变化，阴的作用是承载变化。所以，变化之正取决于阳之正，即正大。正大则变化正，则天地之情正。所以说“正大而天地之情可见矣”！

《象》曰：

雷在天上，大壮。[1] 君子以非礼弗履。[2]

壮于趾，其孚穷也。[3]

九二贞吉，以中也。[4]

小人用壮，君子罔也。[5]

藩决不羸，尚往也。[6]

丧羊于易，位不当也。[7]

不能退，不能遂，不详也。艰则吉，咎不长也。[8]

| 解读 |

[1] 震为雷，乾为天，乾下震上，所以说“雷在天上”。古人以

为雷是地中积郁的阳气爆发而成，“雷在天上”意味着地中所积郁的阳的力量强盛，爆发直上云霄，以此盛阳而助天之阳，则阳更为盛壮，所以说“大壮”。

[2]《象·无妄》说：“天下雷行，物与无妄。”反过来说，如果出现妄的话，那么只能是在“雷在天上”之时。当然，不能说“雷在天上”之时必然会出现妄，但是不能排除“雷在天上”之时可能会出现妄。

“雷在天上”之时之所以可能会产生妄，主要还是由于“大壮”，即阳的力量强盛。程颐说：“大壮而不得其正，强猛之为耳。”（《程传》卷第三）强横凶猛之为都是不合法度的妄为。要避免妄为，就需要对盛壮之阳进行节制，使之中正。

《礼记·仲尼燕居》：“夫礼，所以制中也。”“制中”有制礼之中和礼之制中两方面，即如果礼的制定能够中正，那么，礼就能起到节制人们的行为使之中正的作用。君子观大壮之象，意识到要节制不得其正的强猛之为，所以要“非礼弗履”，即不做不合乎礼的事。

要做到“非礼弗履”，需要有很强的自制力。这是“大壮”的另一个意思，即克制自己，非有“大壮”之力不可。张载说：“克己反礼，壮莫甚焉，故《易》于大壮见之。”（《横渠易说·下经》）吕祖谦说：“‘雷在天上，大壮’。声既高且大，自常人处之，必以此壮平四夷、伐鬼方，惟君子于此，则用以克己。故非礼弗履，乃为真壮。盖务自胜者，乃壮之大也；务胜人者，非圣人之所谓壮也。能于一身上下工夫，最为壮也。”（《易说·下》）就自制力讲，没有过于强盛的问题。

[3] 穷：窘迫。一开始就用壮而行，必然会陷入窘迫之境，所以说“其孚穷也”。

[4] 在此之“中”不单指居位之中，还包括刚柔中和之中。吕祖谦说：“人见说大壮，将谓直是猛厉，却不知只在柔中处。”（《易

说·下》）

[5]“君子罔也”可以说就是“君子以非礼弗履”。

[6]尚：还可以。“藩决不羸”是“藩决不羸，壮于大舆之輹”的省文。九四前无阻挡，又有前行之车具，所以说“尚往也”。但是并不表示必然往行。

[7]一般来说，当位好，不当位不好，但是在大壮之时正相反，当位不好，不当位反而较好。初九、九三当位，或征凶，或贞厉。九二、九四、六五皆不当位，或贞吉，或无悔。这就是趋时。正是由于六五不当位，所以能“丧羊于易，无悔”。所以说“丧羊于易，位不当也”。

[8]详：通“祥”，吉凶的预兆。“不详”即不能预先知道吉凶。“艰则吉”则将吉凶归之于行为，不艰则不吉。吉只是表现为“咎不长”。

晋

䷢（坤下离上）

晋：[1] 康侯用锡马蕃庶，昼日三接。[2]

初六：晋如摧如，贞吉。[3] 罔孚，[4] 裕无咎。[5]

六二：晋如愁如，贞吉。[6] 受兹介福，于其王母。[7]

六三：众允，悔亡。[8]

九四：晋如鼫鼠，贞厉。[9]

六五：悔亡。失得勿恤，往吉，无不利。[10]

上九：晋其角，[11] 维用伐邑，厉吉无咎，贞吝。[12]

| 解读 |

[1] 晋：进。《彖》《序卦》皆训“晋”为“进”。《说文解字》：“晋，进也，日出而万物进。”《文子·上德》说：“日出于地，万物蕃息。”“晋”不是一般意义的前进或上进，而是包括日之升进和万物增进之意义。

[2] 锡（cì）：通“赐”。蕃庶：滋生，繁衍。昼日：一日之间。

接：交合。“康侯用锡马蕃庶，昼日三接”应该是周初的故事（参见顾颉刚《周易卦爻辞中的故事》，《古史辨》第三册，上海古籍出版社，1982 年，第 17—19 页），讲康侯用周天子所赐良种马来繁殖马匹，一天多次配种。但是，用以作为卦辞，就不全是原来故事的意思了，可能是取“蕃庶”即繁衍增多的意义吧。用“康侯用锡马蕃庶，昼日三接”来表示“日出而万物进”，“日出于地，万物蕃息”，这符合“晋”的意思。

[3] 摧：退。初六处坤之初，上应九四为离之始，有可进可退之象，所以说“晋如摧如”。若进退得正则吉，所以说“贞吉”。王弼说：“处顺之初，应明之始，明顺之德，于斯将隆。进明退顺，不失其正，故曰‘晋如摧如，贞吉’也。”（《周易注》卷第四）

[4] 罔：没有。初六处晋之端，进退皆未显著，没有必然如何的信验，所以说“罔孚”。

[5] 裕：宽裕，自如。“裕无咎”即进退自如则没有过失。

[6] 愁（jiū）：通“揫”，敛束。六二已有所升进，但是由于与六五无应，所以进而无援，不宜强进。六二居位中正，能自我敛束而得正，所以说“晋如愁如，贞吉”。

[7] 介：大。王：尊。“王母”指六二。王弼说：“母者，处内而成德者也。”（《周易注》卷第四）成德者尊，在内者母。六二“贞吉”在于其居内卦而中正，所以说“受兹介福，于其王母”。

[8] 允：信。“众允”指见信于众。六三居位不中正，本当有悔，但是其居下卦之上，与初六、六二同志上行，又与上九有应，在晋之时，上行之志见信于众而得以“悔亡”。

[9] 鼫（shí）鼠：又称五技鼠。《说文解字》：“鼫，五技鼠也。能飞不能过屋，能缘不能穷木，能游不能渡谷，能穴不能掩身，能走不能先人。”苏轼说：“求得而未必能者，鼫鼠也。”（《东坡易传》

卷四）九四不当位，又逆承六五，下乘三阴，在晋之时，虽然也有上行之志，但是没有据以升进的能力，犹如鼫鼠之行，所以说“晋如鼫鼠，贞厉”。《周易折中》引项安世曰：“晋之道，以顺而丽乎大明，以柔进而上行，皆主乎顺者也。三虽不正，以其能顺，故得其志而上行。四虽已进乎上，以其失柔顺之道，故如鼫鼠之穷而不得遂。”

[10] 六五不当位，但是居中位，所以本当有悔而得以“悔亡”。恤：忧。往：上进。六五处上下二阳之间，在晋之时，易有得失之忧，所以爻辞告诫不要担心得失问题，继续上进，则“吉”，“无不利”。

[11] 角：李鼎祚《集解》引虞翻曰：“位在首上称角。”上九以阳居晋卦之极，所以说“晋其角”，即进于最高处。

[12] 邑：分封之地，在此指分封者的管辖范围。上九进于最高处，如果就扩大规模讲，其范围已至最大，如果还要进一步向外扩展，那就会有危害，所以说“厉”。但是如果把进转为向内征伐不善，那就会“吉”“无咎”。一般地说，上九进的规模已至极，不可再进，但是在整顿规模上，还需要再进。禅宗有“百尺竿头须进步”（《五灯会元》卷第二十）之说。百尺竿头更进一步不是说向上（外）更进，而是向内进。虽然整顿规模，也难以全无遗憾，所以又说“贞吝”。

《彖》曰：

晋，进也。明出地上，[1] 顺而丽乎大明。[2] 柔进而上行，[3] 是以康侯用锡马蕃庶，昼日三接也。

解读

[1] 晋卦是坤下离上，离为明，坤为地，所以说“明出地上”。

[2]《系辞下》说："日往则月来，月往则日来，日月相推而明生焉。"其中之"明"指日月发光照射。日月不同照，日月相推而明得以继续，所以，"日月相推而明生焉"之"明"为"大明"。日月相推终而复始谓之"大明终始"(《彖·乾》)。所以"明出地上"之"明"虽然主要是日，但是也包括月，这样才是"大明"。所以《彖》说"明出地上"，而不是如《文子·上德》所说"日出于地"。坤为顺，离为丽，"顺而丽乎大明"即顺应附丽于日月相推的过程。

[3]"柔进而上行"，以往注家多认为是指六五。也可以理解为是指上卦离，离是阴性卦，所以说"柔"。这样的话，"柔进而上行"也就是"明出地上"。

《象》曰：

明出地上，晋。君子以自昭明德。[1]

晋如摧如，独行正也。[2] 裕无咎，未受命也。[3]

受兹介福，以中正也。[4]

众允之，志上行也。[5]

鼫鼠贞厉，位不当也。[6]

失得勿恤，往有庆也。[7]

维用伐邑，道未光也。[8]

解读

[1]"明"之未出，其明自在；"明"之既出，自身并没有增加明，只是将既有之明放射出来。君子观此卦象，也要像"明出地上"一样，

将自身既有之明德彰显出来，所以说“君子以自昭明德”。这也就是《大学》说的“明明德”。

[2] 独：只有。“独行正”即是进是退只有以正为准。孔子说：“君子之于天下也，无适也，无莫也，义之与比。”（《论语·里仁》）“独行正”类似“义之与比”。

[3] 未受命：没有官守。没有官守也就没有官守之责。程颐说：“君子之于进退，或迟或速，惟义所当，未尝不裕也。圣人恐后之人不达宽裕之义，居位者废职失守以为裕，故特云初六裕则无咎者，始进未受命当职任故也。”（《程传》卷第三）孟子说：“我无官守，我无言责也，则吾进退，岂不绰绰然有余裕哉？”（《孟子·公孙丑下》）

[4] 六二居位中正，所以能领受大福。

[5] 六三所以见信于众，是因为其志于上行。

[6] 王弼说：“履非其位，上承于五，下据三阴。履非其位，又负且乘，无业可安，志无所据，以斯为进，正之危也。进如鼫鼠，无所守也。”（《周易注》卷第四）

[7] “往吉，无不利”，所以说“有庆”。

[8] 之所以“伐邑”是因为所辖范围道尚未光大。李光地说：“‘道未光’乃推原所以伐邑之故。”（《周易折中》卷十二）

明 夷

䷣（离下坤上）

明夷：利艰贞。[1]

初九：明夷于飞，垂其翼。[2] 君子于行，三日不食。[3] 有攸往，主人有言。[4]

六二：明夷，夷于左股。[5] 用拯马壮，吉。[6]

九三：明夷于南狩，[7] 得其大首，[8] 不可疾贞。[9]

六四：入于左腹，[10] 获明夷之心，[11] 于出门庭。[12]

六五：箕子之明夷，利贞。[13]

上六：不明晦，初登于天，后入于地。[14]

解读

[1] 夷：伤害。明夷卦离下坤上，是“明入地中”之象，意思是明受到伤害。《序卦》说：“夷者，伤也。”《杂卦》说：“明夷，诛也。”都是说光明被熄灭，黑暗来临的意思。在明夷之时，如果能处艰危而得正则有利，所以说“利艰贞”。

[2] 初九当位，居明夷之初，距上六至暗之处最远。在明夷之时，君子能看到事物变化的苗头，见几而作，及早远离至暗，所以说“明夷于飞”。于：语助词，动词词头。“于飞”即飞离。飞离不是由低处往高处展翅高飞，而是从高处向低处敛翅低飞，所以说“垂其翼”。也就是说，明夷的初九之位不是离开的出发点，而是目的地。《周易折中》引项安世曰：“敛翼而下飞者，避祸之象也。”

[3] 于行：即行离。三日：较长的时间。食：俸禄，赖以生存的东西。君子要离开将要变得黑暗的地方，可能会在较长时间里赖以生存的东西得不到保障。

[4] 主人：在此指拥有权力者，主宰权力者。《仪礼·聘礼》“主人使人与客读诸门外”，郑玄注：“主人，主国君也。”言：借为“愆”，罪过，过失（参见需卦九二爻辞“小有言”注）。之所以要离开此地，是因为统治者有罪过。孔子说：“危邦不入，乱邦不居。”（《论语·泰伯》）《晏子春秋·问上》讲：“德无以安之则危，政无以和之则乱。”

[5] 六二居位中正，但是在明夷之时，也难免受伤，所以说“夷于左股”。人的行动力多以右为主，以左为辅，“夷于左股”说明主要的行动力未受伤害。

[6] 拯：承举，救援。马：在此泛指可以凭借支撑的东西。由于“夷于左股”而行动力受损，凭借救援之物，使行动力得以恢复，所以说“用拯马壮”。“用拯马壮”即用马拯壮。凭借马之救援而得以壮，所以说“吉”。吉在此指受损得以恢复。尚秉和认为“用拯马壮”指六二顺承九三（见《周易尚氏学》卷十）。

[7]《说卦》说离是“南方之卦”。《系辞下》说：“作结绳而为网罟，以佃以渔，盖取诸离。”离有网罟之象。狩：打猎。九三居离之上，刚明上进，有“南狩”之象。

[8]“大首”指上六，在明夷卦中是最夷灭明的地方。“得其大首”

意即九三以光明克服上六之黑暗。程颐说："九三，离之上，明之极也，又处刚而进。上六，坤之上，暗之极也。至明居下而为下之上，至暗在上而处穷极之地，正相敌应，将以明去暗者也。"（《程传》卷第三）

[9] 以光明克服黑暗是得正，但这不是猛然一下就可以实现的，九三阳爻阳位，容易急躁，所以戒之"不可疾贞"。

[10]《说卦》说，坤"为腹""为地"，"其于地也，为黑"。明夷卦下卦离为明，上卦坤为黑，从静态看，象黑暗笼罩光明；从动态看，象明渐入暗中。六四入暗还不深，所以说"入于左腹"。左为下，六四处坤卦之下，所以说"左腹"。

[11] 九三、六四处明夷卦之中，明暗交接之际，九三尚以明抗暗，至六四则表现出明不胜暗。这正是明夷之时明暗转折的关键环节，明了此关键环节也就会产生处明夷之时的想法，所以说"获明夷之心"。

[12] 六四处明夷之时的想法是"出门庭"，即离开此时所处的环境。孔子说"微子去之"（见《论语·微子》）。微子是商纣王的哥哥，"去之"就是"出门庭"。六四与初九有应，初九讲"垂其翼"可以说是相应于六四讲的，即六四"垂其翼"而至于初九之处。

[13] 箕子是商纣王的叔叔，因为不满意纣王行暴政，假装癫狂，沦为奴隶。箕子处明夷之时的想法是，即使黑暗也不离开，在黑暗中坚持自己所得之正，所以说"利贞"。

[14] 不明晦：没有光明，只有黑暗。上六处明夷之极，是至暗。至暗状态并不是一开始就如此，原来也曾经是光明状态，只是由于光明不断受伤害，以至于被伤害到完全没有光明。"初登于天，后入于地"就是对这一过程的描述。

《彖》曰：

明入地中，明夷。内文明而外柔顺，以蒙大难，文王以之。[1] 利艰贞，晦其明也。[2] 内难而能正其志，箕子以之。[3]

┃解读┃

[1] 明夷卦离下坤上，离有文明之象，坤有柔顺之性，所以说“内文明而外柔顺”。在明夷之时，可以像周文王那样，以内文明而外柔顺的品德对待遭受的大磨难。程颐说：“当纣之昏暗，乃明夷之时，而文王内有文明之德，外柔顺以事纣，蒙犯大难，而内不失其明圣，而外足以远祸患，此文王所用之道也，故曰文王以之。”（《程传》卷第三）

[2] 晦：掩蔽。即使处在艰危之时，也不能放弃内在的明德，但是可以把明德掩蔽起来。程颐说：“明夷之时，利于处艰厄而不失其贞正，谓能晦藏其明也。不晦其明，则被祸患；不守其正，则非贤明。”（《程传》卷第三）

[3] 内：入。“内难”即陷入危难之中。“利艰贞，晦其明也”一句，既说文王，也说箕子。

《象》曰：

明入地中，明夷。君子以莅众，用晦而明。[1]

君子于行，义不食也。[2]

六二之吉，顺以则也。[3]

南狩之志，乃大得也。[4]

入于左腹，获心意也。[5]

箕子之贞，明不可息也。[6]

初登于天，照四国也。后入于地，失则也。[7]

| 解读 |

[1] 莅：治理。“莅众”即治理众人之事。晦：昏暗。众人之事是非常复杂的，任何个体之“明”，无论其明的程度怎样高，相对于众人之事的复杂性来说都不够明，都不足以明察众人之事的所有复杂联系。如果自恃高明，企图凭一己之明照察并处理全部众人之事，那结果只会事与愿违。所以，对于治理众人之事，要自知不够高明，要自认有昏暗处，在所治理范围维持一种“底线”之明，既不陷入一团漆黑，也不执求一片光明，而是“晦而明”。“晦而明”不是故意为之，而是不得已之举。这正是有自知之明的表现。

[2] “义不食”即义而不食。宜则义。在理想状态中，整体之宜自然包含食之适宜，所以无须在义之外另外谋取。但是在现实中，由于社会生活的复杂多样，生活内容的各个方面并不总是相宜的，彼此之间经常会不相宜，所以，需要权衡制宜，尽量减小各种生活内容的价值的损失。这就是现实中的义。如果为了生活内容的某一方面或某些方面价值的最大化，而使其他方面的价值过多受损，那就未能制宜。所以，义而不食不是说完全不求食，而是说，当追求食的价值会使其他生活内容的价值过多受损时，要选择损失一些食的价值。

[3] 则：准则，即居中得正。六二以柔居中得正，所以说“顺以

则也”。

[4]“南狩之志”即“得其大首”之志，即以光明克服黑暗之志。“大得”即其志终会得以充分实现。

[5]“获心意”即“获明夷之心”。

[6]箕子所坚持的信念就是，光明不可因为一时的黑暗而绝灭，所以说“明不可息也”。

[7]国：地域。“四国”指四方。则：准则，法度。由光照四方转变为“不明晦”是由于错乱了准则。司马光说：“上六之象，其言‘失则’何？国家之所以立者，法也。故为工者规矩绳墨不可去也，为国者礼乐法度不可失也。度差而机失，纲绝而网紊，纪散而丝乱，法坏则国家从之。”（《温公易说》卷三）

家　人

☲（离下巽上）

家人：[1] 利女贞。[2]

初九：闲有家，悔亡。[3]

六二：无攸遂，[4] 在中馈，[5] 贞吉。

九三：家人嗃嗃，悔厉吉。[6] 妇子嘻嘻，终吝。[7]

六四：富家，大吉。[8]

九五：王假有家，勿恤，吉。[9]

上九：有孚，威如，终吉。[10]

解读

[1] 家人卦离下巽上。巽为入，入有嫁的意思。渐卦艮下巽上，卦辞讲“女归吉”，孔颖达疏：“归，嫁也。女人生有外成之义，以夫为家，故谓嫁曰归也。”（《正义》卷第五）家人卦中巽的意思与渐卦中巽的意思相同。离为丽，丽有附丽、依附的意思，也有匹对、配偶的意思。所以，家人卦所表示的意思是，女子入门夫家，匹配并依附于男子，而成一家之人。《序卦》说：“有男女，然后有夫妇；

有夫妇，然后有父子。”所以，成一家之人也就不仅仅指女子成为一家之人，更是指由此而成就一家之人。

[2]“利女贞”指女子得正在成就一家之人过程中的意义。陈梦雷说：“天下莫难于一家，一家莫难于一妇。一妇正则内正而外无不正矣。”（《周易浅述》卷四）

[3]闲：本意为栅栏，引申为有法度，使端正等。《广雅·释诂》说“闲，法也”，“闲，正也”。有：助词。“闲有家”即以法度端正家人的言行。以法度端正家人的言行才能消除家人的各种过失，所以说“悔亡”。来知德说：“‘闲有家’者，闲一家之众，使其父父、子子、兄兄、弟弟、夫夫、妇妇也。”（《周易集注》卷八）

[4]遂：专擅。六二以阴爻居阴位，处中得正，上应九五，无所专擅，所以说“无攸遂”。

[5]馈：饮食之事。“在中馈”指料理内务。

[6]嗃（hè）嗃：《经典释文·周易音义》引郑玄云：“苦热之意。”“家人嗃嗃”意味着治家偏于严厉，家人的心情像是苦于炎热之中。九三以刚居刚，重刚不中，居内卦之极，有治内过严之象。治家过于严厉，家人难免有畏惧之感，这当然不好。但是治家偏于严厉容易纠正，只要放宽约束，就能使人增加满意。这样就可以经过“悔”而走向“吉”。

[7]嘻嘻：笑声。“妇子嘻嘻”意味着治家偏于宽松，妇子嬉笑无节。治家偏于宽松不容易纠正，原来约束宽松，收紧约束，会使人滋生不满。这样就由原来治家过宽之失导致更大的过失，所以说“终吝”，其趋势指向凶。悔是将过失减小而趋向吉，吝是将过失加大而趋向凶。

[8]苏轼说：“富者，治之极也。”（《东坡易传》卷四）六四以柔居柔而正位，上承九五而顺，下应初九而正，顺以受外之所得，正以理内之事务，力使治家达到最佳状态，因此得以“大吉”。

[9] 假（gé）：通“格”。格在此有来、至的意思，也有准则、感通的意思。有：助词。恤：忧虑。九五居外卦中位，中正而尊，所以称作王。九五以刚健之中正下应六二柔顺之中正，所以说“王假有家”。“王假有家”的字面含义是王由外而来至内，深层含义是王以自身中正为家之准则，即以身作则。家由此而得以正，所以说“勿恤，吉”。陈梦雷说：“九五刚健中正，应六二之柔顺中正，能修身以至于其家者，勿用忧恤，吉可知矣。”（《周易浅述》卷四）

[10] 威：威严。以威严治家，最终会吉，这是被事实证明的，所以说“有孚，威如，终吉”。王弼说：“家人之道，尚威严也。”（《周易注》卷第四）

《彖》曰：

家人，女正位乎内，男正位乎外。[1] 男女正，天地之大义也。[2] 家人有严君焉，父母之谓也。[3] 父父、子子、兄兄、弟弟、夫夫、妇妇，而家道正。[4] 正家而天下定矣。[5]

解读

[1] “女正位乎内”指六二当位且居内卦中位，“男正位乎外”指九五当位且居外卦中位。六二和九五都是既当位又中位，并且二者正应，体现了家人卦重“正”的意思。

[2] 宜则义。刚柔健顺感应之宜即“天地之大义”。之所以说“天地之大义”，是因为刚柔健顺感应之宜是天地万物最普遍的“义”。“男

女正”不仅是指男女各自居位之正，还指男女相互感应之正，即感应之宜。所以，“男女正”体现着“天地之大义”。

[3] 严：有威严。君：尊，受尊敬。在一家人中，要有有威严、受尊敬的人，这就是父母。九五刚，六二柔，但是都具有中正之严。程颐说：“虽一家之小，无尊严则孝敬衰，无君长则法度废，有严君而后家道正。”（《程传》卷第三）陈梦雷说：“或疑父严母慈，而此皆称严者。盖母之不严，则庇子弟之过，乱内外之别，家之不齐率由于此。”（《周易浅述》卷四）司马光说：“为人母者，不患不慈，患于知爱而不知教也。古人有言曰‘慈母败子’。”（《家范》第三卷）

[4] 父父、子子、兄兄、弟弟、夫夫、妇妇：前面的指实，后面的指名，重叠起来表示实符其名。人的社会行为基本上都是要求实符其名的，即处于各自之位的实要符合各自之位的名。如果抽去具体内容，那么，可以抽象为“xX”的形式。只有家人都能够实符其名，家道才能够正。

[5] 在以宗法制为基础的政治制度中，宗族组织和政治机构是合而为一的。比如在周朝，周王的嫡长子继承天子之位，其统治的范围是天下；其他儿子则被封为诸侯，统治大小不等的诸侯国；诸侯的嫡长子继承诸侯之统，其他儿子则被封为大夫，统治大小不同的采地，即家。大夫之下还有士、庶等等。分封是自上而下的，而整个组织的治理却需要自下而上，即根据修身、齐家、治国、平天下的顺序进行治理。实符其名是修身之事，只有家中之人能够实符其名才能家正，只有国中之家能够齐正才能国治，只有天下之国能够治理好才能天下定。这样，安定天下的事也就归到修身、正家上了。所以说“自天子以至于庶人，壹是皆以修身为本”（《大学》），所以说“正家而天下定矣”。

《象》曰：

风自火出，家人。[1] 君子以言有物而行有恒。[2]

闲有家，志未变也。[3]

六二之吉，顺以巽也。[4]

家人嗃嗃，未失也。妇子嘻嘻，失家节也。[5]

富家大吉，顺在位也。[6]

王假有家，交相爱也。[7]

威如之吉，反身之谓也。[8]

解读

[1] 巽为风，离为火，离内巽外，火热导致温度对流而有风，所以说“风自火出”。

[2] 由“风自火出”联系到外自内出，即治外要从治内开始，治内要从修身开始，修身要从“言有物而行有恒”开始。“言有物”重在修养诚实品德。《文言》讲“修辞立其诚”。《大学》讲“诚于中，形于外”。“行有恒”重在将修养的品德坚持下去。毛泽东曾说，“一个人做一件好事并不难，难的是一辈子做好事，不做坏事”（《吴玉章寿辰祝词》，《毛泽东文集》第二卷，人民出版社，2009 年，第 261 页）。做一件好事与一辈子做好事的区别不在“好事”，而在是“一件”还是“一辈子”。就做一件好事来说，几乎所有的人都能做到；就一辈子做好事不做坏事来说，极少有人能做到，可见“行有恒”之难。

[3] 志：情志。《左传·昭公二十五年》：“民有好恶喜怒哀乐，生于六气，是故审则宜类，以制六志。”杜预注：“为礼以制好恶喜

怒哀乐六志，使不过节。”孔颖达疏：“此六志，《礼记》谓之六情。在己为情，情动为志，情志一也，所从言之异耳。”真实情志是人真实生活的表现，以法度端正家人的行为并不是变易人的真实情志，只是对人的真实情志进行适当的限制，所以说“志未变也”。

[4] 顺以巽：柔顺而谦逊。六二柔顺中正而上应九五，所以说“顺以巽也”。

[5] 节：法度，适度。治家偏于严厉，虽然不中节，但是比较容易纠正而合乎法度，所以说“未失也”。治家偏于宽松则难以纠正，最终丧失治家的法度，所以说“失家节也”。杨万里说：“正家之道，严胜则厉，和胜则溺。嗃嗃而严，严胜也。嘻嘻而笑，和胜也。然严胜者虽悔厉而终吉，故圣人劝之以未失；和胜者虽悦怿而终吝，故圣人戒之以失节。九三刚而过中，严胜者也，正家之道，圣人取焉。”（《诚斋易传》卷十）

[6] 在位：即当位，处在自己的恰当位置。杨万里说：“六四之富，非以富而富也。父子夫妇各顺其位而不相逾越，是谓富矣。”（《诚斋易传》卷十）

[7] 九五与六二相应，彼此感通，五爱二之柔顺中正，二爱五之刚健中正，所以说“交相爱也”。

[8] 反身之谓：威严的树立在于反身修己，不是作威、耍威风。

睽

䷥（兑下离上）

睽：[1] 小事吉。[2]

初九：悔亡。[3] 丧马勿逐，自复。见恶人，无咎。[4]

九二：遇主于巷，无咎。[5]

六三：见舆曳，其牛掣。[6] 其人天且劓，[7] 无初有终。[8]

九四：睽孤。[9] 遇元夫，交孚，厉无咎。[10]

六五：悔亡。[11] 厥宗噬肤，往何咎？[12]

上九：睽孤。[13] 见豕负涂，载鬼一车，[14] 先张之弧，后说之弧。[15] 匪寇，婚媾，往遇雨则吉。[16]

解读

[1] 睽：本意为两只眼睛不能集中视线同视一物。《说文解字》："睽，目不相听也。""目不相听"即两只眼睛互相不顺从。引申为背离，不一致。睽卦兑下离上，兑为泽，离为火，火炎上而泽润下，二者

相背离，所以为睽。

[2] 相互背离之时，力量分散，难以聚集力量办大事，但是可以在各种力量的相互制衡中做不大的事，或者各自做力所能及的事，所以说“小事吉”。人们多着眼于办大事，其实，与人的生活密切相关的更多的是小事，所以，力求“小事吉”自有其意义。

[3] 初九与九四无应，在睽之时本当有悔，但是居位得正，所以“悔亡”。

[4] 初九居睽之始，对人对事还没有明显的得失善恶美丑之别，所以不追赶丧失之马，任其自复；遇见恶人而无所嫌弃，可避免咎害。《周易折中》引项安世曰：“‘丧马勿逐，自复’，往者不追也；‘见恶人，无咎’，来者不拒也。此君子在下无应之时，处睽之道也。”

[5] 主：指六五。巷：房舍外的小路，在此指非正规的场所。九二与六五有应，但是处在睽时，难能正常相应而相遇于巷陌之间。虽然难能正常相应，但是毕竟是有应的，所以能“无咎”。

[6] 见：被。曳：拖。掣：牵拉。六三与上九有应，但是后面被九二拖曳，前面被九四牵拉，意味着处于非常严重的矛盾冲突之中。陈梦雷说：“三以不正之阴，承、乘、应皆不正之阳，故其象如此。”（《周易浅述》卷四）

[7] 其人：指处在六三境遇中的人。天：一种刑罚。有人说是黥刑，即面额上刺记号或文字并涂上墨。有人说是髡刑，即剃去头发。劓：割掉鼻子的刑罚。这些刑罚使人容易辨认罪犯，罪犯难以逃脱。六三处于非常严重的矛盾冲突之中，难以逃脱，备受煎熬。

[8] 无初：开始时受阻。六三被九二、九四曳掣，所以说“无初”。有终：最终与上九相应。

[9] 睽孤：九四与初九无应，虽然下乘六三、上承六五，但是六三与上九正应，六五与九二正应，所以有“睽孤”之象。

[10] 夫：男子。“元夫”此指初九。孔颖达说：“‘元夫’谓初九也。处于卦始，故云‘元’也。初、四俱阳而言‘夫’者，盖是丈夫之夫，非夫妇之夫也。”(《正义》卷第四)“交孚”指以孚信与所遇之初九交往。程颐说：“当睽之时，孤居二阴之间，处不当位，危且有咎也。以遇元夫而交孚，故得无咎也。”(《程传》卷第三)

[11] 六五以阴爻居阳位，本当有悔，但是处睽之时而与九二有应，所以能“悔亡”。王弼说：“非位，悔也。有应，故悔亡。”(《周易注》卷第四)

[12] 厥：代词。其。宗：聚。《广雅·释诂》：“宗，聚也。”噬：咬。肤：柔脆的肉。“噬肤”意味着咬合不难(参见噬嗑卦解读)。六五下应九二，但是中间隔着六三，这就像是嘴里含着东西，将上下颌间隔开，需要咬动才能相合。六三与上九有应，其阻隔不难排除，犹如咬动柔脆的肉。能轻易排除阻隔而相聚合，所以说“厥宗噬肤，往何咎”。

[13] 九四与初九无应，所以说“睽孤”，而上九与六三有应，从所现之象来看，不能说孤。上九之睽孤是由于自身的见解所导致的对六三的拒绝。程颐说：“上居卦之终，睽之极也。阳刚居上，刚之极也。在离之上，用明之极也。睽极则咈戾而难合，刚极则躁暴而不详，明极则过察而多疑。上九有六三之正应，实不孤，而其才性如此，自睽孤也。”(《程传》卷第三)

[14] 六三夹在九二与九四中间，在上九看来，这就像是猪在泥中，所以说“见豕负涂”。六三爻辞说“见舆曳，其牛掣”，以牛和车之行形容被曳掣。在上九看来，这是拉了一车鬼，所以说“载鬼一车”。“豕负涂”和“载鬼一车”都是上九之“见”。

[15] 弧：弓。说(tuō)：通“脱”。“张之弧”指拉弓射箭，“说之弧”指把拉紧的弓放松。由于上九有“豕负涂”和“载鬼一车”的见解，所以排斥六三。“张之弧”即形容这排斥。后来进一步观察，认识到

六三既不是“豕负涂”，也不是“载鬼一车”，所以不再排斥，放松了拉紧的弓。

[16] 匪：同“非”。由于上九改变了对六三的看法，认识到六三并不为害，而是婚媾的对象，所以前往与六三相感应。阴阳交和为雨，所以，说“往遇雨则吉”，意味着上九与六三终归合和。

《彖》曰：

睽，火动而上，泽动而下。二女同居，其志不同行。[1] 说而丽乎明，[2] 柔进而上行，[3] 得中而应乎刚，是以小事吉。[4] 天地睽而其事同也，男女睽而其志通也，万物睽而其事类也。[5] 睽之时用大矣哉！[6]

解读

[1] 离为中女，兑为少女，所以说“二女同居”。二女虽然共同生活在一家，但是各自嫁人的选择不同，所以说“其志不同行”。“火动而上，泽动而下”是说水火明显地不一致，“二女同居，其志不同行”是说在二女表面的相同之下包含着不一致。说明不一致是广泛存在的。

[2] 说：同“悦”。兑为说，离为明，所以说“说而丽乎明”。睽虽然表现的是彼此不一致，但是，由于“说而丽乎明”的性质，这种不一致便可以成为形成和的状态的条件。

[3]“柔进而上行”，以往注家多认为是指六五。也可以理解为是

指上卦离。晋卦《彖》也说“柔进而上行”,象“明出地上”,与此相类,睽卦也可以说是明出泽上。

在六十四卦中,离卦为上卦的共有八个,其中,晋卦(坤下离上)、睽卦(兑下离上)和鼎卦(巽下离上),《彖》都讲到“柔进而上行”。坤卦、兑卦、巽卦和离卦都是阴性卦,在阴性卦中,只有离卦有上行的能量。噬嗑卦(震下离上),《彖》也讲“柔得中而上行”,因为震雷也有上行的能量,讲“柔得中”就是说上行的是离,不是震。

[4]“得中而应乎刚”指六五与九二相应。“说而丽乎明,柔进而上行,得中而应乎刚”是“小事吉”的条件。

[5]孔子说:“君子和而不同,小人同而不和。”(《论语·子路》)和是多样事物的适度配合,同是同样事物的重复叠加。所以,和重视不一致性,同则强调一致性。只有不一致才有事物的多样性,所以说“万物睽而其事类也”。“类”是众多的意思。所谓“其事同”指事情是共同的,而不是说性质相同;“其志通”指彼此相通,而不是彼此相同。

[6]时用:在一定境遇中的作用。由于事物之间的不一致性在一定境遇中是形成和的必要条件,所以说“睽之时用大矣哉”。

《象》曰:

上火下泽,睽。君子以同而异。[1]

见恶人,以辟咎也。[2]

遇主于巷,未失道也。[3]

见舆曳,位不当也。无初有终,遇刚也。[4]

交孚无咎,志行也。[5]

厥宗噬肤,往有庆也。[6]

遇雨之吉，群疑亡也。[7]

解读

[1]“以同而异”即在共同构成的整体中包含着不一致。《周易折中》引项安世曰：“同象兑之说（悦），异象离之明。”由于悦，彼此不一致的事物相互吸引；由于明，相互吸引的事物又能明辨区别。《彖》讲由不一致的事物构成同一体，体现了悦；《象》讲同一体中包含着不一致，体现了明。

[2] 以：因此。辟：避免。不是为了避免祸害而往见恶人，而是因为遇见恶人而不拒绝，因此而避免了祸害。

[3] 九二于巷陌遇六五而相应，虽然不是常态，但是不失处睽之时的相应之道，所以说“未失道也”。

[4]“见舆曳”是“见舆曳，其牛掣”的省文。“位不当”指六三不当位，并且介于九二、九四两阳之间。“遇刚”指与上九有应。

[5] 志行：改变睽孤处境的志愿得以实行。

[6] 爻辞说“往何咎”，《象》说“往有庆”，“无咎”即“有庆”。

[7] 上九与六三能终归合和，是因为能消除以往的各种怀疑，所以说“遇雨之吉，群疑亡也”。《周易折中》引王申子曰：“孤生于睽，睽生于疑。今群疑既亡，则睽而合，合而和，所以吉也。”

蹇

䷦（艮下坎上）

蹇：[1]利西南，不利东北。[2]利见大人，贞吉。[3]

初六：往蹇，来誉。[4]

六二：王臣蹇蹇，[5]匪躬之故。[6]

九三：往蹇，来反。[7]

六四：往蹇，来连。[8]

九五：大蹇，朋来。[9]

上六：往蹇，来硕，吉。[10]利见大人。[11]

解读

[1]蹇：跛脚，行路难。引申有行动受险阻、不顺利的意思。蹇卦艮下坎上，坎为险，艮为止，所以蹇卦所表示的意思是受险阻而止。

[2]《说卦》说“艮，东北之卦也”，从受险阻而止来说，“不利东北”。与东北之卦相对的西南之卦是坤，有平顺之义，不受险阻，所以说“利西南”。王弼说：“西南，地也；东北，山也。以难之平则难解，以难之山则道穷。”（《周易注》卷第四）

[3]“利见大人”的“见”可以读为 jiàn，也可以读为 xiàn。读为 jiàn 是设定早已存在“大人”，在蹇难之时进见“大人”，求助其排除蹇难。读为 xiàn 是说，在蹇难之时，利于出现能排除蹇难的“大人”。从《周易》重视“时”的看法来说，后者更好些。“大人”即得正之人。正包括各方面的正。只有以得正除蹇难才能吉，所以说“贞吉”。

[4] 从下而上为往，从上而下为来。誉：通“豫”。顺适。蹇卦上卦为坎为险，遇险而往则受阻，遇险而来则顺适，所以说“往蹇，来誉”。初六居全卦最下，无可再下，所以止而不往即来。孔颖达说：“初六处蹇之初，往则遇难，来则得誉。初居艮始，是能见险而止。见险不往，则是来而得誉，故曰‘往蹇，来誉’。”（《正义》卷第四）程颐说：“上进则为往，不进则为来。止而不进，是有见几知时之美，来则有誉也。”（《程传》卷第三）

[5] 王：指九五。臣：指六二。六二与九五有应，在蹇难之时，不仅有自身之蹇，还有协助九五排除大蹇的责任，是双重蹇难，所以说“王臣蹇蹇”。

[6] 匪：同“非”。躬：自身。故：事情。六二居位中正，在蹇难之时，不会为了自己的事情而行险。但是，因为有协助九五排除大蹇的责任，所以爻辞没有说往来如何，意即不能从自身利害来考虑进退行止，而要从排除大蹇来决定自己的行动，所以说“匪躬之故”。

[7] 反：与之相反。九三与上六有应，而顺乘六二。往即往应上六，来即来乘六二。往应上六则深入于蹇难，来乘六二则与之相反，即不受险阻。所以说“往蹇，来反”。

[8] 连（liǎn）：艰难。《经典释文·周易音义》引马融云：“（连）亦难也。”六四已经处于险中，往则入险更深，来则逆乘九三，往来皆难，所以说“往蹇，来连”。

[9] 九五处尊位，其所遇之蹇难不是个人的或小范围的，而是天

下、国家的，所以说“大蹇”。朋：朋从之臣，指六二。九五与六二有应，今遇大蹇，则六二前来辅助排除大蹇。九五和六二都不言往来，意即在大蹇之时，排除蹇难义不容辞。九五和六二也都没有吉凶之类的断辞，意即只讲排除蹇难的行动，不多考虑得失。

[10] 上六处蹇之极，无可再上，所以止而不来即往。硕：大，宽裕。上六与九三有应，下应九三则能避免险阻而得宽裕，所以吉。程颐说：“在蹇极之时，得纾则为吉矣。”（《程传》卷第三）

[11] 上六之“利见大人”与卦辞之“利见大人”的意思应该有所区别。在卦辞中，“见”读为 xiàn 比较好，在上六爻辞中，“见”读为 jiàn。大人：指九五。

《彖》曰：

蹇，难也，险在前也。见险而能止，知矣哉。[1]蹇，利西南，往得中也；不利东北，其道穷也。[2]利见大人，往有功也。[3]当位贞吉，以正邦也。[4]蹇之时用大矣哉！[5]

| 解读 |

[1] 蹇卦坎上艮下，坎为险，所以说“险在前”；艮为止，所以说“见险而能止”。知（zhì）：同“智”。“见险而能止”是明智的。

[2] 西南为坤，坤得一阳爻居中为坎，所以说“往得中也”。在这儿只讲得中之象，不涉及坎卦卦义。东北为艮，艮为止，所以说“其道穷也”。

[3]“见险而能止”并不是彻底地止而不行，而是要设法以尽量小的代价继续行得通，这也就是排除蹇难之“功”。这只有不断地根据所遇之险而求得恰当的应对措施才能做到。能根据所遇之险而求得恰当的应对措施即得正，所谓“大人”正是这种得正之人，所以说“利见大人，往有功也”。朱熹说：“见险者贵于能止，而又不可终于止。处险者利于进，而不可失其正也。”（《本义》卷之二）

[4] 在六十四卦中，六个爻全部当位的只有一个既济卦。五个爻当位的有六个卦，即蹇卦（初六不当位）、需卦（九二不当位）、屯卦（六三不当位）、革卦（九四不当位）、明夷卦（六五不当位）、家人卦（上九不当位）。程颐说：“蹇之诸爻，除初外，余皆当正位，故为贞正而吉也。初六虽以阴居阳，而处下亦阴之正也。以如此正道正其邦，可以济于蹇矣。”（《程传》卷第三）

[5] 无论人生还是社会运行，顺利固然好，恐怕没有人喜欢不顺利，没有人专门为自己设置不顺利。但是人生或社会运行总难免遇到不顺利。所以，如果在遇到逆境时能恰当地应对逆境，那么也可以将逆境变成对人生或社会运行有利的因素。

《象》曰：

山上有水，蹇。[1] 君子以反身修德。[2]

往蹇来誉，宜待也。[3]

王臣蹇蹇，终无尤也。[4]

往蹇来反，内喜之也。[5]

往蹇来连，当位实也。[6]

大蹇朋来，以中节也。[7]

往蹇来硕，志在内也。利见大人，以从贵也。[8]

| 解读 |

[1] 坎为水，艮为山，即地之高者。水本往低处流，因受阻而聚于高处，所以有蹇之象。

[2] 君子见水流受阻之象，不怨阻碍物，而是反求诸己，加强自身修养，充实自己的德性和才能，以求越过障碍。《荀子·荣辱》:“自知者不怨人，知人者不怨天。怨人者穷，怨天者无志。”

[3] 待：等待险情消除。《经典释文·周易音义》引张本作“宜时也”，引郑本作“宜待时也”。程颐说：“方蹇之初，进则益蹇，时之未可进也。故宜见几而止，以待时可行而后行也。”(《程传》卷第三)

[4] 尤：过错。由于六二是从排除大蹇来决定进退行止，所以对自身来说，成败得失皆无过错。

[5] “内”指六二。九三顺乘六二，六二也乐于顺承九三，所以说“内喜”。

[6] 当：在此读 dāng，应该。位：安其所。实：有踏实的意思，安定。在蹇难之时，六四跋前疐后，进退皆难，所以应该踏实地安于自己所处的位置，避免“往蹇来连”的局面。李鼎祚《集解》引荀爽说，六四“蹇难之世，不安其所”是有道理的。所以戒之以“当位实也”。

[7] 中：在此读 zhōng。“中节”即中正的操守。九五和六二都能坚持中正的操守，因此才能形成“大蹇朋来”的局面。

[8] “志在内”指应九三。“从贵”指从九五。

解

䷧（坎下震上）

解：[1] 利西南。[2] 无所往，其来复，吉。[3] 有攸往，夙，吉。[4]

初六：无咎。[5]

九二：田获三狐，[6] 得黄矢，[7] 贞吉。

六三：负且乘，致寇至，贞吝。[8]

九四：解而拇，[9] 朋至斯孚。[10]

六五：君子维有解，吉。有孚于小人。[11]

上六：公用射隼于高墉之上，获之，无不利。[12]

| 解读 |

[1] 解：解除，解开，放松。《序卦》和《杂卦》皆训“解”为“缓”，即宽松。孔颖达说：“解者，险难解释，物情舒缓，故为解也。”（《正义》卷第四）解，以往注家多读 xiè。

[2] 西南为坤方，平静之地。险难解释，宜平易安静而处，所以

说“利西南”。在此只讲方位，不涉及坤卦。程颐说：“当天下之难方解，人始离艰苦，不可复以烦苛严急治之，当济以宽大简易，乃其宜也。如是，则人心怀而安之。故利于西南也。”（《程传》卷第三）

[3] 蹇难之时是非常时期，蹇难解除后就应该复归于正常的生活状态，不能无事生事，继续以非常时期的危急之情过正常时期的平易生活，所以说“无所往，其来复，吉”。《周易折中》引王安石曰：“有难则往，所以济难；难已则来而复，所以保常。”

[4] 夙：肃。肃有肃敬之意，也有敏捷之意。平易生活宽松舒缓，但是不等于松懈涣散，而是以肃敬之心过平易日子，对生活环境的变化有敏捷的反应，所谓“见几而作，不俟终日”（《系辞下》），所以说“有攸往，夙，吉”。上一句讲“无所往”是说不一直延续非常状态，这一句讲“有攸往”是说在平易生活中保持一种肃敬之心和敏捷的反应能力，二者不矛盾。孔颖达《正义》引褚氏云：“世有无事求功，故诫以无难宜静；亦有待败乃救，故诫以有难须速也。”

[5] 初六居解之初，柔弱处下，不会无事生事，与九四有应，凡事随从而行，如此则没有过失，所以说“无咎”。朱熹说：“以柔在下，上有正应，何咎之有？”（《本义》卷之二）《周易折中》引蔡清曰：“初六以柔在下，则能安静而不生事以自扰，何咎之有？”

[6] 田：田猎。三狐：王弼、孔颖达认为，狐为隐伏之物，比喻隐伏的有危险的事物。王弼说：“狐者，隐伏之物也。刚中而应，为五所任，处于险中，知险之情，以斯解物，能获隐伏也，故曰‘田获三狐’也。”孔颖达说：“‘田获三狐’者，狐是隐伏之物，三为成数，举三言之，搜获备尽。九二以刚居中而应于五，为五所任，处于险中，知险之情，以斯解险，无险不济，能获隐伏，如似田猎而获窟中之狐，故曰‘田获三狐’。”（《正义》卷第四）孔氏以三为成数，即完备之数，如是，“田获三狐”指除去一切隐伏危险。程颐、朱熹以卦中除六五

之外的三阴爻为三狐，比喻时之小人。苏轼、吴澄、胡煦等认为与九二比应的初六、六三、六五为三狐。陈梦雷以六三居三之位为三狐。

[7] 黄：中色。矢：直物。“黄矢”意味着中直。九二以刚直居中，所以说“得黄矢”。

[8] 负：承担。寇：强取。解卦四个阴爻，六五居中位，并且与九二有应；初六虽然居位不中正，但是与九四有应；上六与六三无应，但是以柔居柔而当位；只有六三居位不中正，并且无应，在诸阴爻中居位最差。六三承九四，居初六与九四之间而欲夺初六之应；六三乘九二，居六五与九二之间而欲夺六五之应，由于六三的作为导致抢夺之事，所以说“负且乘，致寇至”。在此，“负且乘”不仅指六三所处的位置，更是指六三由所处的位置导致的作为。由于比不及应，所以，六三的作为不会有所获，只会使自己更受耻辱，所以说“贞吝”。

[9] 解：解除，消除。而：人称代词，你的。拇：足大趾。足大趾为足趾之将趾，即将领诸趾者。解卦二阳爻、四阴爻，九二以刚居中，尽获群阴，即“得黄矢”“田获三狐”。九四则欲将领诸阴，但是居位不中正，所以爻辞戒之以“解而拇”，即去掉将领诸阴的想法。

[10] 朋：同类。在此指与九二为朋。孚：被信服。九四要去掉将领诸阴的想法，与九二为朋，才能为众所信服。

[11] 维：语助词。有解：得以解除险难。社会治理中的险难多为小人作为所致，解除险难即屏退小人。孚：被信服。“有孚于小人”即被小人所信服。孔子说管仲“夺伯氏骈邑三百，饭疏食，没齿无怨言”（《论语·宪问》），这就是“有孚于小人”。王弼说：“居尊履中而应乎刚，可以有解而获吉矣。以君子之道解难释险，小人虽间，犹知服之而无怨矣，故曰‘有孚于小人’也。”（《周易注》卷第四）

[12] 隼：一种猛鸟。在此比喻外部危险。墉：高墙。上六居卦最上，

犹如在高墙之上。“公用射隼于高墉之上”指上六被公任用，于高墉之上射隼。或以上六为公，或以上六为隼，不取。“获之”指消除了外部危险，所以“无不利”。

《彖》曰：

解，险以动。动而免乎险，解。[1] 解，利西南，往得众也。[2] 其来复吉，乃得中也。[3] 有攸往夙吉，往有功也。[4] 天地解而雷雨作，[5] 雷雨作而百果草木皆甲坼。[6] 解之时大矣哉！[7]

| 解读 |

[1] 解卦下卦坎为险，上卦震为动，所以说“险以动”。蹇卦是险在前，止于险。解卦则是动在险外，这意味着险情解除，所以说“动而免乎险，解”。

[2] 众：多，万事。险难解释，平易安静地生活，各种事情都有利，所以说“往得众也”。《系辞上》：“吉凶者，失得之象也。”“得众”也可以说是各种事情都吉。许多人解释“得众”为得民众，不取。

[3] 得中：恰当，随时应当。遭遇险难，当然需要应急，这是恰当的。险难解释，则需要复归平易安静的生活，这也是恰当的。这就是随时应当。许多人以为“得中”指九二，不取。

[4] 无论什么事情，当其处于变化的苗头时都好控制，一旦形成一种“势”就不好控制了。在平易生活中保持一种肃敬之心和敏捷的反应能力，能及时发现事情变化的苗头并做出反应，所以说“往

有功也”。

[5]“天地解”指天地否闭的状态得以开散。解卦震上坎下，雷上雨下，所以说“雷雨作”。王弼说：“天地否结，则雷雨不作，交通感散，雷雨乃作也。”（《周易注》卷第四）“天地解而雷雨作”表明天地之气交感和畅。

[6]甲：百果草木种子的皮壳。坼（chè）：裂开。“甲坼”表明百果草木皆萌动生长。

[7]蹇之时，需要团结紧密些，这样才能共克时艰。解之时，需要相对松散些，这样才能更有生机。“解之时大矣哉”即强调解之时的重要意义。《庄子·大宗师》：“泉涸，鱼相与处于陆，相呴以湿，相濡以沫，不如相忘于江湖。”

《象》曰：

雷雨作，解。君子以赦过宥罪。[1]

刚柔之际，义无咎也。[2]

九二贞吉，得中道也。[3]

负且乘，亦可丑也。自我致戎，又谁咎也？[4]

解而拇，未当位也。[5]

君子有解，小人退也。[6]

公用射隼，以解悖也。[7]

解读

[1]赦过宥罪：赦免过失，放宽惩罚。在遭遇蹇难的非常时期，

社会控制的力度和密度都相对较大，险难解释复归正常状态，社会控制的力度和密度都要相对小些，所以说“赦过宥罪”。

[2] 际：会遇。初六正应九四，所以说“刚柔之际”。义：宜。自身柔弱不生事，又能应刚而随行，宜于“无咎”。

[3] 搜获隐伏之险，固然需要刚直，但是更需要中道。李光地说：“直而不中，则有以嫉恶去邪，而激成祸乱者多矣。”（《周易折中》卷十二）

[4] 丑：耻。戎：朱熹说古本作“寇”。《经典释文·周易音义》中也说“致戎”本又作“致寇”。六三受耻辱是由于自己的作为导致的，怪不得别人。

[5] 九四之所以要去掉将领诸阴的想法，是因为不当位。

[6] “君子有解”的证明就是小人被屏退。

[7] 悖（běi）：强戾，强横凶暴（参见王念孙《广雅疏证》卷第一下）。“解悖”指消除强暴。

损

䷨（兑下艮上）

损：有孚，元吉，无咎，可贞，利有攸往。[1] 曷之用？[2] 二簋可用享。[3]

初九：已事遄往，无咎。酌损之。[4]

九二：利贞，征凶，弗损益之。[5]

六三：三人行则损一人，一人行则得其友。[6]

六四：损其疾，使遄有喜，无咎。[7]

六五：或益之，十朋之龟，弗克违，元吉。[8]

上九：弗损益之，无咎，贞吉，利有攸往。[9] 得臣无家。[10]

| 解读 |

[1] 损：减损。《老子》说，天之道是“损有余而益不足”，人之道是“损不足而奉有余”（第七十七章）。“损不足而奉有余”会使社会系统越来越偏离中和，所以，人之道需要取法奉行天之道，“裒多益寡，称物平施”（《象·谦》）。损卦和下面的益卦都是讲“损有余

而益不足”。程颐说：“损者，损过而就中，损浮末而就本实也。”（《程传》卷第三）“损过而就中，损浮末而就本实”则必然大吉，必然无咎，必然得正，必然利于持续运行。

[2] 曷：何。之：损。“曷之用”即何用之。怎样施行损呢？

[3] 簋（guǐ）：盛食物的圆形器具。享：用食物祭祀鬼神。祭祀一般用四簋，多则八簋。二簋意味着俭约。祭祀以诚敬为本，形式是末，不必一味地追求形式繁缛，所以说“二簋可用享”。这也就是说，施行损是要损过就中，如果不能操持得恰好适中，那么宁可偏些不及也不偏于过。孔子说“礼，与其奢也，宁俭”（《论语·八佾》）。中国传统文化对“过”非常警惕，本来“过”和“不及”都是失中，但是人们总是以“过”讲“失”，不以“不及”讲“失”。

[4] 已：过分。遄（chuán）：迅速。酌：选取，择善而取。“已事遄往”意即对过分之事要迅速前往去损。在施行损时，要考虑是否适当而有所选取。这样就会无咎。以往人们多以“已”为完毕，不取。焦循说：“酌，犹约也。”（《易章句》卷二）

[5] 征：行。九二居下卦的中位，而且阳爻居阴位，处损之时，没有偏失，所以无须有损益之行，一损益变动就有偏失了，所以说“利贞，征凶，弗损益之”。

[6] 损卦从泰卦变来，泰卦是乾下坤上。乾纯阳无阴，坤纯阴无阳。“三人行”指乾之三阳，“损一人”即损乾上画之阳；“一人行”指乾上画之阳离开，“得其友”即换得坤上画之阴。乾得上画之阴为兑，坤得上画之阳为艮，纯阳纯阴的乾、坤因“得其友”变成阴阳相杂的兑、艮。可见由泰卦变为损卦，关键在于在“三”这个位置发生的变化。朱熹说：“下卦本乾，而损上爻以益坤，三人行而损一人也；一阳上而一阴下，一人行而得其友也。”（《本义》卷之二）《系辞下》：“天地细缊，万物化醇；男女构精，万物化生。《易》曰：‘三人行则损一人，

一人行则得其友。’言致一也。”“三人行则损一人，一人行则得其友”把泰卦那种“天地交通，阴阳用事”（《易乾凿度》）的特性刻画出来。

[7] 其：助词，无义。疾：快速。“损其疾”即初九之“已事遄往”。由于初九“酌损之”，能以恰当状态与六四相应，使六四很快得到喜庆，所以说“使遄有喜”。“使”字说明“喜”是别人带来的。以往人们多以“疾”为疾病、毛病，不取。

[8] 或：不定词。朋：古代贝币单位。龟：占卜用的龟甲。“十朋之龟”在此表示一个活动，即用最神贵的龟甲占卜。克：能够。不知谁助益六五，用十朋之龟占卜，回答没有指明是谁，只是说不要拒绝，是大吉之事。也可以将“十朋之龟”看成是礼物，读成“或益之十朋之龟”，但是结合《象》所言“自上佑也”来看，不如前面的解释。

[9] 上九居损之极，已无可损；上九是泰损九三益上六而成，也已无可益，维持所得之弗损弗益的状态就可无咎而吉，所以说“弗损益之，无咎，贞吉，利有攸往”。

[10]“得臣”即“一人行则得其友”，“无家”即“三人行则损一人”。上九即“一人”。

《彖》曰：

损，损下益上，其道上行。[1] 损而有孚，元吉，无咎，可贞，利有攸往。曷之用？二簋可用享，二簋应有时。[2] 损刚益柔有时，损益盈虚，与时偕行。[3]

解读

[1] 损和益都是根据内卦和阳爻而言。损卦从泰卦变来，损下卦乾的上画之阳，益上卦坤的上画之阴，变成了兑下艮上。由于是损下卦之阳，益上卦以阳，所以说“损下益上”。“其道上行”指损是下卦的上画上行而成上卦的上画。

[2] 时：适时，合于时宜。“二簋应有时”是说，不是刻意地用二簋，而是要与具体境遇相适宜。《礼记·檀弓上》：“子游问丧具，夫子曰：‘称家之有亡。’子游曰：‘有亡恶乎齐？’夫子曰：‘有，毋过礼。苟亡矣，敛首足形，还葬，县棺而封，人岂有非之者哉？’”

[3] 损刚益柔也是要与具体境遇相适宜，所以说“损刚益柔有时”。“与时偕行”是说“行”要与“时”同步变化，“时止则止，时行则行，动静不失其时”（《彖·艮》）。当损则损，当益则益，损益不失其时。

《象》曰：

山下有泽，损。[1] 君子以惩忿窒欲。[2]

已事遄往，尚合志也。[3]

九二利贞，中以为志也。[4]

一人行，三则疑也。[5]

损其疾，亦可喜也。[6]

六五元吉，自上佑也。[7]

弗损益之，大得志也。[8]

丨解读丨

[1] 艮为山，兑为泽，兑下艮上，所以说“山下有泽”。山高出地平面，泽低于地平面，山下有泽犹如损下益上，损而成泽，益而成山。孔颖达说：“泽在山下，泽卑山高，似泽之自损，以崇山之象也。”（《正义》卷第四）

[2] 惩忿窒欲：克制愤怒，抑制贪欲。惩、窒都是损。朱熹说：“惩忿有摧高之象，窒欲有塞水之象。”（《朱子语类》卷第六十六）

[3] 初九与六四有应。由于迅速地损去过分之事，所以初九能以恰当的状态与六四相应，所以说“尚合志也”，即重视与六四相合。“尚”也可以理解为“上”，即上与六四相合。

[4] 中以为志：以中为志。程颐说：“大率中重于正，中则正矣，正不必中也。”（《程传》卷第三）

[5] “一人行”中的“行”是离开的意思。疑：惑乱。《象》是从阴阳配偶的角度讲“一人行”的。阴阳配偶只能是异性二人，三人在一起，必有二人同性，如此则难成配偶，从而产生惑乱，所以说“三则疑也”。所以，必须要有同性二人中的一人离开，即“一人行”。虽然《象》的解释与爻辞稍有差异，但是基本思想是一致的，就是都强调“阴阳用事”。

[6] 初九“已事遄往”“酌损之”，不仅使自己无咎，也使与六四的相应无咎，所以说“亦可喜也”。

[7] 大有卦上九爻辞说“自天佑之”，在此说“自上佑也”，“上”比“天”所指更广，所有在自己之上者都佑助，自然是“元吉”了。

[8] 上九充分体现了损卦的意义，所以说“大得志也”。

益

䷩（震下巽上）

益：[1] 利有攸往，利涉大川。[2]

初九：利用为大作，元吉，无咎。[3]

六二：或益之，十朋之龟，弗克违，永贞吉。[4]王用享于帝，吉。[5]

六三：益之，用凶事无咎。[6]有孚，中行，告公用圭。[7]

六四：中行，[8]告公从。[9]利用为依迁国。[10]

九五：有孚惠心，勿问元吉。有孚惠我德。[11]

上九：莫益之，或击之，立心勿恒，凶。[12]

| 解读 |

[1] 益：增益。益卦从否卦变来，损上卦乾之下画，益下卦坤之下画，所以叫“益”。程颐说：“损益皆损刚益柔也。”（《程传》卷第三）

[2] 否卦九四与初六互相易位而成震下巽上之象。震，长男；巽，长女。如此有了泰卦“阴阳用事”的意思，所以能“利有攸往，利

涉大川”。

[3] 作：兴作。益卦初九是由否卦九四与初六易位而来，由此下卦由坤变成震，震之动意取决于这一爻，所以说“利用为大作”，即在益之初九时，利于有大兴作。“元吉”“无咎”都是就大兴作讲，不是就事情的发展讲。

[4]“或益之，十朋之龟，弗克违”已见于损卦六五爻辞。因为损卦六五以柔居刚，柔能虚受，刚能固守，所以其断辞是“元吉”；益卦六二以柔居柔，所以戒之以“永贞”，即坚持所得之正则吉。

[5] 享：祭祀。王用“十朋之龟”占卜祭祀天帝的事，断辞是“吉”。王于是祭祀天帝，吉。

[6] 用：治理，处理。凶事：不幸的事，诸如灾荒、战争、死丧等，在此主要指灾事、战事等。六三居位不中正，但是处下卦之上，震动之极，又与上九有应，有治理凶事的能力。

[7] 六三居位不中正，所以戒之以“中行”。告：祷告。公：通“功”。圭：古代帝王诸侯在一些隆重仪式上所用的玉制礼器。“用圭”意味着庄重。《周易折中》引王安石曰：“圭者，所以告成功也。”六三有求成功之意，所以戒之以庄重。

[8] 如果说六三之“中行”是戒之未来，那么，六四之“中行”则是述之过去。益卦六四是由否卦九四与初六易位而来，由于损四益初，纯阳纯阴的乾、坤变成阴阳相杂的巽、震，否卦变成益卦。这就是“中行”。

[9] 从：在此有依从的意思，也有如意的意思。《仪礼·少牢馈食礼》“占曰从”，郑玄注：“从者，求吉得吉之言。”由于六四“过去”的“损上益下”得以成就益卦，也实现了其“损上益下”的心意，所以说“告公从”。

[10] 迁国：迁都。六四依从“损上益下”的心意，将阳爻由四

的位置迁移到初的位置，其意义就像是迁都。反过来说，迁都也要如同六四迁移阳爻，是“损上益下”。程颐说：“迁国，顺下而动也。”（《程传》卷第三）

[11] 惠：仁爱，宽厚。“有孚惠心，勿问元吉”是说，只要有仁爱之心，不需要占问，一定是大吉。“有孚惠我德”是说，我一定要宽厚我的品德。这所体现的是“吉凶由人”（《左传·僖公十六年》）的思想。孔子说：“仁义焉求吉，故卜筮而希也。”（《马王堆汉墓帛书·要》）

[12] 上九居益之极，已无可益，所以说“莫益之”。而益之极的状态是不可持久的，虽然不能确定什么力量来改变这种状态，但是这种状态一定会被改变，所以说“或击之”。因此，不要想着把这种状态持久下去，即“立心勿恒”。益之极的状态终会失去，所以说“凶”。

《彖》曰：

益，损上益下，民说无疆。[1] 自上下下，其道大光。[2] 利有攸往，中正有庆。[3] 利涉大川，木道乃行。[4] 益，动而巽，日进无疆。[5] 天施地生，其益无方。[6] 凡益之道，与时偕行。[7]

解读

[1] 益卦从否卦变来，损上卦乾的下画之阳，益下卦坤的下画之阴，变成了震下巽上。由于是损上卦之阳，益下卦以阳，所以说“损上益下”。说（yuè）：同“悦”。由于震下巽上，阴阳用事，所以“民

说无疆”。也可以说，统治者在上，老百姓在下，在上者能自损以益下，在下者自然欢悦无比。

[2]“自上下下”即阳从上卦下到最下一爻，将“损上益下”之道贯彻到最底层，使人们普遍地感受到，所以说“其道大光”。

[3] 九五、六二皆居位中正，二者相应互补，自然有利发展而得吉庆。

[4] 益卦震下巽上，震为动，巽为木，结合起来看即木在移动，是“涉大川”之象。

[5] 巽：顺。“动而巽”即顺应而动。无疆：无止境。顺应而动则能无止境地不断行进，所以说“日进无疆”。

[6]“天施地生”即否卦九四与初六易位。无方：没有限制。

[7] 程颐说损是损过而就中，同理，益是益不及而就中。如果已经过了还要增益，叫作“益多”。《庄子·人间世》：“以火救火，以水救水，名之曰益多。”所以说“凡益之道，与时偕行”。

《象》曰：

风雷，益。[1] 君子以见善则迁，有过则改。[2]

元吉无咎，下不厚事也。[3]

或益之，自外来也。[4]

益用凶事，固有之也。[5]

告公从，以益志也。[6]

有孚惠心，勿问之矣。惠我德，大得志也。[7]

莫益之，偏辞也。[8] 或击之，自外来也。[9]

解读

[1] 巽为风，震为雷。程颐说："风烈则雷迅，雷激则风怒，二物相益者也。"(《程传》卷第三)

[2] 朱熹说："风是一个急底物，见人之善，己所不及，迁之如风之急；雷是一个勇决底物，己有过，便断然改之，如雷之勇，决不容有些子迟缓。"(《朱子语类》卷第七十二)

[3] 厚：用作动词。初九的作用主要在于兴作，即事情的兴起，而不在于积厚，即事情的发展，所以说"下不厚事也"。"元吉""无咎"都不从积厚讲。

[4] 损卦六五讲"自上佑也"，益卦六二讲"自外来也"，"外"比"上"范围宽，"佑"比"来"获益重。

[5] 固：必然，一定。有：获得。爻辞讲没有过失，《象》则进一步讲一定会有所获，把爻辞中求成功的意思加进来了。

[6] 由否卦的九四变成益卦的六四，得以成就益卦，其受益在实现志愿，所以说"以益志也"。

[7] 宽厚我之德则能充分地实现益他人之志，所以说"大得志也"。

[8] 偏（biàn）：通"徧"，即"遍"。《经典释文·周易音义》："孟作徧，云周匝也。""偏辞"即普遍的说法。一般地讲，如果一个卦的话题主要围绕 X 而说，那么，卦的最上一爻几乎都或显或隐地含有"莫 X 之"的意思，所以说是"偏辞"。

[9] "外"的范围非常宽广，"自外来"说明虽然不能确定具体的"击之"者，但是，"击之"者是一定存在的。

夬

䷪（乾下兑上）

夬：[1] 扬于王庭，孚号有厉。[2] 告自邑，不利即戎。[3] 利有攸往。[4]

初九：壮于前趾，往不胜，为咎。[5]

九二：惕号，莫夜有戎，勿恤。[6]

九三：壮于頄，有凶。[7] 君子夬夬。[8] 独行遇雨，若濡有愠，无咎。[9]

九四：臀无肤，其行次且。[10] 牵羊悔亡，闻言不信。[11]

九五：苋陆夬夬。[12] 中行，无咎。[13]

上六：无号，终有凶。[14]

解读

[1] 夬（guài）：《彖》《序卦》《杂卦》皆训“夬”为“决”。决的本义是排除壅塞，引申出排除犹豫、排除疑难、排除异议、排除不确定等等。夬卦是阳长阴消之卦，阳长至五，一阴壅塞于上，即将被

排除。

[2] 扬：声音高或提高声音。王庭：朝廷。“扬于王庭”即在朝廷上大声说。号（háo）：大声喊。“孚号”真诚地大声呼喊。

[3] 告：告诫，告谕。邑：国，国都。即戎：用兵，作战。

[4] 在一阴壅塞即将被排除之际，大声呼喊有危险，告诫用兵没好处，这样，才有利于所做之事继续下去。

[5] 前：进。“壮于前趾”即勇于迈脚，勇于前往。往不胜：不能胜任前往之事。大壮卦乾下震上，夬卦比大壮卦又多一阳爻。大壮卦初九爻辞讲“壮于趾，征凶”，夬卦初九爻辞与大壮卦初九爻辞类似，仍然是提醒在初九之时不要躁动。程颐说：“九居初而壮于进，躁于动者也，故有不胜之戒。”（《程传》卷第三）陈梦雷说：“阳壮之时，居下无势，有壮前趾之象。勇决前进，不胜其任。”（《周易浅述》卷五）

[6] 惕号：提心吊胆地呼喊。莫（mù）：即“暮”。恤：担忧。李光地说：“夫唯无事而惕号，故有事而能勿恤。”（《周易折中》卷六）

[7] 頄（kuí）：颧骨。九三重刚，在夬之时，刚壮现于面颊，行动难免莽撞，易于有失，所以说“有凶”。

[8] 夬夬：在此是非常果决的意思。九三重刚，在夬之时也有其长处，即非常果决，如果能扬长避短则为君子，所以说“君子夬夬”。

[9] 夬卦五阳一阴，诸阳爻唯独九三与上六有应，其他阳爻皆无应，所以说“独行遇雨”。程颐说：“《易》中言雨者，皆谓阴阳和也。”（《程传》卷第三）九三与上六阴阳相和，在夬之时，似乎因有所迟缓淹留而生郁结，所以说“若濡有愠（yǔn）”。由于有“夬夬”之长，最终能消除郁结而“无咎”。

[10]“臀无肤”指臀部没肉。次且（zī jū）：同“趑趄”。行走困难、犹豫不进的样子。九四不当位，不够果决，下面乾卦三画刚健而进，

九四为兑卦下画而求和悦，行止难决。“臀无肤”则坐不安，“行次且”则难前进。

[11] 牵：牵连。羊：在此指诸阳爻。九四犹豫不决，有人告知，在夬之时，其与其他众阳一起行进可以避免过失，九四闻言，仍然犹豫，所以说“牵羊悔亡，闻言不信”。

[12] 苋陆：《经典释文·周易音义》引马融、郑玄云：“苋陆，商陆也。”又引宋衷云：“苋，苋菜也；陆，商陆也。”宋衷以苋陆为两种植物，不取。《周易折中》引郑汝谐曰：“苋陆，《本草》云，一名商陆，其根至蔓，虽尽取之，而旁根复生。小人之类难绝如此。”夬夬：在此与九三所讲“夬夬”有别，不是指心理，而是动作，即不断地除去。

[13] 中行：行中，即努力地实现“中”。在此指对于苋陆，虽然不断地除去，没有任其蔓延，但是未能尽除，所以只能说“无咎”。

[14] 无号：没有告诫提醒。在夬之时，处于全卦之极，如果没有警惕危险，就难以最终排除一阴之壅塞，不能实现夬的意义，所以说“终有凶”。

《彖》曰：

夬，决也，刚决柔也。[1] 健而说，决而和。[2] 扬于王庭，柔乘五刚也。孚号有厉，其危乃光也。[3] 告自邑，不利即戎，所尚乃穷也。[4] 利有攸往，刚长乃终也。[5]

| 解读 |

[1]“刚决柔”即阳刚之长即将排除阴柔。

[2] 夬卦乾下兑上，所以说“健而说（悦）”，刚决而悦和。

[3]“扬于王庭”的背景是“柔乘五刚”，即一柔居五刚之上。一柔乘五刚，即说明五刚增长之势，也说明一柔壅塞之强。此时大声呼喊有危险，揭示了危险的严重性，所以说“其危乃光也”。光：通“广”。大。

[4] 所尚乃穷：崇尚兵戎是行不通的。王弼说：“用刚即戎，尚力取胜也。尚力取胜，物所同疾也。”（《周易注》卷第五）

[5] 重视危险，不崇尚兵戎，才有利于阳刚的增长，才能“刚长乃终也”。

《象》曰：

泽上于天，夬。[1]君子以施禄及下，居德则忌。[2]

不胜而往，咎也。[3]

有戎勿恤，得中道也。[4]

君子夬夬，终无咎也。[5]

其行次且，位不当也。闻言不信，聪不明也。[6]

中行无咎，中未光也。[7]

无号之凶，终不可长也。[8]

| 解读 |

[1] 兑为泽，乾为天，乾下兑上，所以说“泽上于天”。“泽上于天”

意味着泽水高涨，有溃决之势，所以说“夬”。

[2] 施：给予。禄：好处。“施禄及下”犹如放水惠及下游。居：积蓄。德：通“得”。“居德则忌”即忌讳蓄积不施。

[3] 不能胜任却硬要前往，自然会有过失。

[4] 九二居中位，在阳长之时不忘戒备“有戎”，所以能“勿恤”。

[5] 君子由于非常果决，能排除心中郁结，所以“终无咎也”。

[6] 九四“其行次且”“闻言不信”，所表现的都是犹豫，原因是“位不当”，结果是“聪不明”。

[7] 中未光：指九五虽然努力地行“中”，但是尚未能充分实现“中”，还需要继续努力。

[8] 终不可长：最后一阴没有排除，最后一阳也未能增长。

姤

䷫（巽下乾上）

姤：女壮，勿用取女。[1]

初六：系于金柅，贞吉。有攸往，见凶。羸豕孚蹢躅。[3]

九二：包有鱼，无咎，不利宾。[4]

九三：臀无肤，其行次且，厉，无大咎。[5]

九四：包无鱼，起凶。[6]

九五：以杞包瓜，含章，[7]有陨自天。[8]

上九：姤其角，吝，无咎。[9]

｜解读｜

[1] 姤（gòu）：《彖》《序卦》《杂卦》皆训“姤”为“遇”，遇，可以读作 yù，相遇的意思；也可以读作 ǒu，相对的意思。彼此也可以相兼。姤卦是阳消阴长卦，一阴在下与五阳相遇而对，意味着阴将壮大。女对应阴，所以说“女壮”。一阴对五阳犹如一女当五男，不宜娶之。

[2] 柅（nǐ）：一种用于制止车轮转动的东西。金：比喻坚固。初六一阴始生，前有诸阳制之，犹如“系于金柅”，不得妄进。能保持这种状态则吉，否则，如果有所往，则会出现凶。《周易折中》引邱富国曰：“姤之所以为姤者在此一爻，一阴始生，非以‘金柅’系之，则柔道何所牵制而不敢进？系之所以防之也。”

[3] 羸豕：母猪。王弼说：“羸豕，谓牝豕也。群豕之中，豭强而牝弱，故谓之羸豕也。”（《周易注》卷第五）蹢躅（zhí zhú）：进退不定的样子，在此表示跃跃欲试的样子。“羸豕孚蹢躅”即瘦猪一定会跃跃欲试，意指在初六阴虽然微弱，但是有逐渐增长替代阳的趋势，所以要控制好这趋势。

[4] 包：或指蒲包，用苇或茅编成的包裹鱼肉之类食品的用具；或指庖，厨房。九二顺乘初六，阴阳相遇，有“包有鱼”之象。宾：列，位次。指九四，也兼及位列在后的其他阳爻。姤卦一阴承五阳，九二先遇之，其他阳爻位列于后，则不能先遇，所以说“不利宾”。陈梦雷说：“二与初近，初在其内，为包有鱼之象……盖卦以遇合为义，遇合之女未尝择配，二近则先有之矣。”（《周易浅述》卷五）

[5] “臀无肤，其行次且”，在夬卦九四爻辞中，指夬卦九四行止难决。在姤卦九三爻辞中则是讲九三与初六相遇，受九二阻挡而难行，但是又不安于不遇。行难进，坐难安，自然有些危险。但是九三阳爻当位，且居巽之上，能持正而顺，所以无大过失。

[6] 九四与初六有应，但是初六已经遇于九二，所以九四只能是“包无鱼”。如果因为有应却无鱼起而争之，那么就会凶，所以说“起凶”。起：起动。

[7] 杞：杞柳。包：遮蔽。九五距初六远，不能直接控制阴，而是以像高大之杞遮盖瓜的生长的方式来制止阴的疯长。之所以能如此，是因为九五具有中正的美质，所以说“含章”。

[8] 有：助词。陨：失去，在此指阳的消失。从姤开始的阳消阴长是自然运行的过程，九五只能力求阳消阴长的中正，不能改变阳消阴长的趋势，所以说“有陨自天”。

[9] 角：额角。“姤其角”即碰额头了。上九刚而居姤之极，若进而有遇，只会是以头撞墙了，所以说“姤其角”。吝：行难。以头撞墙自然行难，但是也谈不上大过失，所以说“吝，无咎”。

《彖》曰：

姤，遇也，柔遇刚也。[1] 勿用取女，不可与长也。[2] 天地相遇，品物咸章也。[3] 刚遇中正，天下大行也。[4] 姤之时义大矣哉！[5]

| 解读 |

[1] 姤是由于阳消而阴长所致，不是柔主导与刚相遇，所以说“柔遇刚”而不说刚遇柔。

[2] 一女与五男相遇而对，难以长久，所以“勿用取女”。

[3]“勿用取女”并不否定“柔遇刚”的意义。正是由于阳消阴长，才有各种各样事物的显现。《彖》在乾卦讲“品物流形”，在坤卦讲“品物咸亨”，在姤卦讲“品物咸章”，“咸亨”讲“品物”之间的流通，“咸章”讲“品物”各自的形性，合而言之即“品物流形”。

[4] 刚柔相遇是阴阳消长的体现。阴的消和长是对阳的长和消的回应，阳长而阴消，阳消而阴长，阴自身没有消长的动能。刚柔如何相遇，也取决于阳的消长和阴的回应，刚中正则刚柔相遇中正，所以说“刚遇中正”而不说柔遇中正，只说“柔遇刚”。以往注家拘

于爻位，或以“刚遇中正”指九五（如朱熹），或以指九五和九二（如程颐），不取。大行：非常美好地运行。

[5] 时：具体境遇。义：宜，即中正。大：重要。如果刚柔相遇中正，那么“品物咸章”，“天下大行”，所以，在具体境遇中，把握刚柔相遇之宜是非常重要的，所以说“姤之时义大矣哉”。

《象》曰：

天下有风，姤。[1] 后以施命诰四方。[2]

系于金柅，柔道牵也。[3]

包有鱼，义不及宾也。[4]

其行次且，行未牵也。[5]

无鱼之凶，远民也。[6]

九五含章，中正也。有陨自天，志不舍命也。[7]

姤其角，上穷吝也。[8]

| 解读 |

[1] 乾为天，巽为风，巽下乾上，所以说“天下有风”。孔颖达说：“风行天下，则无物不遇，故为遇象。”（《正义》卷第五）

[2] 后：君主，帝王。诰：告诉。下告诉上为“告”，上告诉下为“诰”。“后以施命诰四方”即帝王模仿“天下有风”之象，颁布命令，昭告四方，风行天下。

[3] 柔道牵：牵制阴柔的增长。

[4] 九二先遇初六，则位列于后的其他诸阳不能得，所以“义不

及宾也”，即宜乎不及宾也。

[5] 九三受九二阻挡与初六不遇，其行也就与初六没有牵连，所以说“行未牵也”。

[6]《易传》常以阴为民。九四“包无鱼”，之所以起而争之会凶，是因为与初六相距较之九二要远，所以说“远民也”。

[7] 舍：废止。命：天之所命，在此指阳消阴长。九五不以其志废止天之所命，所以说“志不舍命也”。

[8] 穷：阻塞不通。阻塞不通则行难，则碰头，所以说“姤其角，上穷吝也”。

萃

䷬（坤下兑上）

萃：亨。[1] 王假有庙，利见大人，亨，利贞。[2] 用大牲，吉。[3] 利有攸往。

初六：有孚不终，乃乱乃萃。[4] 若号，一握为笑，勿恤，往无咎。[5]

六二：引吉，无咎。[6] 孚乃利用禴。[7]

六三：萃如嗟如，无攸利。往无咎，小吝。[8]

九四：大吉，无咎。[9]

九五：萃有位，无咎，匪孚。[10] 元永贞，悔亡。[11]

上六：赍咨涕洟，无咎。[12]

| 解读 |

[1] 萃：《彖》《序卦》《杂卦》皆训“萃”为“聚”。亨：王弼本有此字，李鼎祚本无此字，朱熹以此字为衍文。王弼注曰“聚乃通也”，可见王弼本有“亨”字的意义在于强调“聚”不是事物的杂乱堆积，而是会通。

[2] 假（gé）：到。有：助词。庙：宗庙。“王假有庙”即王到宗庙。王到宗庙，说明有祭祀祖先的活动，人们也会聚到宗庙。祭祀祖先的活动是后人将自己与祖先连在一起进而将自己与具有共同祖先的其他人连在一起的一种仪式。这样的仪式利于不同身份的人连通情感，维持正常秩序，所以说“利见大人，亨，利贞”。见：对“大人”来说是 xiàn，对其他人来说是 jiàn。

[3] 牲：供祭祀用的牛、羊、猪。“大牲”指牛。李鼎祚《集解》引郑玄曰：“大牲，牛也。”《左传·僖公十九年》：“小事不用大牲。”“用大牲”意味着祭祀隆重，会聚的人众多。王弼说：“全乎聚道，用大牲乃吉也。聚道不全，而用大牲，神不福也。”（《周易注》卷第五）

[4] 孚：信。乃：前面的“乃”为助词，后面的“乃”为代词。初六与九四有应，而六三顺承九四，初六见此而不能保持与九四之信，扰乱了与九四相聚的心情，所以说“有孚不终，乃乱乃萃”。

[5] 号：大声呼喊。一握：把手握了一下，比喻时间很短。恤：担忧。如果初六大声呼喊着前往与九四相聚，那么一握之顷就能转忧为乐。所以不用担忧，前往与九四相聚不会有什么错。

[6] 引：拉开弓。“引吉”意谓吉利犹如拉开弓那样逐渐扩大，是动态的大吉过程，不是固定的大吉状态。六二居位中正，与之有应的九五也居位中正，二者相聚，自然会越来越吉利，不会有失。

[7] 禴：祭祀名称。有的说是春祭，有的说是夏祭。在此指四时之祭。禴以声为主，祭品不厚，但声是发自内心的。在此以“孚乃利用禴”比喻六二与九五相聚，不铺张外饰，而是发自内心的相通。

[8] 六三居不当位，与上六无应，在萃之时而无应，所以嗟叹。六三顺承九四，如果前往与九四相聚也不算什么过失，但是毕竟九四与初六正应，所以六三与九四相聚还是会有些遗憾。胡煦说：“往无咎，谓比四顺阳，故《象》言上巽。阴阳得类，何咎之有？然非

正应，故小吝。”（《周易函书约注》卷九）

[9] 九四与初六有应，又顺乘六三，在萃之时，实为大吉。但是九四不当位，易于有过失，所以戒之以“无咎”。

[10] 有位：指九五居位中正。匪：同“非”。孚：信。“匪孚”即不信。九五与六二有应，又逆承上六，虽其有中正之德，不会有什么过失，但逆承上六的处境毕竟会使人有所不信。所以说“萃有位，无咎，匪孚”。

[11] 元：始端。永：延长。“元永贞”指从开始就一直得正。如果九五能一直保持自己的中正之德，那么逆承上六这样的不利处境就不会有什么影响，所以说“元永贞，悔亡”。

[12] 赍（jī）咨：叹息。涕洟（tì）：眼泪和鼻涕。上六处萃之终，虽然当位却无应，孤独无助，所以“赍咨涕洟”。但是上六毕竟当位，在萃之时，相聚不利，而独处则无咎。

《彖》曰：

萃，聚也。顺以说，刚中而应，故聚也。[1]王假有庙，致孝享也。[2]利见大人亨，聚以正也。[3]用大牲吉，利有攸往，顺天命也。[4]观其所聚，而天地万物之情可见矣！[5]

解读

[1] 坤顺兑悦，所以说“顺以说（悦）”。刚中指九五，九五与六二以中正而应，所以“刚中而应”意味着阴阳以中正而应。所以，

聚不是事物的杂乱堆积，而是阴阳中正感应、和顺欢悦的会通。

[2] 孝享：祭祀。

[3] 在祭祀活动中，不同身份的人各安其分，秩序井然，所以说“聚以正也”。在宗法社会中，祭祀活动的秩序是社会治理秩序的模型。

[4] 古人以为社会秩序体现着天命，而祭祀活动“聚以正”顺应着天命，所以能“用大牲吉”，能“利有攸往”。

[5] 情：在萃卦指天地万物的会聚贯通。《彖》在咸卦、恒卦和萃卦三次讲到“天地万物之情可见矣”，“情”在这三个地方所指各有侧重，又互相关联。萃卦之“情”侧重天地万物会聚贯通，咸卦之“情”侧重天地万物相感变动，恒卦之“情”侧重天地万物的存在性状。把这三个“情”结合起来理解，能够了解《彖》勾画的世界图景。程颐说：“天地之化育，万物之生成，凡有者皆聚也。”（《程传》卷第三）每一个事物都是所有事物会聚贯通在某一点的显现。

《象》曰：

泽上于地，萃。[1] 君子以除戎器，戒不虞。[2]

乃乱乃萃，其志乱也。[3]

引吉无咎，中未变也。[4]

往无咎，上巽也。[5]

大吉无咎，位不当也。[6]

萃有位，志未光也。[7]

赍咨涕洟，未安上也。[8]

解读

[1] 兑为泽，坤为地，坤下兑上，不说泽在地上或者地上有泽，而说“泽上于地”，重在突出“上”字的动词性质。水的会聚高于地面，即水上岸了。《周易折中》引王申子曰：“泽上有地，临，则聚泽者地岸也。泽上于地，萃，则聚泽者堤防也。以地岸而聚泽，则无堤防之劳；以堤防而聚泽，则有溃决之忧。”

[2] 除：修治。戎器：兵器。程颐说：“君子观萃象，以除治戎器，用戒备于不虞。凡物之萃，则有不虞度之事，故众聚则有争，物聚则有夺。大率既聚则多故矣，故观萃象而戒也。”（《程传》卷第三）

[3] 初六与九四相聚，出乱的主要问题是初六把心志搞乱了。

[4] 中：可以理解为居位之中，也可以理解为“诚于中”的中，或者兼而有之。由于居位中正，有中正之德，所以内中未变。可以与初六之“志乱”比较。

[5] 巽：顺。六三顺承九四，所以说“上巽”。

[6] 之所以在“大吉”之后还要戒之“无咎”，是因为九四不当位。

[7]“萃有位”是“萃有位，无咎，匪孚”的省文。“志未光”指九五的中正之志还没有十分充实。

[8]“未安上”即不安于在最上独处无应。如果安于独处，也就不再“赍咨涕洟”了。

升

䷭（巽下坤上）

升：元亨，用见大人，勿恤。[1] 南征吉。[2]

初六：允升，大吉。[3]

九二：孚乃利用禴，无咎。[4]

九三：升虚邑。[5]

六四：王用亨于岐山，吉，无咎。[6]

六五：贞吉，升阶。[7]

上六：冥升，利于不息之贞。[8]

| 解读 |

[1] 升：由下而上，由低而高。升卦巽下坤上，犹如树木由下而上、由低而高地生长，所以“元亨”。用见（xiàn）大人：断辞中仅此一例。《经典释文·周易音义》：“本或作‘利见’。”用，宜。恤：忧。树木生长具有很大的敞开性，宜于各种有用之才的成长，无须担忧树木成才的问题，同样，也无须担忧出现有才德的人，所以说“用见大人，勿恤”。

[2] 南征：南行。按《说卦》，巽在东南，坤在西南，所以，朱熹说：“巽坤二卦拱得个南。”（《朱子语类》卷第七十二）坐北朝南，则南为前，所以南征也是前进。

[3] 允：真实，确实。“允升”即实实在在地上升。初六当升之初，犹如树木之根芽，适宜地生长，自然能根深叶茂，所以“大吉”。

[4] “孚乃利用禴”已见于萃卦六二爻辞。在升卦九二，仍然是比喻九二与六五相聚，不铺张外饰，是发自内心的相通。如此则无过失。

[5] 虚：空。“虚邑”指无人之城邑。九三当位，且与上六有应，其升之势不可遏抑，所以说“升虚邑”。程颐说：“三以阳刚之才，正而且巽，上皆顺之，复有援应，以是而升，如入无人之邑，孰御哉！”（《程传》卷第三）

[6] 亨（xiǎng）：同“享”。岐山：在今陕西省岐山县境，位于周太王故邑之西，又称西山。随卦上六爻辞说“王用亨于西山”。爻辞所言可能指周太王迁于岐山时候的事，也可能指周文王迁于丰之前的事，但是，既然该筮辞被选出来作为爻辞编入经文，其中当有编入的用意，所以解释不必泥于史事。六四居坤之始，又逆乘九三，由于能顺九三上升之势，所以不会因为柔逆乘刚而有什么咎害，如此而吉。“王用亨于岐山”的表层意思是说王在岐山进行享祭，深层意思是说“王”在“岐山”没有灾祸。随卦上六和升卦六四都是说柔逆乘刚而能顺刚，则没有咎害。

[7] 升阶：沿阶而升。从初六沿阶升至六五。六五居上卦中位，与九二有应，得正而吉。

[8] 冥：幽暗。上六居升之极，仍升而不已，所以说“冥升”，即一直向着幽暗的天空中升去。息：生长，孳息。上六爻辞没有直接断定“冥升”如何，但是说“利于不息之贞”，也就间接地断定了

不利于不停地生长。

《彖》曰：

柔以时升。[1] 巽而顺，[2] 刚中而应，是以大亨。[3] 用见大人，勿恤，有庆也。[4] 南征吉，志行也。[5]

┃解读┃

[1] 柔：指有生命的草木。《老子》说："万物草木之生也柔脆，其死也枯槁。"（第七十六章）以时升：因时而升，适时而升。从卦象看，巽为木，坤为地，草木由地下适时生长，所以说"柔以时升"。

[2] 朱骏声说："自本达茎以生枝叶，顺也。坤为顺，巽亦为顺，不躐等而进之义。"（《六十四卦经解》卷六）

[3] 刚中：指九二。九二以刚居中，又与六五有应，所以说"刚中而应"。孔颖达说："卦体既巽且顺，爻又刚中而应于五，由此众德，故得元亨。"（《正义》卷第五）

[4]"有庆"指出现有才德的人是喜庆之事。

[5]"南征"指前进，"志行"即前进之志得以施行。

《象》曰：

地中生木，升。[1] 君子以顺德，积小以高大。[2]

允升大吉，上合志也。[3]

九二之孚，有喜也。[4]

升虚邑，无所疑也。[5]

王用亨于岐山，顺事也。[6]
贞吉升阶，大得志也。[7]
冥升在上，消不富也。[8]

解读

[1] 坤为地，巽为木，巽下坤上，不说木生地中，而说“地中生木”，意在强调木尚未破土而出时的生命力，升始于此时。

[2] 德：在此指像树木生长那样的品德。“顺德”即顺行此德。孔颖达说：“地中生木，始于毫末，终至合抱。君子象之以顺行其德，积其小善，以成大名。”（《正义》卷第五）

[3] 初六与六四无应，但是顺承九二，所以也可以说“上合志也”。

[4] 九二以诚与六五相应，得以展现其才德，所以“有喜”。

[5] 疑：迟疑，畏惧。

[6]“顺事”即顺从九三上升之势。

[7]“大得志”即大得上升之志。

[8] 消：衰。富：盛。“消不富”即消而不富，即衰而不盛。上六居升之极而“冥升”，结果只会是衰而不盛。

困

䷮（坎下兑上）

困：[1] 亨，贞大人吉，无咎。[2] 有言不信。[3]

初六：臀困于株木，入于幽谷，三岁不觌。[4]

九二：困于酒食，朱绂方来，利用享祀，征凶，无咎。[5]

六三：困于石，据于蒺藜，入于其宫，不见其妻，凶。[6]

九四：来徐徐，困于金车，吝，有终。[7]

九五：劓刖，困于赤绂，乃徐有说，利用祭祀。[8]

上六：困于葛藟，于臲卼，[9] 曰动悔，有悔，征吉。[10]

| 解读 |

[1] 困：受阻，处于艰难窘迫的境地。《杂卦》："困，相遇也。"相遇即受阻不通。陆德明说："困，穷也。穷悴掩蔽之义。"（《经典释文·周易音义》）困卦坎下兑上，水在泽下意味着泽中没有水，所

以说“困”。

[2] 困，本来是不通，但是卦辞却说“亨”，这就需要讲亨的条件。“贞大人吉，无咎”可以说是“大人贞吉，无咎”，即大人坚持所得之正，虽处困穷，终能通畅。

[3]“有言不信”即言而不信。这是从另一个方面讲“困”。有些困境是个人无法主宰的，如果遇到这种困境，那么应该像大人那样，坚持所得之正，终能走出困境。有些困境是个人原因造成的，比如“有言不信”就难以在世上行得通，就会造成困境。以往注家把这两方面连在一起解释，难以解释得通。

[4] 株木：枯树枝杈。枯树枝杈不可坐，所以说“臀困于株木”，意味着居无所安。幽：昏暗不明。“幽谷”在此指前景不明的困境。三年：很长时间。觌（dí）：出现，现身。“困于株木”是身体受磨难，“入于幽谷”是心灵受折磨，相比“困于株木”而言，“入于幽谷”是更大的窘困。初六处困最下，受困最深，居则坐卧不安，行则不知出路，长时间不能摆脱这种困境。

[5] 困于酒食：被酒食所困。朱熹说：“酒食，人之所欲，然醉饱过宜，则是反为所困矣。”（《本义》卷之二）绂（fú）：祭服的蔽膝，缝于长衣之前，颜色依身份地位而不同。“朱绂方来”指将要或者方才得到朱绂。九二以刚居中，按说不该有醉饱过宜之困，也许由于有“朱绂方来”之庆，因而有“困于酒食”之失。祭祀活动有助于补救过失，所以说“利用享祀”。延续醉饱过宜之失而行则不顺利，所以说“征凶”。由于补救过失，所以能“无咎”。《系辞上》说：“无咎者，善补过也。”

[6] 据：跨，蹲。蒺藜（jí lí）：一种果实有刺的草本植物，茎平铺地面，人难以践行。六三柔且不当位，与上六无应，所以说“入于其宫，不见其妻”。顺承九四，而九四与初六有应，不接受六三，

所以说“困于石”。逆乘九二,九二非其所乘，所以说“据于蒺藜”。总之，六三结局就是一个“凶”。王弼说：“三以阴居阳，志武者也。四自纳初，不受已者。二非所据，刚非所乘。上比困石，下据蒺藜，无应而入，焉得配偶？在困处斯，凶其宜也。”（《周易注》卷第五）

[7] 徐徐：迟缓。金车：王弼、程颐等皆认为指九二。九四不当位，虽然与初六有应，但是初六顺承九二,九四前往与初六相应却被九二所隔，因此而忧虞。所以说“来徐徐，困于金车，吝”。但是九四与初六毕竟正应，所以能“有终”。

[8] 劓：割鼻之刑。刖：截足之刑。“劓刖”指九五施威刑于人。赤绂：象征地位。“困于赤绂”指受困于其所处位置。从两方面说，一方面，由于其所处位置而施威刑于人；一方面，由于施威刑于人，其于所处位置越发窘迫。王弼说：“以阳居阳，在其壮者也。不能以谦致物，物则不附。忿物不附而用其壮猛，行其威刑，异方愈乖，遐迩愈叛。刑之欲以得,乃益所以失也,故曰‘劓刖,困于赤绂’也。”（《周易注》卷第五）所以，不能急迫地用威刑来解决“困于赤绂”的问题，而要做事从容不迫，这样才能走出困境而愉悦，所以说“乃徐有说（悦）”。徐：舒缓，从容。说：或读为 tuō，通“脱”。困卦上卦为兑,所以不如读为 yuè。祭祀活动有利于心情舒缓,所以说“利用祭祀”。

[9] 葛藟（lěi）：藤类植物。“困于葛藟”意即被葛藟缠绕。臲卼（niè wù）：动摇不定的状况。“困于葛藟，于臲卼”是以一个“困”字带两个“于……”，即不仅困于葛藟缠绕，而且困于动摇不定。

[10] 动悔、有悔、征吉，三者需要联系起来看。“动悔”之“悔”是过失的意思，“有悔”之“悔”是悔过的意思。被葛藟缠绕，动摇不定，急于摆脱困境而盲目行动，结果有失误；改正失误再次行动，终出困境而“吉”。

《彖》曰：

困，刚掩也。[1] 险以说，困而不失其所，亨，其唯君子乎？[2] 贞大人吉，以刚中也。[3] 有言不信，尚口乃穷也。[4]

| 解读 |

[1] 刚掩：李鼎祚《集解》引荀爽曰："谓二、五为阴所掩也。"孔颖达说："兑，阴卦为柔；坎，阳卦为刚。坎在兑下，是刚见掩于柔也。"（《正义》卷第五）

[2] 坎为险，兑为说（悦），所以说"险以说（悦）"。险而悦即处境险恶而不失和悦。所：处所，在此指立场。身处困境时，能够不失和悦，不失立场，由此而转困穷为畅通，只有君子才能这样。

[3]"刚中"指九二、九五。刚则坚，中则正。困卦是刚被柔所遮蔽阻拦，九二、九五以刚居中位，既坚且正，所以能吉。如果不是刚中，"则遇困而失其正矣"（程颐语）。孔子说："君子固穷，小人穷斯滥矣。"（《论语·卫灵公》）

[4] 如果"有言不信"，那么就是徒尚口说，就是空耍嘴皮子，那么就难以在世上行得通，所以说"有言不信，尚口乃穷也"。

《象》曰：

泽无水，困。[1] 君子以致命遂志。[2]

入于幽谷，幽不明也。[3]

困于酒食，中有庆也。[4]

据于蒺藜，乘刚也。入于其宫，不见其妻，不祥也。[5]

来徐徐，志在下也。虽不当位，有与也。[6]

劓刖，志未得也。[7] 乃徐有说，以中直也。[8] 利用祭祀，受福也。[9]

困于葛藟，未当也。动悔有悔，吉行也。[10]

| 解读 |

[1] 兑为泽，坎为水，坎下兑上，说明泽中无水，是困涸之象。

[2] 致命：献身。遂志：实现自己的志愿。“致命遂志”意即为了实现自己的志愿，宁可献出生命。孔颖达说：“君子之人，守道而死，虽遭困厄之世，期于致命丧身，必当遂其高志，不屈挠而移改也，故曰‘致命遂志’也。”（《正义》卷第五）

[3] “幽不明”即前景不明，前途渺茫。

[4] “中有庆”既指“困于酒食”的原因，也指“利用亨祀”的结果。

[5] “乘刚”即逆乘九二。“不祥”即凶。

[6] “志在下”即志在往下与初六相应。与：亲与，亲近交好。

[7] 施用威刑不能解决地位受困的问题，所以说“劓刖，志未得也”。

[8] 九五居中位，虽然曾用其壮猛而施威刑，但是困而能改，有能力雍容从事，所以说“乃徐有说，以中直也”。

[9] 通过祭祀，变困为通，所以说“利用祭祀，受福也”。

[10] 上六当位，在此所说“未当”指上六与六三无应且逆乘九五。“吉行”即吉由于行，即“征吉”。

井

䷯（巽下坎上）

井：改邑不改井，无丧无得，往来井井。[1]汔至亦未繘井，羸其瓶，凶。[2]

初六：井泥不食，旧井无禽。[3]

九二：井谷射鲋，瓮敝漏。[4]

九三：井渫不食，为我心恻，可用汲。[5]王明，并受其福。[6]

六四：井甃，无咎。[7]

九五：井洌寒泉，食。[8]

上六：井收勿幕，有孚元吉。[9]

| 解读 |

[1]“改邑不改井”即邑改井不改。“邑”是人聚居之地。聚居地可以迁改，但是聚居地中的井不可迁移。“往”即汲水而出，“来”即泉涌而入。无论往来，井水既不增多也不减少，所以说“无丧无得，往来井井”。井井：使井成为井。以上三句是说，井处于稳定状态。

[2] 汔：差不多，将要。至：指到达井口。“汔至”即将要到达井口。亦：尚，犹。繘（yù）：井上汲水用的绳索。“繘井”指用绳汲取井水。“汔至亦未繘井”意即从井中往上汲水，差不多汲上来了，但是还没有出井口。羸：缠绕。瓶：陶制的汲水器。汲水瓶快出井口时被绊住了，结果或者瓶倾覆，或者瓶破碎，总之是功败垂成，未能汲水上来，自然是“凶”了。

[3] 泥（nì）：污。井底污泥沉积，井水不可食用，所以说“井泥不食”。人们不从废旧之井中汲水，井边也就没有残留的水，也就没有觅水的禽鸟，所以说“旧井无禽”。初六居井最下，与六四无应，是污泥沉积之处，而又无力清淘污泥，久之，则井终成废旧之井。王弼说：“最在井底，上又无应，沉滞滓秽，故曰‘井泥不食’也。井泥而不可食，则是久井不见渫治者也。”（《周易注》卷第五）

[4] 井谷：井底低凹处。井底本来是平的，但是由于井泉出水带出的泥沙以及井壁、井口落入的泥土，逐渐形成高低不平的状况。鲋（fù）：井中蛤蟆。“射”指蛤蟆的动作。井里快要没有水了，高的地方已经露出水面，蛤蟆在水边跳动，这便是“井谷射鲋”之象。瓮：汲水罐。敝：坏。将汲水罐放入井中汲水，结果水罐触到井底给蹾坏了，所以说“瓮敝漏”。九二居下卦中位，但是与九五无应，所承九三也不能助其增水，所以形成这种局面。初六的情况是井泉被污泥淤塞，九二的情况是井泉无力冲开污泥。

[5] 渫（xiè）：淘去污泥。“井渫”即淘井。淘去井中污泥之后，还有些其他的事情需要做，比如修治井壁，这样就还需要经过一段时间井水才能洁净，所以说“不食”。但是，这儿的“不食”与初六的“不食”大不相同，初六的“不食”带着的是失望，九三的“不食”带着的是希望，所以说“为我心恻，可用汲”，即以恳切的心情等待着从井中汲水。恻：恳切。

[6] 明：用作动词。当社会由于沉积污浊之事而被败坏时，杰出人物能够除去污浊之事，使社会得以洁净。淘去井中污泥叫“渫”，除去污浊之事叫“明”。井水洁净，人人都能享用，社会洁净，人人都能受福，所以说“王明，并受其福”。

[7] 甃（zhòu）：砌垒井壁，修治水井。陈梦雷说：“三之渫，修于内以致洁；四之甃，修于外以御污。”（《周易浅述》卷五）

[8] 洌：清澄。孔颖达说：“必言寒泉者，清而冷者，水之本性，遇物然后浊而温，故言寒泉以表洁也。”（《正义》卷第五）经过淘去污泥、修治井壁，井水清澄，可以食用，所以说“井洌寒泉，食”。九三在“井甃”之前，污泥已去但水尚未清，所以不食。九五在“井甃”之后，井泉洁净，所以可食。至此，治井之功基本完成。

[9] 井收：井上围栏。幕：覆，盖住。“井收勿幕”意即井边要修围栏，但是不盖井口。意味着人人可以取用井水。井泉以信而出水，人以信而汲水，如此则大吉，所以说“有孚元吉”。

《彖》曰：

巽乎水而上水，井。[1] 井养而不穷也。[2] 改邑不改井，乃以刚中也。[3] 汔至亦未繘井，未有功也。羸其瓶，是以凶也。[4]

解读

[1] 按取义说，巽为入，“巽乎水”即入乎水。将汲水之器放入水中而汲上水来，即“巽乎水而上水”。又，黄寿祺、张善文认为：“巽，顺也，指下卦巽；水，指上卦坎；上，用如动词，‘上水’犹言‘使

水上'。此以上下象释卦名'井'，说明井的形成，是顺沿水的渗性，掘地开孔，引泉使上，遂为'井'。"（《周易译注》，上海古籍出版社，2001年，第397页。）

[2] 养：取，取用。

[3] 刚中：指九二、九五。王弼说："以刚处中，故能定居其所而不变也。"（《周易注》卷第五）

[4]《彖》将"汔至亦未繘井"和"羸其瓶"分为两种情况。如果只是水瓶倾覆，那么虽然此次无功，但是还可以再次汲水。如果水瓶破碎，那就不能再次汲水了。

《象》曰：

木上有水，井。[1] 君子以劳民劝相。[2]

井泥不食，下也。旧井无禽，时舍也。[3]

井谷射鲋，无与也。[4]

井渫不食，行恻也。[5] 求王明，受福也。

井甃无咎，修井也。[6]

寒泉之食，中正也。[7]

元吉在上，大成也。[8]

┃解读┃

[1] 巽为木，坎为水，巽下坎上，所以说"木上有水"。木在此恐怕是指砌井壁时置于砖石下面承放砖石的圆形木圈，状如车牙，即车轮的外周。木圈在井底，被井水没过，所以说"木上有水"。

[2] 劳：慰劳。相（xiàng）：帮助。程颐说："君子观井之象，法井之德，以劳徕其民，而劝勉以相助之道也。"（《程传》卷第四）

[3] 因为初六居井最下，所以污泥沉积于此，导致最终井不可用而被舍弃。

[4] 与：助。"无与"即没有援助。

[5] 行：前往。"行恻"即恳切地希望前往。

[6] 苏轼说："修，洁也……甃之于井，所以御恶而洁井也。井待是而洁，故无咎。"（《东坡易传》卷五）

[7] "中正"即卦辞中讲的"无丧无得，往来井井"。

[8] 上：指上六。大成：井之功用大成。

革

䷰（离下兑上）

革：[1] 巳日乃孚，[2] 元亨，利贞，悔亡。[3]

初九：巩用黄牛之革。[4]

六二：巳日乃革之，征吉，无咎。[5]

九三：征凶，贞厉。[6] 革言三就，有孚。[7]

九四：悔亡，有孚，[8] 改命吉。[9]

九五：大人虎变，未占有孚。[10]

上六：君子豹变，[11] 小人革面。[12] 征凶，居贞吉。[13]

| 解读 |

[1] 革：改变。革卦是离下兑上，水火相互对立又相互作用，由此发生变化。王弼说："凡不合，然后乃变生，变之所生，生于不合者也。故取不合之象以为'革'也。"（《周易注》卷第五）睽卦是兑下离上，虽然也是水火对立，但是"火动而上，泽动而下"，水火不交锋，所以，睽只是潜在地变，未能实现变。改变都是改变既有状态，

所以《杂卦》说："革，去故也。"

[2] 巳日：以地支记日的第六日。或以为是"己日"，这样便成了以天干记日的第六日。或以为是"已日"，即完毕之日。三者虽有区别，但都是说在开始改革的时候，人们不信服，当改革取得成效的时候，人们才信服。从这句话中主要是了解这层意思，至于究竟是哪个字，不必过于纠缠。王弼说："民可与习常，难与适变；可与乐成，难与虑始。故革之为道，即日不孚，'巳日乃孚'也。"（《周易注》卷第五）"即日"即开始改革之日，"巳日"即改革取得成效之日。

[3]"革"本来就是去除阻碍事物顺利运行的东西，为事物的运行敞开广阔的前景，这自然是"元亨"了。坚持所求之正即"利贞"，可以消除以往的过失，所以说"悔亡"。

[4] 巩：用皮带捆东西，牢固。革：皮革。初九当位，但是居革之初，而位在最下，又无应援，难以有为。所以，不能急躁，而要稳固不动，就像是用黄牛皮带拴捆住似的。但是，在表面的稳定下酝酿着改革，所以说"巩用黄牛之革"。

[5]"巳日乃革之"是说现存状况到巳日而改变。卦辞中的"巳日乃孚"是从人信服讲，"巳日乃革之"是从改变状况讲。六二居位中正，但是阴之为物，是承载变化的，不能自革，要与阳相应而革之。六二与九五有应，并且顺乘九三，"征吉，无咎"即从阳而革，由此能避免咎过而得吉利。

[6] 九三是改革的先行者，对改革之事有其得正之处，但是重刚不中，易急躁盲动，使改革受挫而危，即"征凶，贞厉"。

[7] 言：主意，计策。就：求，谋求。"革言三就"即多次谋求改革的计策。改革受挫，经过多次改进，有所成效，所以说"革言三就，有孚"。

[8] 改革就是要改变与所处境遇不适应的东西，如果不改变与所处境遇不适应的东西，就会有过失。将不适应的东西改变了也就避免或消除了过失，这就是改革的成效，所以说“悔亡，有孚”。可见，改革的成效是就避免或消除咎过而言，避免或消除过失就是“吉”。

[9] 命：政令。如果说在九四之前主要是在旧的政令框架中除旧的话，那么，“改命”则是构建新的政令框架，在新的框架中进行更充分的改革，取得更多成就，所以说“改命吉”。

[10] 虎变：老虎更生毛而发生的变化，变得更加光亮润泽。九五刚健中正，是成就改革事业者，所以说“大人”。改革至此成就粲然，所以说“大人虎变”。改革成效如何？无须占问就知有效，所以说“未占有孚”。六二爻辞所言“巳日乃革之”指的就是此时。

[11] 虎之文采为斑纹，豹之文采为斑点。“虎变”指粗线条的变化，意即大体而成。“豹变”指更加细密的变化，意即进而完善。这是君子之上六的表现。孔颖达说：“上六居革之终，变道已成，君子处之，虽不能同九五革命创制，如虎文之彪炳，然亦润色鸿业，如豹文之蔚缛，故曰‘君子豹变’也。”（《正义》卷第五）

[12] 小人：此指社会身份较低的平民。革面：容貌发生变化。改革使平民的容貌也发生了变化，即王弼说的民“可与乐成”。这是小人之上六的表现。

[13] 上六居革之极，不可再向前推进，再向前进就过了，所以说“征凶”。能够居守所得宜（正）则吉，所以说“居贞吉”。朱熹说：“变革之事，非得已者，不可以过。”（《本义》卷之二）

《象》曰：

革，水火相息。[1] 二女同居，其志不相得，曰革。[2] 巳日乃孚，革而信之。[3] 文明以说，大亨以正，革而当，其悔乃亡。[4] 天地革而四时成。汤武革命，顺乎天而应乎人。[5] 革之时大矣哉！[6]

丨解读丨

[1] 息：灭，也可以说是制约。对立双方相互制约导致事物的变化，所以为“革”。可以比较《彖·睽》讲的“火动而上，泽动而下”。

[2] 相得：相容，相从。《彖·睽》讲“二女同居，其志不同行”。志不同而各走各的，彼此并不必然发生冲突，各自也可以不发生改变，各按其志而行就是了。“不相得”则是志不同还要相向而行，相向而行又不能相容相从，这样往往会发生冲突，导致变化。《周易折中》引李舜臣曰：“不同行，不过有相离之意，故止于睽；不相得，则不免有相克之事，故至于革。”也就是说，没有对立双方相互作用，不能导致变化。

[3] 信：实，确实。改革要取得确实的成效才能得到人们的信服，所以说“巳日乃孚，革而信之”。

[4] 离为明，兑为说（悦），所以说“文明以说”。“大亨以正”解释“元亨，利贞”。革是要改变与所处境遇不适应的东西，以求与具体境遇相适应，即因 X 制宜。宜则正，所以要“大亨以正”，这样才能“革而当”，“革而当”才能“悔亡”。革而不当不仅不能消除过失，反而会增加过失。程颐说：“天下之事，革之不得其道，则反致弊害，故革有悔之道。惟革之至当，则新旧之悔皆亡也。”（《程传》卷第四）

[5] 四时是阴阳消长的体现，是随着阴阳消长而变化的，所以说“天地革而四时成”。社会变革也是要随着具体境遇的变化做回应，

是应变，而不是刻意地制造变革。

中国传统社会把政权的合法性归之于天命，而天命的根据是“德”，所以说，“天命靡常”(《诗·大雅·文王》)，“皇天无亲，惟德是辅”(《左传·僖公五年》)。天要通过民来考察执政者的德，即“天视自我民视，天听自我民听”(《尚书·泰誓》)。比如，一开始天通过民视民听，考察到夏禹有德，就把政权赋予夏，到夏桀时，夏桀失德而商汤有德，天便把政权赋予商，到商纣时，商纣失德而周武王有德，天又把政权赋予周，这叫作“汤武革命”。“皇天无亲，惟德是辅”是“顺乎天”，“天视自我民视，天听自我民听”是“应乎人”。

“顺乎天而应乎人”重在把握其中的“顺应”。“大亨以正，革而当”讲“当”，“顺乎天而应乎人”讲“应”，“革”为的是应当(yìng dàng)。

[6] 改革是对具体境遇变化的回应，具体境遇及其变化可以称之为“时”，所以，改革也就是应时而变，是“与时……”。对于应变来说，把握“时”是非常重要的，所以说“革之时大矣哉”。

《象》曰：

泽中有火，革。[1] 君子以治历明时。[2]

巩用黄牛，不可以有为也。[3]

巳日革之，行有嘉也。[4]

革言三就，又何之矣。[5]

改命之吉，信志也。[6]

大人虎变，其文炳也。[7]

君子豹变，其文蔚也。小人革面，顺以从君也。[8]

解读

[1] 兑为泽，离为火，离下兑上，不说火上有泽，却说“泽中有火”，意在表明，虽然水火对立，但是并非水决火灭或者火炎水涸，而是二者并在。

[2] 治历：修治历法。明时：审明时令。“治历明时”为的是应对四时的变化。

[3] “巩用黄牛”是“巩用黄牛之革”的省文。程颐说：“以初九时、位、才皆不可以有为。”（《程传》卷第四）

[4] “行有嘉”即“征吉”。嘉：好的结果。好的结果就是“巳日革之”，即经过一段时间的改革，旧有的状况被改变。

[5] 改革受挫，除了不断地另谋计策，没有别的路可走，所以说“革言三就，又何之矣”。

[6] 信：实，实行。“信志”即实行其志，实现其志。

[7] 文：文采，色彩华丽。炳：光明辉煌。改革之美展现于此，所以说“其文炳也”。

[8] 文蔚：文采盛缛华美。君子之上六，能润色改革之图画，使之更加华美。小人之上六，能顺从改革之风尚，容貌油然而变。“君”可以理解为风尚的象征或代表。

鼎

䷱（巽下离上）

鼎：元吉，亨。[1]

初六：鼎颠趾，利出否。[2]得妾以其子，无咎。[3]

九二：鼎有实。[4]我仇有疾，不我能即，吉。[5]

九三：鼎耳革，其行塞，雉膏不食，方雨亏悔，终吉。[6]

九四：鼎折足，覆公餗，其形渥，凶。[7]

六五：鼎黄耳金铉，利贞。[8]

上九：鼎玉铉，大吉，无不利。[9]

| 解读 |

[1] 鼎：古代烹煮用的器具，多用青铜制成，下有足，上有耳。鼎卦巽下离上，有鼎之象。初之阴象鼎足，二、三、四阳象鼎腹，五之阴象鼎耳，上之阳象鼎铉。从上卦下卦来看，巽木在下，离火在上，有以木入火进行烹饪之象。

古代煮肉时，先在镬中煮熟，然后放在鼎内加入佐料煨煮，调和五味，使食物有滋味。《周礼·天官·亨人》“亨（pēng）人掌共（gōng）鼎镬以给（jǐ）水火之齐（jì）”，郑玄注：“镬，所以煮肉及鱼腊之器。既孰，乃脀（zhēng）于鼎，齐（jì）多少之量。”《左传·昭公二十年》：“和如羹焉。水火、醯醢、盐梅以烹鱼肉，燀之以薪，宰夫和之，齐（jì）之以味，济其不及，以泄其过。”“给水火之齐”是供给水火。“齐多少之量”即调节鱼肉醯醢盐梅之量。这就是“和之”，即调和。调和的原则是“济其不及，以泄其过”。经过“济其不及，以泄其过”就既没有过也没有不及，调出一种无过无不及的和的状态。所以，鼎的主要功用是调和味道，《说文解字》说鼎是“和五味之宝器”，因此有“调鼎”“鼎味”的说法。相传商朝武丁问傅说治世之方，傅说以调和鼎中之味喻说。和是多种事物的恰当融合，能将世上各种事情调成和的状态，自然是“元吉，亨”了。朱熹认为“吉”字是衍文。

[2] 鼎颠趾：鼎足朝上，鼎口向下。否（pǐ）：恶，污秽之物。初六是鼎足，如果上应九四，那么就会将鼎颠倒。鼎被颠倒，倒出了鼎内的秽物，所以说“利出否”，即其利在于“出否”。

[3] “得妾以其子”即妾以其子得。妾的身份低微，但是由于生子而得益，身份得以提升。妾生子总不会有什么害处，所以说“无咎”。

[4] 鼎卦二、三、四阳象鼎腹，阳为实，阴为虚，九二为三阳爻之始，说“鼎有实”。“实”兼及九三、九四两爻，所以九三说“雉膏”，九四说“餗”。

[5] 仇（qiú）：匹配。疾：困苦。即：接近。九二与六五有应，但是六五逆乘九四，受九四困阻，不能接近九二，所以说“我仇有疾，不我能即”。九二和六五分别居下卦和上卦的中位，终能应合，所以说“吉”。或以“仇”指初六。或读仇为 chóu，以“仇”指九四或九三等等，有各种不同的解释。无论哪种解释，都归结于九二没有受“仇”的影响。

[6] 革：改变。行塞：移送受限制。雉膏：肥美的野鸡肉。方雨：正下着雨。亏：减。悔：过失。九三阳爻阳位，是鼎中之实的主要部分，故以“雉膏”喻之。由于鼎耳出了问题，所以鼎不能被移送到食用者那儿，鼎内肥美的野鸡肉也就不能被人食用。由于正下着雨，不能移送鼎，所以减小了鼎耳出问题的过失的影响。鼎耳会被修好，雨也会停，鼎还是会被移送到食用者那儿，鼎内的美味还是会被人食用，所以说“终吉”。比喻九三有真实才能，虽然由于外部原因的制约，未能发挥作用，但是并不影响其真实才能的价值。如果外部的制约原因被消除，九三的真实才能还是会发挥作用的。

[7] 折：下，陷下（参见《广雅·释诂一》）。餗（sù）：鼎内的食物。渥（wò）：沾湿。九四为鼎腹之上，鼎内食物从鼎口溢出，浸湿了鼎足下的土地，使鼎倾斜，更多的鼎内食物被倒出来，把鼎的外面也弄脏了，这就是“鼎折足，覆公餗，其形渥”。这是很不好的事，所以说“凶”。《周易折中》引胡瑗曰：“夫鼎之实必有其量，不可以盈溢。若遇其盈溢，则有覆餗之凶。”九四爻辞的意思就是不要盈溢。

[8] 黄为中色。六五象鼎耳，居上卦中位，所以称“黄耳”。铉：举鼎的器具，钩状，以之提鼎的两耳。大鼎以横贯鼎上两耳的杠子抬，抬鼎的杠子也称铉。金：取其坚刚之意，并不是说铉是金质的或用金属制成的。“金铉”或指九二，或指上九。六五顺承上九，上九一阳横贯六五之上，有“金铉”之象。六五与九二有应，所以说指九二也有道理。孔颖达说：“五为中位，故曰‘黄耳’。应在九二，以柔纳刚，故曰‘金铉’。所纳刚正，故曰‘利贞’也。”（《正义》卷第五）

[9] 玉：取其刚坚柔润之意，并不是说铉是玉质的。上九阳爻阴位，刚坚而柔润，所以称之为“玉铉”。卦辞说“元吉，亨”，上九处鼎之终，鼎的意义得以实现，所以说“大吉，无不利”。“无不利”即“亨”。

《彖》曰：

鼎，象也。[1] 以木巽火，亨饪也。[2] 圣人亨以享上帝，而大亨以养圣贤。[3] 巽而耳目聪明，柔进而上行，得中而应乎刚，是以元亨。[4]

| 解读 |

[1] 鼎卦是取鼎之象而名，所以说“象也”。

[2] 离为火，巽为木、为入、为顺，卦象为木入火中，木上有火，为烹饪之象。亨（pēng）：同“烹”。

[3] 有两件事要以鼎烹饪，一是祭祀，二是宴客，所以说“享上帝”“养圣贤”。养：以礼节款待。并非一般意义的请客吃饭都要用鼎烹饪，而以礼节款待圣贤之人时则需要用鼎烹饪，表示对圣贤之人的尊重。祭祀贵诚，不追求烹饪丰盛。款待圣贤之人则要丰盛，所以说“大亨（烹）”。

[4] 巽：逊，谦顺。离为目，言耳目是连类而及，不必刻意求耳之象。“柔进而上行”，以往注家多认为是指六五。也可以理解为是指上卦离。《彖传》三次讲到“柔进而上行”，都是离卦为上卦而下卦是阴性卦的，即晋卦（坤下离上）、睽卦（兑下离上）和鼎卦（巽下离上）。“得中而应乎刚”指六五与九二相应。“巽而耳目聪明，柔进而上行，得中而应乎刚”是“元亨”的条件。

《象》曰：

木上有火，鼎。[1] 君子以正位凝命。[2]

鼎颠趾，未悖也。利出否，以从贵也。[3]

鼎有实，慎所之也。[4]我仇有疾，终无尤也。[5]

鼎耳革，失其义也。[6]

覆公𫗧，信如何也。[7]

鼎黄耳，中以为实也。[8]

玉铉在上，刚柔节也。[9]

| 解读 |

[1] 巽为木，离为火，巽下离上，所以说“木上有火”。《彖传》说“以木巽火，亨饪也”，《象传》说“木上有火，鼎”，是以鼎的烹饪的功用来说鼎之象。

[2] 正位：确定位分。凝命：稳定政令。革强调变，鼎强调定。苏轼说：“革所以改命，而鼎所以凝之也。”（《东坡易传》卷五）。

[3] 悖：违背，不符合。鼎足朝上不符合正常放置鼎的要求，但是却倒出鼎内的秽物，从这个角度讲也可以说是“未悖”。但是，正如妾之由贱而贵是从子而得一样，“鼎颠趾”之由悖而“未悖”也是随着“出否”之利而说的，不是说鼎足朝上放置就正常。

[4] 慎：谨慎，小心。之：生，滋长。“慎所之”即小心鼎内的食物溢出来。食物从鼎内溢出来是由于受热而膨胀，与此相关的意思就是，不要让自己的实（各种不同的实）因热（各种不同的热）而膨胀。

[5] 九二和六五终能应合，所以说“终无尤也”。

[6] 鼎耳出了问题，难以移动，鼎内食物失去被食用的好时机，

所以说“失其义也”。义：宜。爻辞从还能发挥作用讲，《象》从失去发挥作用的好时机讲。

[7] 信（shēn）：通“伸”。伸张，扩张。九二讲“慎所之也”，九四不慎，使鼎内食物外溢，导致“覆公𫗧”，所以问“信如何也”？

[8] 六五居上卦中位，而以上九（或九二）实之，所以说“中以为实也”。

[9] 上九阳爻阴位，所以说“刚柔节也”。

震

䷲（震下震上）

震：亨。[1] 震来虩虩，[2] 笑言哑哑，[3] 震惊百里，不丧匕鬯。[4]

初九：震来虩虩，后笑言哑哑，吉。[5]

六二：震来厉，[6] 亿丧贝，跻于九陵，勿逐，七日得。[7]

六三：震苏苏，[8] 震行无眚。[9]

九四：震遂泥。[10]

六五：震往来厉，亿无丧，有事。[11]

上六：震索索，视矍矍，征凶。[12] 震不于其躬，于其邻，无咎。[13] 婚媾有言。[14]

| 解读 |

[1] 震是八经卦之一，其象有雷，其义有动。作为六画卦，震主要是讲动。所有的通顺都由于动，所以说“亨”，即由于动而有亨。

[2] 虩（xì）虩：敬谨恐惧的样子，敬畏。“震来虩虩”即听到雷

声，表现出敬谨恐惧的样子。《论语》中记载孔子遇到迅雷风烈必改变容色（见《论语・乡党》），就是敬畏的表现。

[3] 哑（è）哑：笑声。敬谨恐惧并不是胆战心惊，“笑言哑哑”就是对“震来虩虩”的补充，即一方面要有敬畏，另一方面要能泰然。

[4] 丧（sàng）：失掉。匕：取食用具，曲柄浅斗，状类后来的羹匙。鬯（chàng）：祭祀用的香酒，用黑黍酒和郁金草调成。“匕鬯”意即祭祀时以匕取酒。百里：指范围广。“震惊百里，不丧匕鬯”是说，在以匕取酒时，即使有震惊百里的响雷，也不会因此弄洒匕中的酒。说明其镇定。

[5] 古人以为雷是地中积郁的阳气爆发而成，初九以阳居震卦最下，最能体现震的特性，所以爻辞与卦辞前两句基本相同。卦辞言“亨”，爻辞言“吉”，爻辞比卦辞多了一个“后”字，这是因为卦辞从全卦讲，爻辞从一爻讲。卦辞所讲的“震来”是一个一个的雷不断地震来的过程，所以“虩虩”“哑哑”好像是两个连续并存的表现。爻辞所讲的是过程中的一个片段。

[6] 震卦的特性是作为动力的阳从下向上爆发，六二逆乘初九，与爆发逆向，所以有危险。“来”在此是从上而下的意思。

[7] 亿：推测。或者解释为叹词。王弼说“亿，辞也”。《经典释文・周易音义》说“本又作噫”。贝：货币。“丧贝”意为有损失。跻：升，从下而上。九陵：高山峻岭。“跻于九陵”是与初九同向而行，即“往”。苏轼说：“初九之威不可犯也。来则危，往则安。”（《东坡易传》卷五）往能避免危险，所以要“跻于九陵”。“跻于九陵”意味着离开，这可能会造成一些损失，所以说“亿丧贝”。逐：追逐求取。“勿逐”指不急于弥补损失。一个卦有六画，七意味着新的周期的开始。“七日得”指在一个周期之内能够恢复过来。

[8] 对“苏苏”有多种解释，如：疑惧貌（陆德明）、躁动貌（王

肃）、不安（郑玄）、畏惧不安之貌（孔颖达）、神气缓散自失之状（程颐）等等，综合来看，就是惊慌失措、心烦意乱。六三阴爻阳位，居位不正，闻雷震而惊慌失措，心神不定。

[9] 眚（shěng）：灾祸。“震行”即震苏苏而行。在恐惧中战战兢兢地行动，这样则可以无灾祸。《周易折中》引杨启新曰：“震而不行，徒震耳。行者，改图也。此恐惧所以修省也。”

[10] 遂：通“坠”。泥（nì）：阻滞。九四如同初九，也是震的动力，但是九四陷入二阴（或四阴）之中，被阴阻滞，自身又不当位，刚健不足，无力奋发，所以说“震遂泥”。

[11] 六二讲“震来厉”，尚有往的空间。六五已经近于震极，往的空间也没有了，所以说“震往来厉”。往来皆有危险，所以只好不动。不动并非没有事情，所以说“有事”。对于六五来说，最重要的是处理好这“事”，如果能把“事”处理好，那么就可能不受损失，所以说“亿无丧”。

[12] 索索：恐惧颤抖。《经典释文·周易音义》引马融云“内不安貌”；引郑玄云“足不正也”。矍矍：惊惧四顾。《经典释文·周易音义》引马融云“中未得之貌”；引郑玄云“目不正”。六三“震苏苏”尚可“震行无眚”，上六处震之极，已没有改图而行的余地，所以说“征凶”。

[13] 邻：指六五。如果上六能在震行于六五的时候戒慎恐惧，那么还可以“无咎”。蕴涵的意思是，当震至于上六自身处，恐怕戒慎恐惧也为时已晚了。躬：自身。

[14] 言：借为“愆”，过失，差错（参见需卦九二爻辞“小有言”解读）。

《彖》曰：

震亨。震来虩虩，恐致福也。[1] 笑言哑哑，后有则也。[2] 震惊百里，惊远而惧迩也。[3] 出，可以守宗庙社稷，以为祭主也。[4]

| 解读 |

[1]“恐致福”即因恐惧而致福。陈梦雷说：“大抵人心泰侈则致祸，戒惧则致福也。”(《周易浅述》卷五)

[2] 则：常，常态。在恐惧的背后有着常态，即“后有则”。能常敬畏才能不变常态。

[3] 惊：惧。“惊远而惧迩”指发生的震动能使远近皆惧。另外，也有畏惧远近发生的震动的意思。敬畏是内在于心的，因此对各种与之打交道的事情，无论远近，都具有敬畏感。

[4] 出：即“出于其类”之“出”。苏轼以“出”为“见(现)”(见《东坡易传》卷五)，即出而现。守：执守，保持。宗庙：帝王诸侯祭祀祖宗的庙宇，代指国家政权。祭主：主持祭祀者，代指主掌政权者。内心常存敬畏，遇事不变常态，这样的人高出众人，可以继承并主掌政权。《说卦》以震为长男，从宗法制来看，长男应该有这样的素质。

《象》曰：

洊雷，震。[1] 君子以恐惧修省。[2]

震来虩虩，恐致福也。笑言哑哑，后有则也。[3]

震来厉，乘刚也。[4]

震苏苏，位不当也。[5]

震遂泥，未光也。[6]

震往来厉，危行也。[7] 其事在中，大无丧也。[8]

震索索，中未得也。[9] 虽凶无咎，畏邻戒也。[10]

解读

[1] 洊（jiàn）：再次。震为雷，上下卦重叠就像是雷一个接着一个，所以说“洊雷”。

[2] 修省：修身反省。在“恐惧”后继以“修省”，才体现出恐惧的意义。君子心中要像有一个接一个的雷不断地震动自己，保持清醒，不断地反省自己，校正言行。

[3]《象》中讲的与《彖》中讲的相同，但是仍然要区别《彖》是相对卦辞讲，《象》是相对爻辞讲。

[4] 六二逆乘初九，即“来”，即“乘刚”。由此导致危险，所以说“厉”。

[5] 六三不当位，有不正之处，所以才“震苏苏”。

[6] 九四因为自身和环境的原因，未能光大震动之阳，所以说“未光也”。

[7] 由于往来皆有危险，所以说“危行也”，即行则危。

[8] 六五居中位，有中之德，因此处理事情不会造成大损失，所以说“大无丧也”。陈梦雷说：“得中德而能有事，故可无大丧。”（《周易浅述》卷五）

[9] 朱熹说：“中，谓中心。”（《本义》卷之二）“中未得”指中心未得，即中心有不踏实处。

[10]“畏邻戒”即在震于邻时便畏戒。虽然震之极是“征凶”的境地，但是如果能在震行于邻时即畏惧戒慎，还是可以无咎的。

艮

䷳（艮下艮上）

艮：[1]艮其背，不获其身，行其庭不见其人，无咎。[2]

初六：艮其趾，无咎，利永贞。[3]

六二：艮其腓，不拯其随，其心不快。[4]

九三：艮其限，列其夤，厉熏心。[5]

六四：艮其身，无咎。[6]

六五：艮其辅，言有序，悔亡。[7]

上九：敦艮，吉。[8]

解读

[1] 因为卦名与卦辞首字相同，所以原经文省去了卦名“艮”，今按体例补“艮”字。艮是八经卦之一，其象有山，其义有止。作为六画卦，艮主要是讲止。《彖》《序卦》《杂卦》皆训“艮”为“止”。

[2] 人的主要活动都在前面进行，后背基本上是静止的，所以说“艮其背”。朱熹说：“‘艮其背’只是言止也。人之四体皆能动，惟

背不动，取止之意。”（《朱子语类》卷第七十三）

举例来说，妇女怀孕，腹向前凸，不会背向后鼓，背是止而不变的。“身”字象身孕形，背不能显示身孕，所以说“艮其背，不获其身”。这可以说是“如背之止”。

也可以从人的活动受限来理解“艮其背”。王弼解释“艮其背”说：“目无患也。”（《周易注》卷第五）也就是说，对于背后而言，不论眼睛是否有毛病，都看不见，所以也就谈不上眼睛有毛病。这可以说是“止之于背”。

由于人的主要活动都在前面，所以，人世间的各种问题也大多由“面对”而起。如果能“背对”，那么很多问题将因此而“止”。比如，庭是人相聚之所，如果人都相向而行，那么就会有很多事儿，问候、拥抱、碰撞、敌视、比量、争斗等等。如果是相背而行，那么彼此不相见，就没有那么多事儿。《马王堆汉墓帛书·二三子问》中讲“多事多患”，事儿越多，产生灾祸和过失的可能也越大。没有那么多事儿，也就没有那么多咎，所以说“行其庭不见其人，无咎”。陈梦雷说：“凡言无咎者，本皆可致咎，善处之，故咎可无也。”（《周易浅述》卷一）“行其庭不见其人”是一种形象的说法，更进一步的意思是形成心上的“背对”，这样能够止息很多事儿。这也是“艮其背”，可以说是“背而止之”。

[3] 初六居卦最下，象脚。行由迈脚开始，“艮其趾”即止于行之始。当止之时，止于初始，可以省却很多事儿，也避免了很多过失，所以说“无咎”。止于行之始，重在坚持，所以又戒之以“利永贞”。

[4] 腓：腿肚子。拯：有上举的意思。随：指初六，趾随腿举。艮之止并非全然止而不行，而是止于其所当止，行于其所当行。当止而行和当行而止都不是艮之止。六二居位中正，能知当止当行，但是六二阴柔，不能主宰行止。行止由九三主宰。九三重刚不中，

处止之时偏执于止，六二知当行却被九三限止，腿脚不能上举，所以“其心不快”。

[5] 限：腰部。列：即“裂”。夤：脊骨两旁的肉。熏：烤灼。九三居下卦之上，全卦之中，犹如腰部，本应灵活连接上下，却由于重刚不中，处止之时，僵硬不动，所以说“艮其限”。由此导致后背受伤，危及前心，所以说“列其夤，厉熏心”。

[6] 身：此指人体颈以下到腰以上的部分。九三为腰，六四为身。六四当位，处止之时，能当其止，所以“无咎”。

[7] 辅：面颊。“艮其辅”的意思是止口。止口不是全然不言，而是当言则言，不当言则不言。关键全在“当”。所谓“当”即与“时”合序，所以说“言有序”。《周易折中》引龚焕曰：“‘艮其辅’非不言也，言而有序，所以为艮也。”

[8] 敦：厚，笃实。上九以敦厚笃实成艮卦之终，艮卦止的意义在此充分实现，所以“吉”。

《彖》曰：

艮，止也。时止则止，时行则行，动静不失其时，其道光明。[1] 艮其止，止其所也。[2] 上下敌应，不相与也。[3] 是以不获其身，行其庭不见其人，无咎也。[4]

| 解读 |

[1]“时止则止，时行则行，动静不失其时”是讲“止”和“时”

的关系。艮之止不是全然止而不行，而是行止与时保持同步，即“时止则止,时行则行”。行止与时保持同步也就是“动静不失其时”。“不失其时”也就是止于时。朱熹说：“行止各有其时，故时止而止，止也；时行而行，亦止也。”（《本义》卷之二）“时止则止，时行则行，动静不失其时”具有应时的敞开和知时的明察,所以说“其道光明”。“光明”即大而明。《管子·白心》:“不可常居也，不可废舍也，随变断事也，知时以为度。”“常居”即止而不行，“废舍”即行而不止。既不可止而不行，也不可行而不止，或行或止要根据具体情况决定，这就必须“知时以为度”。

[2] 所：处所，位置，地位。“艮其止，止其所”意即艮之止不是随意地止，而是止于其所。程颐说：“万物庶事莫不各有其所，得其所则安，失其所则悖。”（《程传》卷第四）

[3] 敌应：不相应，排斥。与：结交。艮卦六爻皆无应，上下排斥，所以说“上下敌应，不相与也”。按说八经卦都是六爻无应,《彖》之所以在艮卦这儿讲，为的是要强调“止”，同时也兼以说明其他经卦的“敌应”。孔颖达说：“八纯之卦皆六爻不应，何独于此言之者?谓此卦既止而不交,爻又峙而不应,与‘止’义相协,故兼此以明之也。”（《正义》卷第五）

[4] 由于止于时、止于其所、敌应不与，所以“不获其身”“行其庭不见其人”，所以“无咎也”。

《象》曰：

兼山，艮。[1] 君子以思不出其位。[2]

艮其趾，未失正也。[3]

不拯其随，未退听也。[4]

艮其限，危熏心也。[5]
艮其身，止诸躬也。[6]
艮其辅，以中正也。[7]
敦艮之吉，以厚终也。[8]

|解读|

[1] 兼：同时具有。艮为山，上下卦皆山，所以说“兼山”。《大象》对乾、坤二卦之外的其他六个由经卦自身重叠的卦都用一个词来表明重叠。坎卦是“水洊至”，离卦是“明两作”，震卦是“洊雷”，艮卦是“兼山”，巽卦是“随风”，兑卦是“丽泽”。水、火、雷、风都可以有时间先后的接续，而山和泽只是空间的并存，所以说“兼山”“丽泽”。但是，“丽泽”是空间的连接，两泽仍有往来。“兼山”则是两山对峙并存，各止其所，体现出艮“止”的意义。《周易折中》引董氏曰：“两雷两风两火两水两泽皆有相往来之理，惟两山并立，不相往来，此止之象也。”

[2] 思：想望，愿望，企求。君子观艮卦之象，心中所想望企求的皆“不出其位”，即止于其位。《中庸》说：“君子素其位而行，不愿乎其外。”《释名》:“物不加饰皆目谓之素。”“素其位”即位不加饰。“不愿乎其外”即“思不出其位”。也可以把“思不出其位”理解为，心中所考虑的就是“不出其位”。程颐说：“位者，所处之分也。万事各有其所，得其所则止而安。”(《程传》卷第四)

[3] 初六不当位，虽然居位不正，但是，当止之时，止于初始的道理和做法是对的，所以说“未失正”。

[4]“不拯其随”是“不拯其随，其心不快”的省文。由于九三

不接受六二的主张，所以六二被限止不行，因而“其心不快”。

[5] 由于腰部僵硬，致使其心受害。

[6] 躬：背。徐锴《说文解字系传》:“躬，背吕也。”“吕”即“膂”，脊骨。《周易折中》引王应麟曰：“伛背为躬，见背而不见面。”《象》以“躬”解“身”，则“艮其身”即卦辞所言“艮其背”。

[7] 六五居中位，但不当位，说“中正”是连类而及。朱熹说“正”字羡文。《周易折中》引余本曰：“言不妄发，发必当理，惟有中德者能之。”

[8] 以厚终：以敦厚笃实实现止的意义。震卦之吉在始，艮卦之吉在终。

渐

䷴（艮下巽上）

渐：[1] 女归吉，利贞。[2]

初六：鸿渐于干。[3] 小子厉，有言，无咎。[4]

六二：鸿渐于磐。[5] 饮食衎衎，吉。[6]

九三：鸿渐于陆。[7] 夫征不复，妇孕不育，凶。利御寇。[8]

六四：鸿渐于木。或得其桷，无咎。[9]

九五：鸿渐于陵。[10] 妇三岁不孕，终莫之胜，吉。[11]

上九：鸿渐于陆。[12] 其羽可用为仪，吉。[13]

| 解读 |

[1] 渐：缓进，顺序而进。

[2] 归：女子出嫁。古代社会男女不平等，认为女子要以夫为家，女子出嫁是回家，所以说“归”。女子出嫁要按着纳采、问名、纳吉、纳征、请期、亲迎礼仪顺序进行，体现了渐卦的意思，所以说“女归吉，

利贞”。程颐说：“天下之事，进必以渐者，莫如女归。”（《程传》卷第四）

[3] 鸿：大型雁类，鸿雁。程颐说：“渐诸爻皆取鸿象。鸿之为物，至有时而群有序，不失其时序，乃为渐也。”（《程传》卷第四）干：河岸，水边。水边是适宜鸿雁栖息之处，但是鸿雁要按时高飞远走，所以起飞离去，“鸿渐于干”指鸿雁在水边逐渐起飞。初六处最下而始进，有“鸿渐于干”之象。渐卦爻辞中说的“鸿渐于X”中的“X”都是形象地表示高度的说法。

[4] 小子：小孩。小孩要随着成长的时间进入社会，犹如鸿雁逐渐起飞。小孩进入社会，可能会面临危险，所以戒之以“厉”。小孩在进入社会的成长过程中，难免会有过失，所以说“有言”。言：借为“愆”，过失。对小孩成长过程中的过失不必过于担忧，只要志存高远，在今后的成长过程中定能纠正过失，所以说“无咎”。当然，这并不是说就不需要努力避免过失。

[5] 磐：大石头。在此指水边较高的石岸。相比初六，六二已经起飞得比较高了，所以说“鸿渐于磐”。

[6] 衎（kàn）衎：和乐。由初六渐进至六二，当位居中，是非常好的处境，所以说“饮食衎衎，吉”。

[7] 陆：此指高而平顶的大土丘。九三居艮体之上，所以说“鸿渐于陆”。

[8] 夫：指九三。妇：指六二。九三与六二乘承关系为顺，虽然六二与九五有应，但是处渐之时讲顺序而进，比重于应。九三居位重刚不中，易于躁动，处渐之时，急于一味上进，导致六二所怀的渐进成果流产，所以说“夫征不复，妇孕不育，凶”。但是，九三当位刚健，能抵御外部有害事物的侵害，所以说“利御寇”。

[9] 木：在此指山林。六四进入上卦巽，所以说“鸿渐于木”。

这还是一种形象地表示高度的说法，不必泥于实证。桷（jué）：方形的椽子。“或得其桷”即其或得桷。房屋的椽子低于山林，“或得其桷”是说鸿在飞行的时候，有时会飞得比之前的高度低。这类似于乾卦九四讲的“或跃在渊”。六四当位，且入巽体，能够顺势而行，所以“无咎”。

[10] 陵：比陆高大的土山。《诗·小雅·天保》“如山如阜，如冈如陵”，毛传：“高平曰陆，大陆曰阜，大阜曰陵。”

[11] 妇：指六四。三年：较长时间。九五阳爻阳位，有刚健上进之力，同时，九五又居中位，所以就不会像九三那样一味地往而不复，而是能够恰当地操持往复之中。“妇三岁不孕”意味着往而相离，“终莫之胜”则包含着复而相合的内容。没有比这样的状态更好的情况，所以说“终莫之胜，吉”。

[12] 还是讲的高度问题。九三的“鸿渐于陆”是由低向高飞，上九的“鸿渐于陆”是由高向低飞。九三之“陆”其上还有“木”“陵”，上九之“陆”其下还有“磐”“干”，都不是停止于“陆”。上九居卦之极，对于鸿雁来说，已飞至最高，继续顺序而进，只能是向下而飞，所以说“鸿渐于陆”。

[13] 仪：仪表。羽毛是鸿雁的仪表。“其羽可用为仪”的意思是说，上九“鸿渐于陆”中的鸿雁知进知退、不累于位，其清明高远的风度值得世人效法。

《彖》曰：

渐之进也，[1] 女归吉也。进得位，往有功也。[2] 进以正，可以正邦也。[3] 其位刚得中也。[4] 止而巽，动不穷也。[5]

| 解读 |

[1] 渐之进也：王弼注为“之于进也”。朱熹认为“之”字衍，或者是“渐”字。如果“之”字衍，那么就成了“渐，进也”，体现不出“渐”的意思，所以“之”应该是“渐”，即“渐，渐进也”。

[2] 由初六渐进至六二而得正位，所以说“进得位”。“往”是由下而上，在此与“进”的意思一致。

[3] 由六二渐进至九三、六四，直至九五，都是正位，所以说“进以正”。程颐说：“以正道而进，可以正邦国，至于天下也。凡进于事、进于德、进于位，莫不皆当以正也。”（《程传》卷第四）

[4] 九五以刚居上卦中位，所以说“刚得中”。

[5] 艮为止，止有留、迟的意思。“止而巽”即徐缓循序而行。这样才能持续行进，所以说“动不穷也”。

《象》曰：

山上有木，渐。[1] 君子以居贤德善俗。[2]

小子之厉，义无咎也。[3]

饮食衎衎，不素饱也。[4]

夫征不复，离群丑也。妇孕不育，失其道也。[5] 利用御寇，顺相保也。[6]

或得其桷，顺以巽也。[7]

终莫之胜吉，得所愿也。[8]

其羽可用为仪吉，不可乱也。[9]

解读

[1] 艮为山，巽为木，艮下巽上，所以说“山上有木”。山上之木都缓慢地循序渐长，所以说“渐”。

[2] 居：积蓄。“居贤德善俗”即居贤德、居善俗，前者就个人修养讲，后者就社会治理讲。个人修养和社会治理都像山上之木那样，循序渐进地进行。或者可以把“贤德”理解为具有贤德之人，把“善俗”理解为具有善俗之地，这样，“居贤德善俗”便与“君子居必择乡，游必就士”（《荀子·劝学》）的意思相近。

[3] 义：宜。“义无咎”即义则无咎。如果能恰当地对待小孩所面临的危险，那么危险便不会造成危害。

[4] 素：空。“素饱”即除了吃饱，什么事儿也没有了。“饮食衎衎”不是因为吃饱了而和乐，而是因为吃饱后能飞得更高远而和乐，所以说“不素饱也”。

[5] 丑：类。孔颖达说：“丑，类也。言三与初、二虽有阴阳之殊，同体艮卦，故谓之‘群丑’也。”（《正义》卷第五）九三躁动急进，失去从初六至六二所形成的渐进成果，所以说“离群丑也”。由于九三失渐进之道，导致渐进成果流产，所以说“失其道也”。

[6] 九三御寇，以六二、初六为后盾，所以说“顺相保也”。朱熹说：“‘顺相保也’，言须是上下同心协力相保聚，方足以御寇。”（《朱子语类》卷第七十三）

[7] “顺以巽”即顺势而行，因势制宜。

[8] “得所愿”即实现了其往复得中的志愿。

[9] “不可乱”指其心志不可乱。来知德说：“不可乱者，富贵利达不足以乱其心也。若富贵利达乱其心，惟知其进不知其退，惟知其高不知其下，安得可用为仪？今知进又知退，知高又知下，所以可以为人之仪则。”（《周易集注》卷十一）

归 妹

䷵（兑下震上）

归妹：征凶，无攸利。[1]

初九：归妹以娣，[2] 跛能履，征吉。[3]

九二：眇能视，利幽人之贞。[4]

六三：归妹以须，反归以娣。[5]

九四：归妹愆期，迟归有时。[6]

六五：帝乙归妹，[7] 其君之袂，不如其娣之袂良。[8] 月几望，吉。[9]

上六：女承筐，无实。士刲羊，无血。无攸利。[10]

| 解读 |

[1] 归：女子出嫁。妹：少女。“归妹”即嫁出少女。渐卦卦辞讲“女归”，在此讲“归妹”而不讲“妹归”，区别在于，渐卦之“女归”是男方娶女子“归”家，按着纳采、问名、纳吉、纳征、请期、亲迎的程序进行；“归妹”是女方送女子“归”夫家，没有男方礼聘的程序。所以，渐卦讲“女归吉，利贞”，女归卦讲“征凶，无攸利”。

“征”指女方主动而行。

古代社会男女不平等，有些身份低的少女会被作为陪嫁而到男方，归妹卦中讲到这样的现象。

[2] 娣：古代有姐妹共嫁一个丈夫的，长为姒，幼为娣。《尔雅·释亲》：“女子同出，谓先生为姒，后生为娣。”郭璞注：“同出，谓俱嫁事一夫。”

[3] 跛：废一足。“跛能履”已见于履卦六三爻辞。在履卦六三，其意为跛而履，则履未能正；在归妹初九，其意为虽未能正，却仍有履的功能。用于讲“归妹以娣”，意思是娣虽非正妻，却也有繁衍生育的作用。初九居卦最下，在归妹之时，有娣之象；初九当位，虽然非正妻，但是，是从嫁而不失礼，所以说“跛能履，征吉”。失礼则“征凶”。

[4] 眇：盲一目。“眇能视”也见于履卦六三爻辞。在履卦六三，其意为眇而视，则视未能正；在归妹九二，其意为虽未能正，却仍然有视的功能。九二是接着初九讲“归妹以娣”的事，所以没有重复“归妹以娣”一句。幽人：幽隐之人。九二居位刚中，在归妹之时，不因为悦两情之感动而失处幽侧之分位，如此则利于实现其辅助繁育的功能，所以说“利幽人之贞”。

[5] 须：等待。在此指等待在家中的女子。《经典释文·周易音义》引荀爽、陆绩，“须”作“嬬”。马王堆汉墓帛书《周易》也作“嬬”。《集韵·虞韵》：“嬬，妇人弱也。”也许由于该女子身体过弱，一直未能嫁出而等待于家中。现在作为娣而从嫁到男方。由于身体过弱不利于生育，所以被男方退回去，女方又把另外的少女从嫁过去。六三居位不正而且无应，在归妹之时，有被排斥之象。

[6] 愆期：错过了时间。迟（zhì）：等待。与六三一样，九四也是居位不正而且无应，所以，六三是“须”，九四是“迟”，都是在

家中等待。但是九四又与六三有区别，六三是以柔居刚而过乎中，九四是以刚居柔而不及中；虽然都无应，但是九四是没有等到心目中人而错过了时间，六三则是没有人娶。所以，六三以不正当的手段蒙混而被退回，九四虽然错过了时间，但还是有机会的，所以说“迟归有时”。

[7]“帝乙归妹”已见于泰卦六五爻辞，指帝王之女下嫁臣下，要降其尊贵。六五与九二有应，有降尊屈贵之象。李光地说：“女不待夫家之求而自归，非正也，卦之所以凶也。然唯天子之女，则必求于夫家而自归焉。是归妹之义，在他人则为越礼犯义而凶，在天子则为降尊屈贵而吉矣。”（《周易折中》卷七）

[8]君：正妻。袂：衣袖。在此用作动词。王弼说：“袂，衣袖，所以为礼容也。”（《周易注》卷第五）即袂在此指通过摆动衣袖来表现仪态举止。正妻以身份尊贵行事，娣则较多关注容止，所以可能会比正妻表现得好。

[9]月几望：月光将近满盈。六五身份尊贵，但是无论怎样尊贵，都只能是将近于满盈，不能满盈而亢，这样才能“吉”。

[10]刲（kuī）：刺。古代贵族婚礼，要到宗庙献祭，女子捧筐盛果品献神，男子以刀刺羊，取血以祭神。筐无实，羊无血，都是不祥之兆。这其中暗示的是男女交合不顺利。在古代社会，男女交合的主要目的是繁衍生育，交合不顺利意味着不能繁衍生育，所以说“无攸利”。

《彖》曰：

归妹，天地之大义也。[1]天地不交而万物不兴。[2]归妹，人之终始也。[3]说以动，所归妹也。[4]

征凶，位不当也。无攸利，柔乘刚也。[5]

解读

[1]《系辞下》说："天地絪缊，万物化醇；男女构精，万物化生。"没有天地、阴阳、男女的交感，就没有万事万物的产生，也就没有生生死死的变易，所以说"生生之谓易"(《系辞上》)。"归妹"的实质还是要形成"男女构精",所以,《彖》先从"天地之大义"来讲"归妹"的意义。

[2]《彖·泰》讲"天地交而万物通也",《彖·咸》则讲"天地感而万物化生";《彖·否》讲"天地不交而万物不通也",《彖·归妹》则讲"天地不交而万物不兴"。"泰""否"从"通"讲,"咸""归妹"从"生"讲，都是强调交感的重要性。

[3]"终"指生命之终，"始"指生命之始。就个体讲，生命是一个"始—终"的过程；就群体讲，生命是新老生命的不断交替接续，这是一个"大生命"，所以不说"始终"，而说"终始"。新老生命的交替接续，要不断地有新生命产生，产生新生命离不开男女交感，所以说"归妹，人之终始也"。

[4]兑为说（悦），震为动，所以说"说以动"。也就是说，"归妹"是男女相悦而动的交感。在古代社会，男女交感的主要目的是繁衍生育，相悦而动的交感不被持正统观点者认可。并且，男女相合要符合礼制，"说以动"不符合礼制，只有"归妹"才会这样，所以说"所归妹也"。《彖·归妹》的前面几句，从男女交感繁衍生育的角度讲"归妹",对"归妹"现象有所肯定。这一句及后面几句,从轻情(欲)重礼的角度讲"归妹"，对"归妹"现象持否定态度。这反映了产生

《周易》的那个时代的婚姻制度中，礼的分量越来越重的情况。

[5] 当时的礼的内容主要是对亲疏、尊卑、贵贱的规定。“归妹”不符合礼制，从卦来看，二、三、四、五爻皆不当位，三和二、五和四都是柔乘刚，是逆，所以说“征凶”，“无攸利”。

《象》曰：

泽上有雷，归妹。[1] 君子以永终知敝。[2]

归妹以娣，以恒也。跛能履吉，相承也。[3]

利幽人之贞，未变常也。[4]

归妹以须，未当也。[5]

愆期之志，有待而行也。[6]

帝乙归妹，不如其娣之袂良也。其位在中，以贵行也。[7]

上六无实，承虚筐也。[8]

| 解读 |

[1] 兑为泽，震为雷，兑下震上，所以说“泽上有雷”。“归妹”之象即雷震于上而泽升于下，泽中之水因降雨而更替接续。

[2] 永终：长久。敝：败，坏。“永终知敝”即知道事物皆有败坏之时，所以要在不断的更替接续中才能保持长久。程颐说：“君子观男女配合，生息相续之象，而以永其终，知有敝也。永终谓生息嗣续，永久其传也。知敝谓知物有敝坏，而为相继之道也。”（《程传》卷第四）

[3] 恒（gèng）：通“亘”。连续。承：接续。恒、承都是从繁衍生育的角度讲。男子的生殖机能大致连续，女子的生殖机能具有周期的阶段性，“归妹以娣”就是要通过不同女子的接续形成类似于连续的生殖机能，所以说“恒”说“承”。《周易折中》引俞琰曰：“相承者，佐其嫡以相与奉承其夫也。”

[4]“未变常”即没有改变归妹姒娣顺序的伦常。

[5] 未当：六三的做法不正当。

[6]“愆期之志，有待而行”是说哪怕错过佳期，也要等待心目中人才出嫁。“愆期”是九四自主的。孔颖达说：“嫁宜及时。今乃过期而迟归者，此嫁者之志，正欲有所待而后乃行也。”（《正义》卷第五）

[7] 六五居上卦中位，以身份尊贵行事，不需要通过表现仪态举止来提高地位。

[8]“承虚筐”暗示没有或者不能怀孕。

丰

䷶（离下震上）

丰：亨。[1] 王假之，勿忧，宜日中。[2]

初九：遇其配主，虽旬无咎，往有尚。[3]

六二：丰其蔀，日中见斗。[4] 往得疑疾，有孚发若，吉。[5]

九三：丰其沛，日中见沫。[6] 折其右肱，无咎。[7]

九四：丰其蔀，日中见斗。遇其夷主，吉。[8]

六五：来章，有庆誉，吉。[9]

上六：丰其屋，蔀其家，窥其户，阒其无人。[10] 三岁不觌，凶。[11]

解读

[1] 丰：《彖》和《序卦》皆训“丰”为“大”。“大”在此首先用作动词，如扩大、增大、壮大等，所以说“亨”。扩大、增大、壮大至其极，则成为形容词之“大”，如盛大、宏大、博大等。把这两方面结合起来，才是“丰”之为“大”的意思。

[2] 假（gé）：通“格”。至，到。“王假之”即王能通过扩大、增大、壮大等，使事业达到盛大、宏大、博大的境界。所谓“宜日中”，即以日中为宜。随着“王假之”的进展，终能达到“日中”之“宜”，所以说“勿忧”。

[3] 配主：指九四。旬（jūn）：通“均”。初九与九四同位，虽然二者匹敌而无应，但在丰卦初九发展壮大之时，还是可以得到九四的配合，所以说“遇其配主，虽旬无咎，往有尚”。

[4] 蔀（bù）：覆盖于棚架上以遮蔽阳光的草席。李鼎祚《集解》引虞翻曰：“日蔽云中称蔀。”斗：斗星。在此指比较明亮的星。“丰其蔀，日中见斗”指在日中时刻斗星现出来了，这是因为有硕大的席子把日光给遮住了。六二居离卦之中，处日中盛明之时却有斗星出现，说明日光被遮蔽得比较严重，天空变黑暗。

[5] 往：从下而上。疾：嫉。“疑疾”指猜度嫉恨。六二与六五同位而无应，处被遮蔽之时，不仅得不到六五的应援，还被六五猜度嫉恨，所以说“往得疑疾”。但是六二居位中正，并且居离卦中位，虽然处境艰困，仍然一如既往地发出自己的光明，所以说“有孚发若”。孚：信。若：语助词。

[6] 沛：通“旆”。《经典释文·周易音义》：“沛，本或作旆，谓幡幔也。”沬（mèi）：通“昧”。光微弱不明。《经典释文·周易音义》引《字林》云：“斗勺后星。”“丰其沛，日中见沬”指在日中时刻斗勺后面的小星星现出来了，这是因为有硕大的幡幔把日光给遮住了。丰卦六二、九三、九四爻辞都讲到日中之时日光被遮蔽，而以九三之时最严重，所以六二、九四讲“见斗”，九三讲“见沬”。九三当位，但是由于与上六有应，有志乎阴而悦于被遮蔽之象，所以其黑暗更甚。

[7] 折其右肱：右臂折断了。右臂从事主要活动，右臂折断意味着不能做重要的事儿，也就不能被重用了。不被重用做事也就避免

产生过失，所以说“无咎”。

[8] 夷：通“侪”。同类。“夷主”指初九。九四不当位，而且逆承六五，有“丰其蔀”之象。九四和六二都是“丰其蔀，日中见斗”的处境，都是“吉”。六二之吉是由于自身居位中正且有发光之实，九四之吉是由于得到初九配合而明动相济。

[9] 来：从上而下。六五阴爻，自身柔暗，但是居上卦震卦中位，如果能动得其中，下与六二之明及初、三、四诸阳汇合，则得以彰明显著，所以说“来章”，即来而章。程颐说：“章美之才，主二而言。然初与三、四皆阳刚之才，五能用贤，则汇征矣。”（《程传》卷第四）朱骏声说：“来章者，以群贤之明，助一人之明，故明照天下也。”（《六十四卦经解》卷七）誉：通“豫”。“庆誉”指欢庆喜悦。

[10] 丰其屋：把屋子建大。蔀其家：把屋子遮蔽。阒（qù）：空，寂静。上六以阴居丰之终、动之极，所处高暗，所动昏冥，所以有“丰其屋，蔀其家”之象。如果说丰蔀、丰沛是遮蔽日光，那么“丰其屋，蔀其家”则是遮蔽人，即用一个硕大的黑屋子，把自己藏起来，与他人隔离。从大屋子的门往里看，空旷寂静，所以说“窥其户，阒其无人”。

[11] 三岁：长时间。觌（dí）：见，显现。在丰之时，长期不露面，自然不会丰大，对于丰大之时来说，自然也就是“凶”了。

《周易折中》引熊良辅曰：“丰六爻以不应为善。初、四皆阳，初曰‘遇其配主’，四曰‘遇其夷主’。二、五皆阴，二曰‘有孚发若，吉’，五曰‘来章，有庆誉，吉’。三与上为正应，三不免于折肱，而上则甚凶。当丰大之时，以同德相辅为善，不取阴阳之应也。”

《彖》曰：

丰，大也。明以动，故丰。[1] 王假之，尚大也。

勿忧，宜日中，宜照天下也。[2] 日中则昃，月盈则食，天地盈虚，与时消息，而况于人乎？况于鬼神乎？[3]

解读

[1] 离为明，震为动，所以说“明以动”，即由明而动。“明以动”才能由扩大、增大、壮大而盛大、宏大、博大，所以说“故丰”。朱熹说：“徒明不行，则明无所用，空明而已；徒行不明，则行无所向，冥行而已。”（《朱子语类》卷第七十三）

[2] 尚：尊崇。尊崇大，所以扩大、增大、壮大而盛大、宏大、博大，达到“日中”之“宜”。这不用担忧。“日中”如果无遮蔽则自然“照天下”。“照天下”意味着普照，意味着广大。

[3] 昃：日西斜。食：亏缺。消：减少。息：增长。“勿忧”是就尚未达到但是能够达到“日中”讲，不是就已经至于“日中”讲。按照事物变化的一般规律，事物发展至极就会走向反面，比如，“日中则昃，月盈则食”。天地盈虚的变化是“与时消息”，这是人乃至“鬼神”无法改变的，所以，人乃至“鬼神”也要“与时消息”。

对于人来说，很多事情的转折变化是不能控制的，所以“与时消息”只能是顺应事物的变化。而有些事情的转折变化则是可以控制的，比如社会治理中由治到乱的转折，就可以通过控制而避免。对于可以控制转折变化的事情来说，避免至极而反的最好的办法就是避免处于盛极。所做事情的发展壮大可以说是积“极”，但是一味地积“极”，则有盛极而反的危险，所以要能消“极”，形成一定限度的积“极”与消“极”的动态平衡。这也是一种“与时消息”。

《荀子·宥坐》载，孔子观于鲁桓公之庙，有欹器焉。孔子问于守庙者曰："此为何器？"守庙者曰："此盖为宥坐之器。"孔子曰："吾闻宥坐之器者，虚则欹，中则正，满则覆。"孔子顾谓弟子曰："注水焉！"弟子挹水而注之，中而正，满而覆，虚而欹。孔子喟然而叹曰："吁！恶有满而不覆者哉！"假如我们设想在欹器下做一个出水孔，当注水至"中而正"时，保持注水量与出水量相等，那么，欹器就不会"虚而欹""满而覆"。

所以，"王假之"的"丰"应该是"与时消息"的"中而正"，而不是满覆虚欹的循环。这就是"明以动"，这样的"丰"才"亨"。

《象》曰：

雷电皆至，丰。[1] 君子以折狱致刑。[2]

虽旬无咎，过旬灾也。[3]

有孚发若，信以发志也。[4]

丰其沛，不可大事也。折其右肱，终不可用也。[5]

丰其蔀，位不当也。日中见斗，幽不明也。遇其夷主，吉行也。[6]

六五之吉，有庆也。

丰其屋，天际翔也。窥其户，阒其无人，自藏也。[7]

解读

[1] 震为雷，离为电，雷威而电明，二者一起到来，其势更盛，所以为“丰”。

[2] 折狱：审判案件。致刑：定刑。噬嗑卦是震下离上，《象》说“先王以明罚敕法”。朱熹说：“噬嗑明在上，动在下，是明得事理，先立这法在此，未见犯底人，留待异时而用，故云‘明罚敕法’。丰威在上，明在下，是用这法时，须是明见下情曲折方得，不然，威动于上，必有过错也，故云‘折狱致刑’。”（《朱子语类》卷第七十）

[3] 初九与九四的配合，要在双方平衡的情况下才能配合得好，但是，也不能过分地强调平衡。所以说“虽旬无咎，过旬灾也”。

[4] 六二居位中正，并且居离卦中位，不管处境如何艰困，都实实在在地实现自己的发光之志，所以说“有孚发若，信以发志也”。如果说处境艰困，自己就不发光了，那就不是“有孚发若”。孔颖达说：“信以发志，虽处幽暗而不为邪，是有信以发其丰大之志，故得吉也。”（《正义》卷第六）

[5]“丰其沛”因黑暗不可做重要的事，“折其右肱”因右肱不可用不能做重要的事，二者结果一样，原因不同。前者是环境不好，后者是能力不行。

[6]“位不当”即不当位。“幽不明”指逆承六五。陈梦雷说：“不中不正，不当也。比阴居阴，不明也。”（《周易浅述》卷六）

[7] 天际翔：形容屋子大到视野的极限，以至于在其中盘旋，就像是飞到天边。“自藏”是说上六自设障蔽。爻辞就丰大讲“凶”，《象》则不言“凶”，二者视角有别。朱骏声说：“天际翔者，贤人飞遁之象。自藏者，贤人蠖伏之象。”（《六十四卦经解》卷七）

旅

䷷（艮下离上）

旅：小亨，旅贞吉。[1]

初六：旅琐琐，斯其所取灾。[2]

六二：旅即次，怀其资，得童仆贞。[3]

九三：旅焚其次，丧其童仆，贞厉。[4]

九四：旅于处，得其资斧，我心不快。[5]

六五：射雉一矢亡，终以誉命。[6]

上九：鸟焚其巢，旅人先笑后号咷。[7]丧牛于易，凶。[8]

| 解读 |

[1] 旅：寄居在外。旅卦艮下离上，艮止于下，离附于上，有寄居在外之象，所以名“旅”。孔颖达说：“失其本居而寄他方，谓之为旅。”（《正义》卷第六）凡是“失其本居而寄他方”的事都可以谓之旅。《杂卦》说：“亲寡，旅也。”凡是“亲寡”的事都可以谓之旅。寄居他方会有孤独感，但总还有寄居处，所以说“小亨”。寄居在外

在很多方面不同于居家在内，但是无论居内居外，都要得其正而居，不可因为寄居在外而失正，所以说“旅贞吉”。

[2] 琐琐：举止猥琐，精神疲敝的样子。旅而在外，困难多有，更需要自尊自强以应对。初六以柔弱居最下，处旅之时，精神举止难以有自尊自强的状态，这样必然会招致祸患，所以说“旅琐琐，斯其所取灾”。

[3] 即：至。次：暂居之地。“即次”指就住旅次。资：货财。得童仆贞：在得童仆的事儿上没出差错。六二居位中正，处旅之时，能恰当地应对各种事情，不出过错。程颐说：“次舍，旅所安也；财货，旅所资也；童仆，旅所赖也。得就次舍，怀畜其资财，又得童仆之贞良，旅之善也……旅寓之际，得免于灾祸，则已善矣。”（《程传》卷第四）

[4] 六二、九三都当位，处旅之时，有“次”之象，即能有住处。但是，六二以柔顺得中，所以说“即次”，“得童仆贞”。九三重刚过中，虽然当位，仍然会有“旅焚其次，丧其童仆”的危险，所以说“贞厉”。

[5] 处（chǔ）：止歇，在此指歇脚地。资斧：财货钱币。九四不当位，处旅之时，难以得到寄居之所，只有歇脚之地。虽然行旅得到资助，但是心中并不松快。

[6] 射雉一矢亡：射野鸡没有射中，还费了一支箭。誉：美名。命：被任用。六五居上卦中位，从与上下爻的关系看，以柔处于上下二刚之间。由于处位逆乘九四，所以会有射雉亡矢之失，但是六五居上卦离之中，有文明之德，知上下之序，所以不安于逆乘九四，而顺承上九，终能以美誉而被任用。王弼说：“射雉以一矢，而复亡之，明虽有雉，终不可得矣。……以其能知祸福之萌，不安其处以乘下，而上承于上，故终能以誉而见命也。”（《周易注》卷第六）

[7] 上九居旅卦之上，处离之极，居处高危，有如鸟巢。自以为得上位而欢笑，谁知居火上而焚巢，所以说“先笑后号咷”。程颐说：“在旅之时，谦降柔和，乃可自保，而过刚自高，失其所宜安矣。……阳刚自处于至高，始快其意，故先笑；既而失安莫与，故号咷。”（《程传》卷第四）

[8] 牛：指六五所具有的柔顺之性。易：改易。处旅之时，上九由六五阴爻变成阳爻，丧失了六五所具有的柔顺之性，所以说“丧牛于易”。处旅之时，宜柔顺不宜刚躁，上九以阳刚处旅之极，有高亢躁动之象，所以为“凶”。

《彖》曰：

旅，小亨，柔得中乎外而顺乎刚，止而丽乎明，是以小亨，旅贞吉也。[1] 旅之时义大矣哉！[2]

解读

[1]“柔得中乎外”指六五以柔居外卦之中。“顺乎刚”指六五虽逆乘九四却又顺承上九，处二刚爻之间而不为乖逆。王弼说：“夫阳为物长，而阴皆顺阳。唯六五乘刚，而复得中乎外，以承于上，阴各顺阳，不为乖逆。”（《周易注》卷第六）这一句重在“柔得中”。“止而丽乎明”指艮止于下，离明附于上。这一句重在“丽乎明”。处旅之时，“柔得中”则不亢不卑，“丽乎明”则知险知夷，这样才能维持寄居平安，所以说“是以小亨，旅贞吉也”。

[2] 时：具体境遇。义：宜。大：重要。旅是寄居在外，比居家在内具有更多的不确定性，更需要根据具体境遇来安排，即因 X 制宜，

所以说“旅之时义大矣哉”。程颐说：“天下之事，当随时各适其宜，而旅为难处，故称其时义之大。”（《程传》卷第四）

《象》曰：

山上有火，旅。[1] 君子以明慎用刑而不留狱。[2]

旅琐琐，志穷灾也。[3]

得童仆贞，终无尤也。[4]

旅焚其次，亦以伤矣。以旅与下，其义丧也。[5]

旅于处，未得位也。[6] 得其资斧，心未快也。

终以誉命，上逮也。[7]

以旅在上，其义焚也。丧牛于易，终莫之闻也。[8]

｜解读｜

[1] 艮为山，离为火，艮下离上，所以说“山上有火”。山上之火是暂时一过，所以说“旅”。

[2] 用刑：治理刑狱。“明”取离之象，明察如火。“慎”取艮之象，慎重如山。“不留狱”之说取“旅”之意。

[3] 志穷：意志薄弱。

[4] 尤：过错。王弼说：“旅不可以处盛，故其美尽于童仆之正也。”（《周易注》卷第六）

[5] 相对于“丧其童仆”，“旅焚其次”的危害还不是最严重的，所以说“亦以伤矣”。“丧其童仆”是由于视童仆为旅人，即“以旅与下”，

所以“其义丧也”。义：宜。

[6]“未得位”即不当位。

[7]逮：连及。“上逮”即六五承及于上九。

[8]义：宜。上九刚躁而居全卦最上、离之极，自然被焚。闻：知。“终莫之闻”即终不自知。

巽

䷸（巽下巽上）

巽：小亨，利有攸往，利见大人。[1]

初六：进退，利武人之贞。[2]

九二：巽在床下，用史巫纷若，吉，无咎。[3]

九三：频巽，吝。[4]

六四：悔亡，[5] 田获三品。[6]

九五：贞吉，悔亡，无不利。[7] 无初有终。[8] 先庚三日，后庚三日，吉。[9]

上九：巽在床下，丧其资斧，贞凶。[10]

| 解读 |

[1] 巽是八经卦之一，其象有风，其义有入。《序卦》说："巽者，入也。"作为六画卦，巽主要是讲入，如风之入。如风之入则通，所以"亨"。但是这种"亨"不是风行而无物阻之，而是风行而无所不入，即在曲折迂回中穿过各种大小空隙，所以说"小亨"。能穿过各种大小空隙，所以说"利有攸往"。而要在曲折迂回中不断穿行，无

所不入，又并非易事，只有德才优异者才能做到，所以说“利见大人”。“见”在此读为 xiàn。《系辞下》说：“巽以行权。”孔子说：“可与共学，未可与适道；可与适道，未可与立；可与立，未可与权。”（《论语·子罕》）只有德才优异者才能学而适道、而立、而权。

[2] 进为入，退为出。初六以柔居巽之初，处事迟疑，对是否进入犹豫不决，所以说“进退”，表示犹豫迟疑。武人：刚武之人。武人性情刚急，犹豫迟疑或可补救其刚急之失，使其得正，所以说“利武人之贞”。同样，也可以说是以武人之刚急补救犹豫之失。

[3] 古时候，尊者坐于床上，卑者拜于床下。九二相对于九五，有“巽在床下”之象。但是九二以刚居中位，既谦顺又能坚持自己的主张。像史巫祝告神明那样反复地陈说自己的主张，使之被接受，所以说“用史巫纷若，吉，无咎”。若：语助词。“纷若”指繁多的样子。

[4] 频：急。“频巽”即急于要深入到对象之中。九三重刚不中，急躁不逊，急于要深入到对象之中，因此难以柔顺而入，效果适得其反，所以说“吝”。

[5] 六四逆乘九三，所以有悔。但是六四当位，又顺承九五，所以“悔亡”。

[6] 田：打猎。品：种类，等级。“三品”即三等。六四当位柔顺，处巽之时，能行有所获。古代打猎以射中猎物的部位以及猎物死亡程度，把猎物的肉分为三个等级。最好的肉是被射中心脏或者死亡快的猎物的肉，被做成祭祀用的干肉，由于是放在豆中祭祀，所以叫作干豆。次一等的肉是被射中大腿或者死亡稍慢的猎物的肉，被用来招待客人，叫宾客。再次一等的肉是被射中肚肠或者死亡很慢的猎物的肉，放在厨房自己食用，叫充庖。“田获三品”即打猎收获颇丰，得到各种品级的猎物。在此比喻六四处巽之时，所为大有收获。

[7] 九五居位中正，处巽之时，能针对事情进展过程中出现的偏

失进行随时补救，使之复归于中正，所以说“贞吉，悔亡，无不利”。

[8]“无初有终”是说，九五不着意于事情的初始状况，而是注重纠正当下发生的偏失，得到复归于正的结果。“无初有终”不是一次性的，而是一个不断纠正偏失复归于正的过程。所以，“无初有终”的“终”不是终极状态，而是事情进展过程中的那个“正”。

[9] 不着意于事情的初始状态不等于说纠正偏失就完全不考虑前因后果。如果完全不考虑产生偏失、纠正偏失的前因后果，那就不可能真正地纠正偏失。所以在讲了“无初有终”之后，又说“先庚三日，后庚三日，吉”。中国古代用干支纪时。天干以甲为始，“先庚三日”为丁日，不及甲日，所以说“无初”。“后庚三日”为癸日，为天干之终，所以说“有终”。当然，这“终”不是终极状态的“终”。“三日”不是确指，而是指一段时期，不能拘泥于确指。

[10] 上九以刚居巽之极，居位过尊而走向反面，丧失其所拥有的东西，卑居床下，所以说“巽在床下，丧其资斧，贞凶”。“资斧”在此指其所拥有的东西，不限于财货钱币。

《彖》曰：

重巽以申命。[1] 刚巽乎中正而志行，柔皆顺乎刚，是以小亨，利有攸往，利见大人。[2]

| 解读 |

[1] 重巽：重叠两个单卦巽。申：重复，一再。命：教命，有关政教风化的告诫。“申命”即一再地进行有关政教风化的告诫。

[2] 刚：指九五、九二。巽：谦顺。九五居位中且正，九二居中位，

但不当位，说“中正”是连类而及。志行：以中正之德行中正之教。柔：指六四、初六。“顺乎刚”指六四顺承九五、初六顺承九二。刚顺中正而行，柔顺刚，则柔也顺乎中正。

《象》曰：

随风，巽。[1] 君子以申命行事。[2]

进退，志疑也。利武人之贞，志治也。[3]

纷若之吉，得中也。[4]

频巽之吝，志穷也。[5]

田获三品，有功也。[6]

九五之吉，位正中也。[7]

巽在床下，上穷也。丧其资斧，正乎凶也。[8]

解读

[1] 巽为风，上下皆巽，所以说“随风”，即风接续着风。

[2] “申命行事”即一再地宣扬教命，一再地践行教命。

[3] “志疑”即迟疑不决。“志治”即志之偏失得以救治。

[4] 由于九二居位“得中”，有中之德，所以，能陈说许多主张而“吉，无咎”。

[5] “志穷”即实在没有办法。

[6] “有功”即行有所获。

[7] “位正中”是从卦爻之位说得正中之位而有正中之德，有正中之德始有正中之事，正中之事则吉。

[8] “上穷”则反至床下。正：定。“正乎凶”即必定凶。

兑

䷹（兑下兑上）

兑：亨，利贞。[1]

初九：和兑，吉。[2]

九二：孚兑，吉，悔亡。[3]

六三：来兑，凶。[4]

九四：商兑未宁，介疾有喜。[5]

九五：孚于剥，有厉。[6]

上六：引兑。[7]

解读

[1] 兑是八经卦之一，其象有泽，其义有说（悦）。《彖》和《序卦》都说兑“说也”。作为六画卦，兑主要是讲悦。事情顺心如意则悦，但是必须要得正而悦才有利，所以说“亨，利贞”。

[2] 和：根据具体境遇调节适度的状态。来知德说：“‘和’与《中庸》‘发而皆中节谓之和’‘和’字同。”（《周易集注》卷十一）初九居兑之始，没有偏向哪方面的喜悦，具有充分的敞开性，能根据具

体境遇形成适度的喜悦，所以“吉”。

[3] 孚：信。九二以刚居中，虽然逆承六三，按其处境看，容易有过失。但是由于能守中信，不因比阴而失悦之正，所以能“悔亡”而“吉”。

[4] 从上而下为来。六三不当位，以阴柔处二阳之间而求悦，之所以只说“来兑”，是因为六三顺承九四，阴承阳而悦本无不可，其“凶”主要由于以逆乘九二之势往而求悦。因“来悦”不顺,故“凶”。

[5] 商：商度斟酌。九四阳爻居阴位，顺乘六三，处兑之时，对于来自六三之悦，难以定夺取舍，商度斟酌，未能安宁。介疾：心有忧虑而不安。即指前面讲的“商兑未宁”。由于心有忧虑而不安，所以能谨慎地对待喜悦，所以能有真正的喜悦。

[6] 于：与。剥：剥蚀。九五居位中正，所以有孚信之德。但是九五逆承上六，所以有因上六讨好而被剥蚀的危险，因此戒之以“有厉”。

[7] 引：延长，延续。上六居兑最上，但是仍然想继续欢悦，所以说“引兑”。“引兑”不是增强悦的程度，如果是增强悦的程度，那么悦极则反，而是延续悦的现象，这就不一定必然要反。悦是对事情满意、称心的一种心理反应，所以，是否能继续欢悦，取决于是否能继续有称心如意的事情。上六没有吉凶之类的断辞，是因为要看所悦之事是否得正，得正而悦则吉，不得正而悦则不吉或凶。

《彖》曰：

兑，说也。刚中而柔外，[1] 说以利贞，是以顺乎天而应乎人。[2] 说以先民，民忘其劳。说以犯难，民忘其死。[3] 说之大，民劝矣哉！[4]

解读

[1] 这儿的“中”不是讲爻位。“中”对“外”当是“内”的意思，这儿的“刚中而柔外”指经卦兑二阳爻在下，一阴爻在上，在六画卦中，“刚中”指初九、九二和九四、九五，“柔外”指六三和上六。“刚中”与“柔外”结合，内刚健而外柔顺，才能得正而悦，所以说“说以利贞”，即“利贞而悦”。王弼说：“说而违刚则谄，刚而违说则暴。刚中而柔外，所以说以利贞也。刚中，故利贞；柔外，故说亨。”（《周易注》卷第六）朱熹说：“兑说若不是刚中，便成邪谄。……说若不刚中，便是违道干誉。”（《朱子语类》卷第七十三）

[2]《文言》说：“乾元用九，乃见天则。”“用九”即乾卦六爻皆变为阴爻而之坤卦，但是不同于坤卦本卦，而是内含乾之刚健、外有坤之柔顺的坤卦，也就是“刚中而柔外”。“刚中而柔外”体现着“天则”，不违背“刚中而柔外”的“天则”，人才能得正而悦，所以说“是以顺乎天而应乎人”。

[3]“说以先民”“说以犯难”的“说”都是由得正而悦的意思。先：前进。“先民”即使民先。犯：冒着。“犯难”即承受危难。

[4]“说之大”的“说”也是由得正而悦的意思。大：重要。劝：受鼓励。

《象》曰：

丽泽，兑。[1] 君子以朋友讲习。[2]

和兑之吉，行未疑也。[3]

孚兑之吉，信志也。[4]

来兑之凶，位不当也。[5]

九四之喜，有庆也。[6]

孚于剥，位正当也。[7]

上六引兑，未光也。[8]

解读

[1] 兑为泽，上下皆兑，所以说“丽泽”。丽：偶，连。

[2] 讲习：讲论研习。程颐说：“丽泽，二泽相附丽也。两泽相丽，交相浸润，互有滋益之象。故君子观其象，而以朋友讲习。朋友讲习，互相益也。”（《程传》卷第四）

[3] 对于“发而皆中节”的“和”来说，其行不存在迟疑的问题，所以说“行未疑也”。

[4] 信志：信守其刚中之志。

[5] 程颐说：“自处不中正，无与而妄求说，所以凶也。”（《程传》卷第四）

[6] 尚秉和说：“九四独履阴，履阴故有喜，故曰有庆。”（《周易尚氏学》卷十六）

[7] 位正当：指九五所处，是一种有孚信之德却也会被剥蚀的位置。

[8] 光：通“广”。“引”的初意为开弓，“引兑”形容开“兑”这把弓，“未光（广）”意味着还没有开圆。

涣

䷺（坎下巽上）

涣：亨。[1] 王假有庙，[2] 利涉大川，[3] 利贞。[4]

初六：用拯马壮，吉。[5]

九二：涣奔其机，悔亡。[6]

六三：涣其躬，无悔。[7]

六四：涣其群，元吉。[8] 涣有丘，匪夷所思。[9]

九五：涣汗其大号，[10] 涣王居，无咎。[11]

上九：涣其血去逖出，无咎。[12]

丨解读丨

[1] 涣：散，分散。《序卦》和《杂卦》皆训“涣”为“离”，也是分散的意思。《玉篇·水部》：“涣，水盛貌。”《说文解字·水部》：“涣，流散也。”大水分散而流则四方通畅，所以说“亨”。涣卦主要讲散的意义，不是讲治散。

[2] “王假有庙”已见于萃卦卦辞。但是，萃卦讲的是以王为中心的会聚，涣卦讲的是以王为中心的扩散，这是人们以王为中心的

两种不同方向的移动。

[3] 涣卦坎下巽上，有木舟在水上之象。舟楫利于渡水，所以说“利涉大川”。

[4] 无论扩散，还是涉川，都要得正，所以说“利贞”。

[5] “用拯马壮”已见于明夷卦六二爻辞。初六以柔居涣卦最下，涣之动力不足，但是，初六顺承九二，因九二之拯而得以壮，所以说“用拯马壮，吉”。

[6] 机：在此应为迅疾的意思。“涣奔其机”指发散快速进展。快速则会有悔，但是由于九二阳爻居阴位，并且居中位，能避免过失，所以说“悔亡”。

[7] 躬：自身。“涣其躬”即把自身扩散开来，不固守于自身。六三与上九有应，处涣之时，有“涣其躬”之象。王弼说：“散躬志外，不固所守，与刚合志，故得无悔也。”（《周易注》卷第六）

[8] 群：聚合。六四与初六无应，处涣之时，有“涣其群”之象。朱熹说：“下无应与，为能散其朋党之象，占者如是，则大善而吉。”（《本义》卷之二）

[9] 有（yòu）：通“又”。丘：聚。“涣有丘”即散又聚。夷：平常。“匪夷所思”即不是按常理所能想象的。六四与初六无应，所以说“涣其群”，但是六四又顺承九五，所以说“涣有丘”。这样既讲散又讲聚，自相矛盾，按常理不可想象，所以说“匪夷所思”。但是如果进一步分析，则可以知道并不自相矛盾。由于在讲爻位时比不及应，所以比之聚比应之聚要松散。六四并非要完全解散聚合，只是要聚得松散些。

[10] 大号：大政令。巽为风，有号令之象。九五居巽之中，为发布号令之位。号令由中发出需要散发周遍，所谓“涣汗其大号”即“其大号汗涣”，就是形容号令散发要如汗出，由中而外发散出来。

朱熹说："号令当散如汗之出，千毛百窍中，迸散出来。"（《朱子语类》卷第七十三）

[11]"涣王居"应该与"涣汗"并列，也是就"其大号"而言。王居处正中位置，"涣王居"意即号令由正中向四面分散。这样不会有过失，所以说"无咎"。当然，不能把正中理解为地理位置的正中。朱熹说："在中间，便尽得四边。若偏向这一边，即照管那一边不得。"（《朱子语类》卷第三十六）正中只是不偏向某一边的意思。

[12]血：伤害。"涣其血"即消散伤害。逖（tì）：远。"去逖出"即远离伤害。或以"逖"通"惕"，提心吊胆。这样，断句为"涣其血去，逖出"，意即消散伤害、忧惧，因此从伤害、忧惧中脱身。

《彖》曰：

涣，亨。刚来而不穷，[1]柔得位乎外而上同。[2]王假有庙，王乃在中也。[3]利涉大川，乘木有功也。[4]

| 解读 |

[1]涣卦从否卦变来。否卦九四与六二互相变换，则成为涣卦的九二与六四。"刚来"即九由四下居于二。否是阴阳不交而闭塞不通，由于九来居二，下卦成坎，为中男，上卦成巽，为长女，阴阳交通而"不穷"。

[2]否卦的九四不当位，变成涣卦的六四则当位，所以说"柔得位乎外"。同：合。"上同"指六四顺承九五。

[3]"王乃在中"指以王为中心。

[4]"乘木有功"指坎下巽上。《系辞下》："刳木为舟，剡木为楫，

舟楫之利，以济不通，致远以利天下，盖取诸涣。”

《象》曰：

风行水上，涣。[1] 先王以享于帝立庙。[2]

初六之吉，顺也。[3]

涣奔其机，得愿也。[4]

涣其躬，志在外也。[5]

涣其群元吉，光大也。[6]

王居无咎，正位也。[7]

涣其血，远害也。[8]

解读

[1] 坎为水，巽为风，坎下巽上，所以说“风行水上”。

[2] “风行水上”则水上之木顺风而行，先王观此卦象而知风对行的重要性，所以享祭天帝、修立宗庙以敦厚世风。

[3] 初六顺承九二，得拯而吉，所以说“初六之吉，顺也”。

[4] “得愿”即得散之愿。

[5] “志在外”指六三与上九有应。

[6] 光大：广大。“涣其群”的“群”不是指某种特定的群，而是不确定所指的“群”。不断地散不同种类、不同层次的群，人的境界也随之不断地扩大，所以说“光大也”。

[7] “正位”即其位正中。

[8] “涣其血”是“涣其血去逖出”的省文，补足全句才能看出“远害也”。

节

䷻（兑下坎上）

节：亨。[1] 苦节，不可贞。[2]

初九：不出户庭，无咎。[3]

九二：不出门庭，凶。[4]

六三：不节若，则嗟若，无咎。[5]

六四：安节，亨。[6]

九五：甘节，吉。往有尚。[7]

上六：苦节，贞凶，悔亡。[8]

｜解读｜

[1] 节：节度，限止，适度。朱熹说："节，有限而止也。"（《本义》卷之二）孔颖达说："节者制度之名，节止之义。制事有节，其道乃亨，故曰'节，亨'。"（《正义》卷第六）

[2] 苦节：苦于节。"苦节"可以从两方面来说。从限制的一方来说，如果限制的力度、密度过大，那么人们就会因为限制过多而苦，这可以说是被节所苦。从被限制的一方来说，如果人不愿接受维持

社会秩序所需要的起码的限制，不能通过自我节制与外在限制相宜，那么也会觉得限制过多而苦，这可以说是以节为苦。节，有适度的意思。过分地节和过分地不受节都不适度，未能得正，因此而“苦”。由于“苦节”，因此也就不可能因节而正，所以说“不可贞”。

[3] 户庭：门庭。门前空地。初九居位最下，与六四有应，处节之时，当节制而不往，所以戒之以“不出户庭，无咎”。

[4] 九二以刚居中，处节之时，当发挥调节适中的作用，如果还是像初九那样“不出门庭”，那就失去其居位在中的意义，所以戒之以“不出门庭，凶”。《系辞上》说：“吉凶者，失得之象也。”凶，指其失去自己居中的价值。

[5] 若：语助词。嗟：悲哀叹息。六三阴柔而不正位，逆乘九二，处节之时，如果不能自我节制，那就只能面对过咎而叹息了，所以说“不节若，则嗟若”。面对过咎而叹息，原因在于没有自我节制，怨不得别人，所以说“无咎”。王弼说：“以阴处阳，以柔处刚，违节之道，以至哀嗟。自己所致，无所怨咎，故曰‘无咎’也。”（《周易注》卷第六）朱熹说：“此‘无咎’与诸爻异，言无所归咎也。”（《本义》卷之二）也可以说，如果能由叹息而自悔补过，那么也可“无咎”。《系辞上》说：“无咎者，善补过也。”张载说：“王弼于此‘无咎’又别立一例，只旧例亦可推行。但能嗟其不节有过之心，则亦无咎也。”（《横渠易说·下经》）

[6] 安节：安于节。六四阴柔当位，顺承九五，有“安节”之象。陈梦雷说，节卦“大抵当位者吉，不当者凶”（《周易浅述》卷六）。

[7] 甘节：甘于节，因节而甘。规定适度的限制，进行适度地自我节制，这样最后就会消除限制与被限制的对立，达到一种近乎没有限制的自由状态，这就是因节而甘。孔子说他自己通过长期的修养，到七十岁时，能够“从心所欲不逾矩”（《论语·为政》）。“矩”是限

制的一方，"欲"是被限制的一方，"从心所欲不逾矩"意味着限制和被限制的对立就被消除了。要做到"从心所欲不逾矩"，需要从两方面入手。一方面，"矩"对"欲"的限制必须是适度的。如果"矩"对"欲"的限制的力度、密度过大，那么任何人都不可能做到"从心所欲不逾矩"。另一方面，对"欲"的自我节制是适度的。如果自我节制的力度、密度过小，那么同样不能做到"从心所欲不逾矩"。九五居位中正，能做到这两个适度。对自己来说，可以做到"从心所欲不逾矩"，因节而甘，所以说"吉"。对众人来说，则需要结合其他途径帮助消除限制与被限制的对立，虽然这很难实现，但是仍然要努力去做，所以说"往有尚"。尚：上。

[8] 上六当位，但是居节之极，虽正不中，难以做到节制适度，难以有好的节制效果，所以说"贞凶"。但是，对于个体来说，过多的自我节制虽然难免"苦"，却可以由此减少许多过失，所以说"悔亡"。

《彖》曰：

节，亨，刚柔分而刚得中。[1] 苦节不可贞，其道穷也。[2] 说以行险，当位以节，中正以通。[3] 天地节而四时成。[4] 节以制度，不伤财，不害民。[5]

解读

[1] "刚柔分"可以从卦讲，坎阳兑阴，阳上阴下，所以说"刚柔分"；也可以从爻变讲，泰卦乾下坤上，九三与六五升降易位而为节卦，所以说"刚柔分"。"刚得中"指九二、九五皆以刚居中位。

[2] 任何社会都不可能没有任何限制，否则社会秩序难以维系，

但是，如果不能做到限制适度，使人们被节所苦，那么就会引起抵制，反而起不到维系秩序的作用。任何个体都希望有较多的自由，但是，如果以节为苦而不接受适度的限制，那么反而因为抵制适度的限制而更多地失去自由。这两种“苦节”都由于不得正而适得其反，所以说“苦节不可贞，其道穷也”。

[3] 节卦兑下坎上，兑为悦而坎为险，所以说“说(悦)以行险”。“当位”指上卦坎，六四、九五、上六皆当位。兑为泽而坎为水，泽为水之限，但是泽中之水适度与否却取决于水，所以说“当位以节”。“中正”指九五。“中正以通”指九五以“中正”为尺度、以“通”为途径来调节泽中之水，使之适度。“当位以节，中正以通”则虽行险而无忧。

[4]《彖·革》讲“天地革而四时成”，强调变化；在此讲“天地节而四时成”，强调节度。任何变化都要有节度，否则变化就是乱变化；任何节度都是变化的，否则节度就是死节度。四时是天地阴阳消长的体现，由于天地阴阳消长有其自身的节度，所以才有四时更替的现象。

[5] 天地阴阳消长的节度是自然的，由于人类社会比其他事物更为复杂，所以除了遵从自然的节度，还需要人来制定一些节度，即所谓制度，来补充自然的节度。这也可以说是“赞天地之化育”(《中庸》)。制度的目的是，通过所制之度来节制人的行为，使之做到“不伤财，不害民”。“不害民”即不伤害民生，“不伤财”即不伤害物资。所谓不伤害，意即使民、物各方面协调适度。各方面协调适度则“和”。所制之度的作用，即在于调节以成和。《中庸》说“发而皆中节谓之和”。

《象》曰：

泽上有水，节。[1] 君子以制数度，议德行。[2]

不出户庭，知通塞也。[3]

不出门庭凶，失时极也。[4]

不节之嗟，又谁咎也。[5]

安节之亨，承上道也。[6]

甘节之吉，居位中也。[7]

苦节贞凶，其道穷也。[8]

| 解读 |

[1] 兑为泽，坎为水，兑下坎上，所以说“泽上有水”。泽容水有限度，水入泽要适度，所以要调节。

[2] 数度：制度。“制数度”即制定法度。德行：意愿行为。“议德行”即斟酌意愿行为。程颐说：“议德行者，存诸中为德，发于外为行。人之德行当义则中节。议谓商度求中节也。”(《程传》卷第四)

孔子说：“道之以德，齐之以礼，有耻且格。”(《论语·为政》)“制数度”即“齐之以礼”，通过制定一定的规则法度来节制人们的行为。“议德行”即“道之以德”，通过德义教化使个体消除其不符合外在规范的意愿和行为。个体消除了其不符合外在规范的意愿和行为，外在规范也就失去了节制的意义，这样也就消除了“苦节”现象。

[3] 通则行，塞则止，“知通塞”也就是知行止。《彖·艮》说，“时止则止，时行则行，动静不失其时”。

[4] 时：指节之时。极：中。九二处节之时，不能起到调节适中的作用，失去了节之时居位中的意义，所以说“失时极也”。

[5] 又谁咎也：又能怪罪谁呢？根据对爻辞的不同解释，也可以说是，谁又会有咎害呢？

[6]“承上道”指上承九五。

[7] 九五居位中正，凡事能够适度，既不被节所苦，也不以节为苦，所以有“甘节之吉”。

[8] 卦辞讲“苦节，不可贞”，是说“苦节”不能得到合适的节制效果。上六爻辞讲“苦节，贞凶”，是说如果“苦节”的话，那么即使节制有道理，也会适得其反，所以说“凶”。节制的效果适得其反，即“其道穷也”。

中　孚

䷼（兑下巽上）

中孚：[1] 豚鱼吉，[2] 利涉大川，利贞。[3]

初九：虞吉，有它不燕。[4]

九二：鸣鹤在阴，其子和之。[5] 我有好爵，吾与尔靡之。[6]

六三：得敌，或鼓或罢，或泣或歌。[7]

六四：月几望，马匹亡，无咎。[8]

九五：有孚挛如，无咎。[9]

上九：翰音登于天，贞凶。[10]

| 解读 |

[1] 孚：诚信。程颐说："存于中为孚，见于事为信。"（见《朱子语类》卷第七十三）孔颖达说："信发于中，谓之中孚。"（《正义》卷第六）

[2] 豚鱼：豚和鱼。王引之认为"豚鱼"为"士庶人之礼"，"乃礼之薄者"。王引之说："苟有中信之德，则人感其诚，而神降之福。

故曰‘豚鱼吉’。”（《经义述闻》第一）有诚信，则无论与人交往还是与神交往，皆无须厚礼。

[3] 只有诚信，才能顺利渡过艰险，所以说“利涉大川”。但是，并非只要诚信，就能顺利渡过艰险。要顺利渡过艰险，除了诚信还要得正，所以又说“利贞”。

[4] 虞：王弼解释为“专”。燕：通“宴”。安。初九当位，与六四有应，处中孚之时，如果专一于正应六四则吉，如果有志于它，则不安宁。李鼎祚《集解》引荀爽曰：“虞，安也。初应于四，宜自安虞，无意于四则吉，故曰‘虞吉’也。四者乘五。有它意于四则不安，故曰‘有它不燕’也。”

[5] 阴：九二相对于九五，居于隐幽之处。子：同类。《广雅·释言》：“子，似也。”九二与九五皆以刚居中，为同类。“鸣鹤在阴，其子和之”是说，九二实有美德，虽然身处隐幽，也能声闻于外，得到同类的应和。

[6] 爵：饮酒器。也指酒。“好爵”比喻修养所得好德行。靡：分。在此指分享。“我有好爵，吾与尔靡之”有相互促进德行修养的意思。

[7] 敌：匹敌。罢（pí）：通“疲”。中孚卦六三、六四两阴爻在中间相匹敌，六三以柔居刚，意欲进，进则鼓；然而六四当位，六三不能胜，故而退，退则疲，所以说“或鼓或罢”。鼓则歌，疲则泣，所以说“或泣或歌”。不说或歌或泣，意在说明六三之进并非只有一次。

[8] 月几望：已见于小畜上九爻辞和归妹六五爻辞，指月光将近满盈。六四当位而顺承九五，处巽最下，其顺承之德将近于圆满，所以说“月几望”。六四既顺承九五，又正应初九，处中孚之时，进诚信之德于九五，而没有与初九相应，所以说“马匹亡”。匹：相配。进德而“无咎”。

[9] 有孚挛如：已见于小畜九五爻辞。挛如，牵系不断的样子。九五当位，居中位，处中孚之时，不仅自身至诚，还要以至诚感通天下，

所以说“有孚挛如”。

[10] 翰：锦鸡。也有高的意思。“翰音”指锦鸡站在高处鸣叫的声音。锦鸡不能远飞，站在高处鸣叫，欲使其音“登于天”。“翰音登于天”意味着名声在外，实难以符。上六以刚居中孚最上，虽不能说全然无实，但是由于过于追求名声，使得名盛于实，反而使真实变成虚伪，故而“贞凶”。一贴膏药，本来有其可以治疗的病症，就此而言其为真货，但是，如果将其夸张为能治百病，则成为假冒伪劣产品。

《彖》曰：

中孚，柔在内而刚得中。[1] 说而巽，孚乃化邦也。[2] 豚鱼吉，信及豚鱼也。[3] 利涉大川，乘木舟虚也。[4] 中孚以利贞，乃应乎天也。[5]

| 解读 |

[1] 中孚卦上下各两个阳爻，中间两个阴爻，所以说“柔在内”。中孚卦的卦象就像是一个放大一倍的经卦离。在解读离卦时，我们说阴主质，阳主能，能要附丽于一定的质。在中孚卦这儿，中间二阴爻犹如孚之质，外边四阳爻是由孚而发、见于事的信。九二、九五皆阳爻居中位，所以说“刚得中”。由于“刚得中”，所以由孚而发、见于事的信是适中的。可见，“中孚”的“中”不仅是孚“在中”的意思，更是信“适中”的意思。

[2] 中孚卦下卦为兑，上卦为巽，所以说“说（悦）而巽”。由于讲诚信，于是邦国的风气发生了变化，人们彼此谦让，和悦相处，

所以说“说而巽，孚乃化邦也”，即孚乃化邦，悦而巽也。

[3] 及：至，至于。表示下文承接上文，是引出的结果。王引之说：“‘信及豚鱼’者，及，至也，至于豚鱼之薄而信亦章也。”（《经义述闻》第一）由于重诚信，所以彼此交往只需薄礼，以至于豚、鱼即可，所以说“豚鱼吉，信及豚鱼也”，即信及豚鱼，豚鱼吉也。

[4] 中孚卦兑下巽上，兑为泽，巽为木，有乘舟之象。以木虚为舟，所以说“乘木舟虚也”。

[5]《中庸》说：“诚者，天之道也；诚之者，人之道也。”“诚之者，择善而固执之者也。”择善而固执之即“贞”。“中孚以利贞”是对“天之道”的应和，所以说“乃应乎天也”。

《象》曰：

泽上有风，中孚。[1] 君子以议狱缓死。[2]

初九虞吉，志未变也。[3]

其子和之，中心愿也。[4]

或鼓或罢，位不当也。[5]

马匹亡，绝类上也。[6]

有孚挛如，位正当也。[7]

翰音登于天，何可长也？[8]

解读

[1] 兑为泽，巽为风，兑下巽上，所以说“泽上有风”。风是气之流，泽中有气蒸上，因此而有风。说“泽上有风”而不说风在泽上，正

是要说明泽与风的内在联系。

[2]“风”有风化、教化的意思。“泽上有风”意味着风化、教化要由内在真诚而发。“议狱缓死”指在审理狱案时宽缓死刑，表示对犯罪、对罪犯感到悲哀。曾参的弟子阳肤做了典狱官，曾参对阳肤说，如果破了案，要有哀矜之心，不要为此而高兴。（参见《论语·子张》）

[3] 无论是哪种对“虞”的解释，“初九虞吉”都是由于“志未变也”，体现出其信。

[4]“中心愿”指鸣者、和者以真诚感应。《周易折中》引程敬承曰：“鹤之鸣由中而发，子之和亦根心而应，故曰‘中心愿’。愿出于中，乃孚之至也。”

[5] 六三因“位不当”而“鼓”，又因“位不当”而“罢”。

[6] 程颐说：“类，谓应也。”（《程传》卷第四）尚秉和说：“阴阳相遇方为类。”（《周易尚氏学》卷十七）六四绝初九而上承九五，所以说“马匹亡，绝类上也”。

[7] 位正当：指九五处在能以诚感通天下的位置。

[8] 名盛于实不可能长久。

小过

䷽(艮下震上)

小过：亨，利贞。[1] 可小事不可大事。[2] 飞鸟遗之音，[3] 不宜上，宜下，大吉。[4]

初六：飞鸟以凶。[5]

六二：过其祖遇其妣，不及其君遇其臣，无咎。[6]

九三：弗过，防之。从或戕之，凶。[7]

九四：无咎，弗过，遇之。往厉必戒，勿用永贞。[8]

六五：密云不雨，自我西郊。[9] 公弋取彼在穴。[10]

上六：弗遇过之，飞鸟离之，凶，是谓灾眚。[11]

| 解读 |

[1] 过：相对于“中正”讲，即越过了“中正”。“小过”即小有

过于“中正”。小过卦艮止于下，震动于上，这意味着，人的行为要止于“中正”，但是在实际行动中，即使力求止于“中正”，也并非总能完全符合“中正”，而常有或过左、或过右的“过”之失。这样，实际行动就成为不断地力求止于“中正”、纠正“过”之失的过程。由此形成一个围绕“中正”小幅摆动的行动区间，在这个区间内不断地使行动指向“中正”。所以，说“亨”“利贞”，是程颢所言“扶醉汉”意义上的“亨”“利贞”，而不是直线而行的“亨”“利贞”。程颐说，“过，所以就正也”;“过，所以就求中也”。(《程传》卷第四)

朱熹说：“小，谓阴也。为卦四阴在外，二阳在内，阴多于阳，小者过也。”(《本义》卷之二)这样，“小过”也可以说是过在于具有阴的性质的方面，诸如柔弱、不足、谦退、俭约、减损、收敛等等。

[2] 事：从事。在此指从事就正求中。就正求中只可小幅摆动，即“小过”，不宜大幅摆动。这就要求及早纠正过失，“见几而作，不俟终日”(《系辞下》)。事：也可以指事情。阴小阳大，所以“小事”指偏于阴性方面的事，“大事”指偏于阳性方面的事。如是，则“可小事不可大事”指处小过之时，宜于做偏于阴性方面的事，不宜做偏于阳性方面的事。

[3] 飞鸟遗之音：鸟在飞的时候鸣叫，由于飞得速度快，声音发出时，鸟身已飞过，把声音留在后面。但是鸟的飞行速度还不足以把声音留得太远。以此说明，过，只能是“小过”。程颐说：“飞鸟遗之音，谓过之不远也。”“鸟飞迅疾，声出而身已过，然岂能相远也？事之当过者，亦如是。”(《程传》卷第四)

[4] 就鸟的飞行高度讲，也有个“中正”的问题，过上和过下都不中正。但是下之过有止处，上之过无限止，所以，就上之过与下之过比较而言，“不宜上，宜下”。就人事而言，人祸多由求上而生，少有因下生祸的。所以说“不宜上，宜下，大吉”。

[5] 初六以柔居全卦之初，艮止最下，处小过之时，当止而不动，却因为与九四有应而起飞，以致于“凶”。

[6] 以往注家对“过其祖遇其妣，不及其君遇其臣”有各种解释，皆牵强难通。对这句话，主要抓住六二在小过之时适得中正之位的意思就行了，不必牵强解释。《周易折中》引王宗传曰：“六二或过或不及，皆适当其时与分，而不愆于中焉，此在过之道为无过也，故曰‘无咎’。”

[7] 九三阳爻，处小过之时，阳没有过的问题。但是九三与上六有应，处小过之时，“不宜上，宜下”，如果不加防备而与上六相应，那么就会受到伤害，所以说“弗过，防之。从或戕之，凶”。

还有一种断句法。

也可以说，九三居位重刚不中，做事容易过火，所以要严加防备，以“过防”来防止过火。如果不能做到以“过防”防止过火，而是随着性子做事，那就会受到损伤，所以说“弗过防之，从或戕之，凶”。

[8] 九四以刚居柔，似乎会“有咎”，但是由于处小过之时，阳没有过的问题，所以“无咎”。九四与初六有应，处小过之时，“不宜上，宜下”，九四下与初六相遇，所以说“无咎，弗过，遇之”。九四居上卦震之下，逆承六五，有上往的意愿，所以戒之以“往厉”。“勿用”即勿动，“永贞”即坚持，都是戒辞。

还有一种断句法。

也可以说，“弗过遇之往厉必戒”的意思是不要过于追求得到什么，如果前往追求则有危险，所以必须戒之。如是，则九四爻辞断句为“无咎。弗过遇之，往厉必戒，勿用永贞”。

[9]“密云不雨，自我西郊”已见于小畜卦辞。六五阴柔而居二阳之上，处小过之时，二阳皆“不宜上”，所以虽有密云积聚，却难以和而为雨，所以说“密云不雨”。

[10] 弋：射猎。彼：指六二。六二在下，所以说“在穴”。“弋取彼在穴”指射猎有收获。“密云不雨”意味着“不宜上”，“弋取彼在穴”意味着“宜下”。

[11] 上六处全卦最上，虽然所处已过高，但是仍然继续高飞，所以与九三更不可遇，所以“凶”。上六之凶是由于其不断高飞而自取，所以叫作“灾眚”。小过卦的宗旨是“不宜上，宜下”，如果上六能下与九三相应，那就不会凶了。

朱熹说：“中孚、小过两卦，鹘突不可晓。小过尤甚。”“这两卦十分解不得，且只依稀地说。”（《朱子语类》卷第七十三）

《彖》曰：

小过，小者过而亨也。[1] 过以利贞，与时行也。[2] 柔得中，是以小事吉也。刚失位而不中，是以不可大事也。[3] 有飞鸟之象焉。[4] 飞鸟遗之音，不宜上，宜下，大吉，上逆而下顺也。[5]

解读

[1]“小者过”可以说是小有过。《周易折中》引朱震曰：“盖事有失之于偏，矫其失，必待小有所过，然后偏者反于中。谓之过者，比之常理则过也。过反于中，则其用不穷而亨矣，故曰‘小者过而亨也’。”

“小者过”也可以说是过在于具有阴性方面。在这方面，“六尺巷”的典故是非常典型的“小者过而亨”的事例。

[2]“与时行”即针对具体过失而纠偏，过左则右之，过右则左之，所以说“过以利贞”。针对现实生活中较多的偏于阳性方面的过失，以阴性方面的措施纠偏就是“过以利贞”。

[3]“柔得中”指六二、六五居中位。“刚失位而不中”指九三、九四。九三当位而不中，九四则既不中又不当位。由于“柔得中”，所以做阴性方面的事，吉。由于“刚失位而不中”，所以不宜做阳性方面的事。

[4]程颐说：“‘有飞鸟之象焉’，此一句不类《彖》体，盖解者之辞，误入《彖》中。”（《程传》卷第四）如果非要解释“飞鸟之象”的话，那么可以用下止上动来解释，即鸟动而上，下而止。

[5]“上逆而下顺”指九四上与六五的关系为“逆”，九三下与六二的关系为“顺”。所以“不宜上，宜下”。《周易折中》引方时化曰：“谓宜下而不宜上焉，实为二阳讽也。”

《象》曰：

山上有雷，小过。[1]君子以行过乎恭，丧过乎哀，用过乎俭。[2]

飞鸟以凶，不可如何也。[3]

不及其君，臣不可过也。[4]

从或戕之，凶如何也。[5]

弗过遇之，位不当也。往厉必戒，终不可长也。[6]

密云不雨，已上也。[7]

弗遇过之，已亢也。[8]

解读

[1] 艮为山，震为雷，艮下震上，所以说“山上有雷”。古人以为雷是地中积郁的阳气爆发而成，《象·大壮》讲“雷在天上”，意味着地中所积郁的阳的力量强盛，爆发直上云霄，所以说“大壮”；在此讲“山上有雷”，意味着地中所积郁的阳的力量不太足，所以说“小过”，即其过不在于大，而在于小（不足）。

[2] “中正”是最佳状态，能止于“中正”最好。但是，如果不能止于“中正”状态，那么根据事态发展趋势来看，宁可因小而过，也不要因大而过。孔子说：“礼，与其奢也，宁俭；丧，与其易也，宁戚。”（《论语·八佾》）谭峭说：“自古及今，未有亡于俭者也。”（《化书·俭化》）司马光说：“由俭入奢易，由奢入俭难。”（《训俭示康》）因小而过，大起来不难；因大而过，小下来不易。所以，君子观小过卦象，要“行过乎恭，丧过乎哀，用过乎俭”。过乎恭、过乎哀、过乎俭都是过在于小。

[3] 初六因自己起飞而导致凶，实在没有办法。

[4] 君在臣上，及于君则说明过了臣之中正，对六二来说也就意味着失去了其中正之位，所以说“不及其君，臣不可过也”。

[5] “凶如何也”意即不知道凶会严重到什么程度。

[6] 九四不当位，所以“弗过遇之”。之所以要戒往，是因为往求终不可长久，所以说“往厉必戒，终不可长也”。

[7] 已：太，过分。“密云不雨”是因为云上得太高了。

[8] 已亢：过分高。《周易折中》引俞琰曰：“六五曰‘已上’，谓其已过也，上六又过甚，故曰‘已亢’。”

既 济

䷾（离下坎上）

既济：亨小，利贞。[1] 初吉，终乱。[2]

初九：曳其轮，濡其尾，无咎。[3]

六二：妇丧其茀，勿逐，七日得。[4]

九三：高宗伐鬼方，三年克之，小人勿用。[5]

六四：繻有衣袽，终日戒。[6]

九五：东邻杀牛，不如西邻之禴祭，实受其福。[7]

上六：濡其首，厉。[8]

| 解读 |

[1] 既：尽。济：成。“既济”即所有的事情都完成了。所有的事情都完成意味着通过了全部途程，所以说“亨”。同时，所有的事情都完成也就意味着“亨”到头了，要继续“亨”，就必须再开始，如果不再开始，那也就不再“亨”了，所以说“亨小”，即“亨”只是一个阶段的。“亨小”有别于“小亨”。“小亨”是就“亨”的程度

而言，“亨小”是就“亨”的延续而言。就好像一条路，虽然不太通畅，但是能通向远方，这叫“小亨”。另一条路，虽然挺通畅，但是走了一段就到头了，这叫“亨小”。“亨小”涉及的是运行的阶段性和延续性的关系问题。

虽然“亨小”是阶段性的，但是在这个阶段毕竟还是能正常地行驶，所以说“利贞”。

[2]“初吉”“终乱”是相对“既济”状态讲的。“既济”状态开始的时候，所有的事情都完成，当然吉利，所以说“初吉”。但是，事情不会停止在完成状态，而要继续变化，进入新的未完成状态。未完成状态是动荡的，所以说“终乱”，即终结“既济”进入动荡。

[3] 曳：拖。濡：溺。拖住车轮，溺湿尾巴，都是阻止行进。初九居既济之始，需要保持既济状态，但是初九又与六四有应，有上进相应之愿，所以要曳轮濡尾，阻止其行进，尽量维持既成状态。因此，曳轮濡尾没有过错，所以说“无咎”。

[4] 茀（fú）：车上的遮蔽物。也有人说是首饰。六二阴爻阴位，所以比于妇人。妇人乘车，前后设障以自隐蔽谓之茀。失去茀则车不能出行。“勿逐，七日得”已见于震卦六二爻辞。逐：追寻。一个卦有六画，七意味着新的周期的开始。“七日得”指在一个周期之内能够恢复过来。六二居位中正，与九五有应，处既济之时，还是要尽量不行动，即使事情发生一些变化，比如“丧其茀”，也要尽量避免人为的参与，比如“逐”，而是顺从事情自身的变化，比如“七日得”。

[5] 高宗：殷王武丁。鬼方：殷、周时居于西北方的部落。在此，以伐鬼方之事说武丁的中兴事业。三年：讲时间长，意味着中兴艰难。既济卦初始为最佳状态，即卦辞所言“初吉”，然后逐步走下坡路。初九是说，要尽力阻止走下坡路；六二是说，不要因为人的行动而加剧走下坡路；九三则是说，实在不得已非得有所行动，也要考虑

代价和能力。即使像武丁这样的人做中兴之事都很艰难，何况才能德性远不及武丁的人呢？所以说“小人勿用”，即才德平庸者不可轻举妄动。

[6] 繻（xū）：彩色缯帛。袽（rú）：旧絮，破布。有：如，为。“繻有衣袽”即彩色缯帛成为敝衣破絮，意即既济的美好状态将要衰败，为此终日谨慎戒备。王弼、程颐认为“繻”当为“濡”，渗漏的意思。“繻有衣袽”即舟行途中，有罅隙渗漏，要用败絮塞堵，为此终日谨慎戒备。

[7] 杀牛：准备祭礼丰厚的祭祀。禴祭：祭品不厚的祭祀。九五居位中正，但是，处既济之时，已进入衰退，在这样的处境，更需要讲“实”，诚实、平实、踏实，这样才能因实而受福，所以说“东邻杀牛，不如西邻之禴祭，实受其福”。孔颖达说：“九五履正居中，动不为妄，修德者也。苟能修德，虽薄可飨。假如东邻不能修德，虽复杀牛至盛，不为鬼神歆飨，不如我西邻禴祭虽薄，能修其德，故神明降福。”（《正义》卷第六）

[8] 上六处既济之极，事情的变化即将进入未济，因此也可以说既济上六是未济的开端，所以说“濡其首，厉”。王弼说：“处既济之极，既济道穷，则之于未济，之于未济，则首先犯焉。过惟不已，则遇于难，故濡其首也。将没不久，危莫先焉。”（《周易注》卷第六）《周易折中》引朱震曰：“以画卦言之，初为始为本，上为终为末。以成卦言之，上为首为前，初为尾为后。”

《彖》曰：

既济亨，小者亨也。[1] 利贞，刚柔正而位当也。[2] 初吉，柔得中也。[3] 终止则乱，其道穷也。[4]

| 解读 |

[1] “小者亨”显然不同于“小亨”。“小”是形容词，“小者”是代词，在此指小时段、小范围等。

[2] 既济卦是六十四卦中唯一六爻全部当位的卦，所以说“利贞，刚柔正而位当也”。

[3] 柔得中：就爻讲，指六二。就经卦讲，指内卦离。由于“既济”之意主要在内卦，至外卦则开始渐入未济，所以“柔得中”指内卦离比较好。

[4] 焦循说：“既，犹终也。”（《易章句》卷六）这样的话，“终止”也就是既济状态停止了。既济状态停止，意味着要由完成状态继续变化。由完成状态继续变化，只能是变成未完成状态，进入动荡之中，即进入“乱”中。既济状态完结，既济之道也就完结了，所以说“终止则乱，其道穷也”。

《象》曰：

水在火上，既济。[1] 君子以思患而预防之。[2]

曳其轮，义无咎也。[3]

七日得，以中道也。[4]

三年克之，惫也。[5]

终日戒，有所疑也。[6]

东邻杀牛，不如西邻之时也；实受其福，吉大来也。[7]

濡其首厉，何可久也？[8]

解读

[1] 离为火，坎为水，离下坎上，所以说“水在火上”。水润下而在上，火炎上而在下，水火相济而成，所以说“既济”。

[2] 既济是成功之时。君子处成功之时，思忖事情进一步变化会发生哪些患害，以提前防备。

[3] 程颐说：“既济之初，而能止其进，则不至于极，其义自无咎也。”（《程传》卷第四）

[4] 六二居位中正，“七日得”意指能顺从事情的变化。

[5] “惫”是“三年克之”的代价和结果。李光地说：“言‘惫’，以见成功之非易。如人之疾病，而以毒药攻去之者，其元气亦耗伤矣。苟无休养之方以复元气，则有大病之根也。”（《周易折中》卷第十二）

[6] “有所疑”指对所处境况担忧疑惧。朱熹说：“‘有所疑也’便是不好的端倪自此已露。”（《朱子语类》卷第七十三）

[7] 九五居位中正，但处时不利。王弼说：“在于合时，不在于丰也。”（《周易注》卷第六）弥补处时不利唯有“实”，因实而受福，吉也随之来。

[8] “何可久”是对整个既济卦的总结。苏轼说：“既济之上六，毕济之时也。”（《东坡易传》卷六）

未济

䷿（坎下离上）

未济：亨。[1] 小狐汔济，濡其尾，无攸利。[2]

初六：濡其尾，吝。[3]

九二：曳其轮，贞吉。[4]

六三：未济，征凶，利涉大川。[5]

九四：贞吉，悔亡。[6] 震用伐鬼方，三年有赏于大国。[7]

六五：贞吉，无悔。君子之光，有孚，吉。[8]

上九：有孚于饮酒，无咎。濡其首，有孚失是。[9]

| 解读 |

[1]“既济”是所有的事情都完成的状态，“未济”则讲事情的变化是一个不可完成的无穷的过程。所谓所有的事情都完成，是在小时段、小范围讲的，所以既济卦辞说“亨小”。未完成是无穷的，所以未济卦辞说“亨”。《序卦》说：“物不可穷也，故受之以未济，终焉。”任何可完成的状态都不可称为“终”，只有那不可完成的无穷的过程

才可称之为“终”。

说“未济”是一个不可完成的无穷的过程，并不否定其中一系列的可完成阶段。对于任何可完成阶段讲，都有其未完成之时。这样，“未济”就有了两种含义，一种是不可完成的过程；一种是尚未完成的过程。由尚未完成而有完成，即有既济状态；由不断地打破既济状态而有不可完成的过程。因此，“未济”之“亨”也相应地有了不同的含义，即不可完成之“亨”和尚未完成之“亨”。

[2] 汔：将近。济：过河。小狐渡水，能力和经验尚有不足，所以在将要渡过去时，濡湿了尾巴，没有完成渡水活动，所以没什么利。对于可完成并且要完成的事情来说，如果能力和经验不足而轻率为之，则难以达到目的。

[3]“濡其尾”已见于既济卦初九爻辞。但是，在既济卦是要维持既济，阻止初九上与六四相应，所以“濡其尾”“无咎”。在未济卦是欲摆脱未济，致使初六冒进与九四相应，由此“濡其尾”必然会加剧未济，所以说“吝”。

[4]“曳其轮”已见于既济卦初九爻辞。在既济卦初九，是阻止其行进；在未济卦九二，是谨慎而自曳其轮。未济卦初六以柔居刚，才力不济而冒进，所以有濡尾之吝；九二以刚居柔且居中位，能够因时制宜，刚柔适度，所以能“贞吉”，得正而吉。

[5] 六三不当位，以柔居坎险之上，身不正而力不足，以此求进而出险必凶，所以说“征凶”。但是六三与上九有应，自身又处于坎离交接之际，就变化趋势看，有利于渡过艰险，所以说“利涉大川”。

[6] 九四不当位，易于有过失，但是在未济之时，九四已离开险境，而志乎由未济向既济的转折，所以说“贞吉，悔亡”。

[7] 震：威力。也有人认为“震”是人名。既济卦九三和未济卦九四都讲“伐鬼方”的事，但是在两处表达的意义不同。既济卦

九三所表达的意思是，为了维持既济的局面，不得已而伐之，即使像武丁这样的人领导，还是用了很长的时间，付出很大的代价才“克之”。未济卦九四所表达的意思是，为了改变未济的状况而开始伐之，经过一段时间后能取得成功，所以说“三年有赏于大国”，即得到封赏。

[8]“悔亡”是本当有悔，通过不同的途径而无之。“无悔”是不会有悔。六五以柔居上卦中位，应、比皆刚，处未济之时，能调和各种力量，改变未济状况，所以“贞吉，无悔”。六五处上卦离之中，所以说“君子之光”。有“君子之光”而调和各种力量能被信从，所以说“有孚，吉”。

[9]上九处未济之极，事情开始转向既济，所以说“有孚于饮酒”，即一定会有庆功的时候。但是，在尚未转入既济的时候就告诫，如果不知节制而沉溺于宴乐，那么就会被成功冲昏头脑，必定会失去得到的成果。是：代词。焦循认为，“是，犹时也”（《易章句》卷二）。

《彖》曰：

未济亨，柔得中也。[1]小狐汔济，未出中也。[2]濡其尾，无攸利，不续终也。[3]虽不当位，刚柔应也。[4]

解读

[1]“柔得中”指六五以柔居上卦中位，刚柔得中，既不是软弱无能，也不一味气血粗豪，在未济之时，“柔得中”是致“亨”之道。《周易折中》引蔡渊曰：“既济之后必乱，故主在下卦，而‘亨’取二。未济之后必济，故主在上卦，而‘亨’取五。”

[2]“未出中”之“中”不是指爻位，而是就处境而言。未济卦下卦为坎，“未出中”即未出坎中。

[3]“不续终”即未能持续至终。王弼说：“小狐虽能渡，而无余力。将济而濡其尾，力竭于斯，不能续终。险难犹未足以济也。济未济者，必有余力也。”（《周易注》卷第六）

[4] 未济卦是六十四卦中唯一六爻全部不当位而应位的卦，所以说“虽不当位，刚柔应也”。由于不当位，所以未济；由于刚柔相应，所以又可以实现济。

《象》曰：

火在水上，未济。[1] 君子以慎辨物居方。[2]

濡其尾，亦不知极也。[3]

九二贞吉，中以行正也。[4]

未济征凶，位不当也。[5]

贞吉悔亡，志行也。[6]

君子之光，其晖吉也。[7]

饮酒濡首，亦不知节也。[8]

| 解读 |

[1] 坎为水，离为火，坎下离上，所以说“火在水上”。火炎上而在上，水润下而在下，水火相离而不成，所以说“未济”。

[2] 既济卦和未济卦的相同之处是，二者都是由离和坎重叠构成，两个卦的六个爻都应位。二者的不同之处是，既济卦是离下坎上，

未济卦是坎下离上，与此相关的是，既济卦六个爻都当位，未济卦六个爻都不当位。可见既济、未济之别是由“位”导致的。所以君子观此卦象，要慎重地辨别各种事物的性质，比如火炎上、水润下的性质，使各种事物处于适当的位置，以使所做之事成功。王弼说：“辨物居方，令物各当其所也。”(《周易注》卷第六)

[3] 王弼认为，未济卦初六是接着既济卦上六讲的，既济卦上六讲“濡其首”,“濡其首”而不返，以至于“濡其尾”，是“不知纪极”，即不知限度。程颐读“知”为 zhì，说“不知极”是不知之极。

[4] 九二不当位，但是由于其居中位，所以能“中以行正”，即“正”不是居位的，而是生成的，在以“中”而行中生成。

[5] 未济卦六爻都不当位，唯独讲六三“位不当”，是因为六三以阴柔不正居坎险之上。在这样的处境欲求进出险，必凶。《象》很多次讲到“位不当”，大多数都是说六三的。

[6]《象》讲“位不当”，除了说六三，就是说九四。九四不当位也易于有过失，但是，处未济之时，九四志于改变未济状况，即“志行也”，所以能“贞吉悔亡”。

[7] 晖：昌明。六五有昌明气象，所以“吉”。

[8] 饮酒不知节则“濡首”而昏头。

系 辞 上[1]

第一章

天尊地卑，乾坤定矣。[2]卑高以陈，贵贱位矣。[3]动静有常，刚柔断矣。[4]方以类聚，物以群分，吉凶生矣。[5]在天成象，在地成形，变化见矣。[6]

是故刚柔相摩，八卦相荡。鼓之以雷霆，润之以风雨；日月运行，一寒一暑。[7]

乾道成男，坤道成女。[8]乾知大始，坤作成物。[9]乾以易知，坤以简能。[10]

易则易知，简则易从。[11]易知则有亲，易从则有功；有亲则可久，有功则可大；可久则贤人之德，可大则贤人之业。[12]

易简而天下之理得矣。天下之理得，而成位乎其中矣。[13]

| 解读 |

[1] 孔颖达、朱熹皆分《系辞上》为十二章，但是二者划分不一致，今按朱熹分章。

《系辞上》说："《易》与天地准，故能弥纶天地之道。"这是说，《易》与天地之道有类似于"同构"的关系，犹如示意图与事物之间有"同构"关系，地形沙盘与实际地形有"同构"关系。陈梦雷说："《易》之未画，卦爻之变化在天地中；《易》之既画，天地万物之变化又在卦爻中。在天地者，未画之《易》；在《易》者，已画之天地也。"（《周易浅述》卷七）因此，对天地的言说与对《易》的言说也就有了一致性。朱熹说："《系辞》，或言造化以及《易》，或言《易》以及造化，不出此理。"（《朱子语类》卷第七十四）读《系辞》就是要围绕《易》与天地造化的关系来读。

[2] 天地造化没有尊卑贵贱之别，《系辞上》（以及《周易》其他内容）的作者为了体现其所处时代社会生活中尊卑贵贱的现象，将其加在天地造化上，说"天尊地卑"。尊卑贵贱的等级观点是我们今天读《周易》（以及其他中国传统文化经典）时最需要摒弃的。所以，当讲到"天尊地卑"以及与此相类似的表述时，我们只要理解了这是说事物有性质、功能、存在方式等等的区别就行了。有区别不同于有尊卑贵贱的等级。比如，天地有高下之区别，但是天地没有高下之等级。阴和阳、刚和柔以及与之对应的系列，都没有尊卑贵贱的等级。尊卑贵贱只是在一定的历史阶段有道德评价的意义。

讲天地有高低之别，是为了引出乾坤，这就把《易》与天地连起来了，乾对应天，坤对应地。《象》说"天行，健""地势，坤"。

[3] 陈：排列。位：爻位，事物所处的位置。事物有高低的排列，卦爻也有依次的位置。

[4] 常：规律，常规。断：区分。事物的变化有自己的规律，卦中刚柔的区别也有自己的常规。

[5] 方：性质、行为。“方以类聚，物以群分”指事物因性质、运行等特点聚成很多品类，又因性质、运行等特点分成不同品类。前者讲聚，即事物之间的相同、相通，后者讲分，即事物之间的不同、相斥。

客观事物的聚和分本身没有吉和凶的问题，吉凶是从人的角度讲的。《系辞上》说：“吉凶者，失得之象也。”从人的角度讲，得为吉，失为凶。韩康伯说：“方有类，物有群，则有同有异、有聚有分也。顺其所同则吉，乖其所趣则凶。”（《周易注》卷第七）程颐说：“万物庶事莫不各有其所，得其所则安，失其所则悖。”（《程传》卷第四）“其所”即“类”“群”，聚分得其“类”“群”则吉，反之则凶。

[6] 象：天行之象。形：地载之形。天有运行之象，地有承载之形，卦也有运行和承载的变化。

[7] 摩：挤迫，摩擦。荡：碰撞，摇动。由于《易》对应着天地和事物，所以《易》也就体现着天地和事物的状况。由 ⚊ 和 ⚋ 两个符号所对应的刚柔相互作用，体现出雷霆、风雨、寒暑的气象。

[8] 由 ⚊ 和 ⚋ 两个符号重叠构成的八卦及其动荡，体现着男女以及相应系列的性质和关系。“乾道成男”指乾以及震、坎、艮诸卦的性质和功能，“坤道成女”指坤以及巽、离、兑诸卦的性质和功能。

[9] 知：王引之：“知犹为也。为亦作也。”（《经义述闻》第二）“乾知大始”即《彖·乾》所言“大哉乾元，万物资始”。“坤作成物”即《彖·坤》所言“至哉坤元，万物资生”。所有事物的变化都始于乾的兴作，所以说“乾知大始”；所有变化的事物都由坤承载，所以说“坤作成物”。

[10]“易”“简”在此都是简易的意思。《易》把天地万物复杂的

现象概括为行和形两方面。天代表行，地代表形。行的品质就是个“健”，形的品质就是个“顺”。乾就是以“健”的品质兴作变化，坤就是以“顺”的品质承载事物，所以说“乾以易知，坤以简能”。《易》的所有的内容都是围绕“天行，健”和“地势，坤”来讲的。朱熹说：“天地之间，别有甚事，只是阴与阳两个字。”（《朱子语类》卷第六十五）又说：“《易》中只是阴阳，乾坤是阴阳之纯粹者。”“纯是阳，所以健；纯是阴，所以顺。”（《朱子语类》卷第六十八）

[11] 由于乾坤、健顺的道理非常简易，所以就容易被人们理解和践行，所以说“易则易知，简则易从”。在这儿不能机械地理解为对乾是易知，对坤是易从。

[12] 亲：近。功：成效。道理易知，人们才容易切近自身；道理易从，人们才容易行有成效。切近自身才可以坚持下来，行有成效才可以扩充出去。“德”就修养讲，“业”就事业讲。

[13] 虽然乾坤、健顺的道理非常简易，但是它是天地万物复杂现象的高度概括，所以说“天下之理得”。“成位乎其中”意为使天地间万物各得其所，与《中庸》所言“赞天地之化育”“与天地参”一致。

第二章

圣人设卦，观象系辞焉而明吉凶，刚柔相推而生变化。[1]

是故吉凶者，失得之象也；[2] 悔吝者，忧虞之象也。[3] 变化者，进退之象也；[4] 刚柔者，昼夜之象也。[5] 六爻之动，三极之道也。[6]

是故君子所居而安者，易之序也；[7] 所乐而玩者，爻之辞也。[8] 是故，君子居则观其象而玩其辞，动则观其变而玩其占。[9] 是故自天佑之，吉无不利。[10]

|解读|

[1] 设卦：设置卦。按传统的说法，《周易》是由伏羲画卦，周文王（以及周公）重卦并作卦辞、爻辞，孔子作《易传》以解《易经》。朱熹说："有天地自然之易，有伏羲之易，有文王、周公之易，有孔子之易。自伏羲以上，皆无文字，只有图画。"（《本义·图目》）"设卦"指伏羲画卦，这可以说是"天地自然之易"的"示意图"。"观象"在此指观卦象，而不是观天地自然之象。"系辞"即为"示意图"附上文字说明，通过图像和文字说明来晓示得失吉凶。"刚柔相推而生变化"指由⚊和⚋两个符号的推移而发生的变化。

[2]"吉凶者"不等于"吉者"和"凶者"，要把"吉凶"连起来看。"失得之象"包括各方面的得失。比如，得其时则吉，失其时则凶；得其所则吉，失其所则凶；得中正则吉，失中正则凶，等等。

[3] 韩康伯说："失得之微者，足以致忧虞而已，故曰悔吝。"（《周易注》卷第七）悔和吝皆有悔恨的意思。但是，悔还有悔过的意思，而吝则没有悔过的意思。朱熹说："吉凶悔吝之象，吉凶是两头，悔吝在中间，悔自凶而趋吉，吝自吉而向凶。"（《朱子语类》卷第七十四）由于悔和吝具有不同的行为方向，导致二者不同的结局。

[4]"进退之象"即阳进阴退，阳退阴进。由此而形成卦的变化。比如，从复、临、泰、大壮、夬到乾，是阳进阴退的变化过程；从姤、

遁、否、观、剥到坤，是阳退阴进的变化过程。

[5]“刚柔者”也是要把“刚柔”连起来看。前面讲“刚柔相推而生变化”，后面讲“刚柔相推”而生的“变化”是周而复始的，所以说“昼夜之象”。“昼夜之象”指那种周而复始的变化之象，而不是昼和夜之象。

[6]在六画卦中，人们以初、二为地，三、四为人，五、上为天。《系辞下》说：“有天道焉，有人道焉，有地道焉。兼三材而两之，故六。六者非它也，三材之道也。”极：顶点。“三材”就天、地、人各自讲，“三极”就三者相对关系讲，犹如三角形的三个顶点。如果我们把初—二、三—四、五—上看作三条等长的线段，各自从中折成60°，那么就有了三个角，可以分别称之为“地极”“人极”“天极”。三个角的边拼接，构成一个等边三角形，三角形的三条边分别是上—初、二—三、四—五。“三极”通过三条边（六爻）纠缠在一起，所以说“六爻之动，三极之道也”。“三材”“三极”之说极大地提高了人在天地间的地位。

[7]居：所处。序：排列的位置。“居而安”即安于所处。比如，所处为乾卦初九的位置，则安于“潜龙勿用”；所处为乾卦九三的位置，则安于“终日乾乾”；所处为乾卦九五的位置，则安于“飞龙在天”。如此等等。这就是“所居而安者，易之序也”。

[8]玩：研习领会。对于“潜龙勿用”“终日乾乾”“飞龙在天”的理解都不能停留于字面，而要深入地研习领会。比如，《文言》引孔子评“潜龙勿用”说：“龙德而隐者也。不易乎世，不成乎名，遁世而无闷，不见是而无闷。乐则行之，忧则违之，确乎其不可拔，潜龙也。”这就是“乐而玩”。“乐而玩”其实是“玩而乐”，即通过研习领会而得修己之乐。

[9]“居则观其象而玩其辞”中的“居”是平常的意思，与“居而安”中的“居”有所区别。“居则观其象而玩其辞”对应“所乐而玩者，

爻之辞也”。“动则观其变而玩其占”对应“所居而安者，易之序也”。

[10]“自天佑之，吉无不利”是大有卦上九爻辞。在此引用这句话，意在说明“居则观其象而玩其辞，动则观其变而玩其占”与“天佑”的关系。《象·大有》说“君子以遏恶扬善，顺天休命”。观象玩辞，观变玩占，就是为了“遏恶扬善，顺天休命”，这样才能“自天佑之，吉无不利”。

第三章

彖者，言乎象者也。[1]爻者，言乎变者也。[2]吉凶者，言乎其失得也。悔吝者，言乎其小疵也。[3]无咎者，善补过也。[4]

是故列贵贱者存乎位，[5]齐小大者存乎卦，[6]辩吉凶者存乎辞，[7]忧悔吝者存乎介，[8]震无咎者存乎悔。[9]

是故卦有小大，辞有险易。[10]辞也者，各指其所之。[11]

| 解读 |

[1] 彖：卦辞。《周易正义》卷第一引褚氏、庄氏云：“彖，断也，断定一卦之义，所以名为彖也。”卦辞是就一个卦的整体卦象讲的，所以说“彖者，言乎象也”。

[2] 爻：爻辞。爻辞是就一个爻的爻象、爻位的阴阳、刚柔以及

九六爻变讲的，所以说“爻者，言乎变者也”。

[3] 悔是将趋向于吉而未至于吉，吝是将趋向于凶而未至于凶，二者的趋向不同，但都有小毛病，所以说“悔吝者，言乎其小疵也”。

[4] 卦辞、爻辞中经常讲“无咎”，就事情讲是没有灾祸，就做事讲是没有过失。《系辞上》的作者进一步把“无咎”与补救过失联系起来，讲“无咎者，善补过也”。这样，“无咎”的“无”就被用作动词。张载说："凡言无咎者，必求其始皆有悔，今能改之也。"（《横渠易说·系辞上》）

[5] 位：爻位。关于爻位贵贱有很多说法。《系辞下》说“二多誉，四多惧”“三多凶，五多功”。李鼎祚《集解》引侯果曰："二、五为功誉位，三、四为凶惧位。凡爻得位则贵，失位则贱，故曰‘列贵贱者存乎位’矣。"撇开其中尊卑贵贱的身份含义，可以说爻位所尊贵的是中、正。

[6] 齐：列。俞樾说："齐，犹言列也。……列贵贱者存乎位，齐小大者存乎卦，曰列曰齐，辞异而义同。"（《群经平议·经二》）阳卦大阴卦小，比如，泰卦卦辞说“小往大来”，否卦卦辞说“大往小来”。

[7] 前面讲“系辞焉而明吉凶”，是从作者来讲，这儿讲“辩吉凶者存乎辞”是从读者来讲。读者要通过“玩其辞”来与作者沟通。

[8] 介：微小。王弼说："忧悔吝之时，其介不可慢也。"（《周易注》卷第七）朱熹说："悔吝固是吉凶之小者，介又是几微之间。虑悔吝之来，当察于几微之际。"（《朱子语类》卷第七十四）

[9] 震：动。欲动而无咎，就得及时悔过。李鼎祚《集解》引虞翻曰："震，动也。有不善未尝不知，知之未尝复行。无咎者善补过，故存乎悔也。"

[10] 辞：卦辞、爻辞。险：险恶。易：平易。《易》涉及的内容

非常广泛，诸如事情的吉凶、处境的顺逆、行为的成败、心情的喜忧等等，所以，其卦辞、爻辞的表述也有不同的情感倾向。比如，“君子有终”（谦卦卦辞）就平易，“羸其瓶”（井卦卦辞）就险恶；“饮食衎衎”（渐卦六二爻辞）就平易，“据于蒺藜”（困卦六三爻辞）就险恶。

[11] 卦辞、爻辞的吉、凶、悔、吝、厉、咎、亨等都有其趋避指向，所以说“辞也者，各指其所之”。朱熹说：“凡易，一爻皆具两义，如此吉者，不如此则凶；如此凶者，不如此则吉。”（《朱子语类》卷六十七）又说：“凡言吉，则不如是，便有个凶在那里；凡言不好，则莫如是，然后有个好在那里。”（《朱子语类》卷六十六）

第四章

《易》与天地准，故能弥纶天地之道。[1]

仰以观于天文，俯以察于地理，是故知幽明之故。[2] 原始反终，故知死生之说。[3] 精气为物，游魂为变，是故知鬼神之情状。[4] 与天地相似，故不违。[5] 知周乎万物而道济天下，故不过。[6] 旁行而不流。[7] 乐天知命，故不忧。[8] 安土敦乎仁，故能爱。[9] 范围天地之化而不过，[10] 曲成万物而不遗，[11] 通乎昼夜之道而知。[12]

故神无方而《易》无体。[13]

| 解读 |

[1] 准：等契，同构。弥纶：遍络，总括。由于《易》与天地有“同构”关系，所以能总括天地间的道理。

[2] 幽：幽深，深奥。明：明显，浅显。故：缘故，原因。

[3] 原始：推原事物的本始。反终：反求事物的终局。《列子·杨朱》说：“凡生之难遇而死之易及。”对于任何有限的事物来说，其出生都是一团的遇合，而后越来越有了确定性，而一旦出生，则必然会死。这就是“死生之说”。

[4] 精：用作动词。《说文解字》：“精，择也。”裴頠说：“有之所须，所谓资也。资有攸合，所谓宜也。择乎厥宜，所谓情也。”（《崇有论》）任何具体事物的形成都是在一团遇合的背景中，不断地“择乎厥宜”而显现出来，所以说“精气为物”。“游魂”指事物所含有的变化，所以说“游魂为变”。“神”是“生之难遇”的变化过程。“鬼”是“死之易及”的变化过程。任何具体事物的产生都是由很多很多的可能性越来越具有必然性，任何具体事物一旦产生都必然会消亡，这就是“鬼神之情状”。情状：情形。

[5] “与天地相似，故不违”即《文言》所说的“后天而奉天时”。

[6] “知周乎万物”是说所“知”广泛地关联到万事万物，不是说遍知万事万物。道：导。治理。《经典释文·周易音义》引郑玄云：“道，当作导。”济：助益。“道济天下”即《中庸》所言“赞天地之化育”。过：偏失。“知周乎万物而道济天下，故不过”比《文言》所说的“先天而天弗违”多了两点的内容，一是“先天而天弗违”的前提是“知周乎万物”；二是“先天而天弗违”的结果是“不过”。

[7] 旁：遍。流：荡散无节，随波逐流。“旁行”即遍行，没有什么不可行。“不流”即有节制，不随波逐流。韩康伯说“旁行而不

流”即“应变旁通而不流淫”。(《周易注》卷第七)“旁行”就“行”的敞开性讲,“不流”就“行”的适宜讲。从文字上看,“旁行而不流”一句好像是多出来的。《马王堆汉墓帛书·系辞》作“方行不遗”。

[8] 天、命在此都是指人力不能主宰的事情。既然人力不能主宰,那就只能是接受。既然只能是接受,那么与其忧愁地接受,不如乐观地接受,所以说“乐天知命,故不忧”。所谓“知命”不是说知道命“如何”,而是说知道“怎样”对待命。《象·大有》说:“君子以遏恶扬善,顺天休命。”善恶是人力能够主宰的,所以要努力“遏恶扬善”。天、命是人力不能主宰的,所以要顺应于天,休宁于命。孟子说:“修身以俟之,所以立命也。”(《孟子·尽心上》)“立命”即安身于命。

[9] 安土:安于所居之处。朱熹说:“安,是随所居而安,在在处处皆安。若自家不安,何以能爱?”“安土者,随所寓而安。若自择安处,便只知有己,不知有物也。”(《朱子语类》卷第七十四)敦:笃厚。仁的内涵很丰富,爱是仁非常重要的内涵。“安土敦乎仁”相对于“乐天知命”讲。孔子说“仁者不忧”(《论语·子罕》)。

[10]“范”是铸造器物的模子,所以,范围就不仅仅是围的意思,还有范的意思。朱熹说:“范是铸金之范,围是围裹。如天地之化都没个遮拦,圣人便将天地之道一如用范来范成个物,包裹了。”(《朱子语类》卷第七十四)这同样是体现“道济天下”“赞天地之化育”。过:差误。

[11] 曲:有局部、部分的意思。成:形成。“曲成”即根据具体事物的性质形成不同的分类。遗:遗漏。朱熹说:“‘曲成万物而不遗’,此又是就事物之分量形质,随其大小阔狭、长短方圆,无不各成就此物之理,无有遗缺。”(《朱子语类》卷第七十四)

[12]“昼夜之道”不是讲昼和夜,而是讲那种周而复始不断变化

之道。知：别。既讲“通”，又讲“别”。通是包含着别的通，别是贯穿于通的别。“范围天地之化”从“全”讲，“曲成万物”从“偏”讲，“通乎昼夜之道”又把“偏”贯通起来。这样，再回到“范围天地之化”才能“不过”。

[13] 无方：方向不定。事物的变化向多种方向敞开，“生之难遇”的变化，其不确定性自不必说，即使是“死之易及”的变化，也仍然具有敞开性。司马迁说，“人固有一死，或重于泰山，或轻于鸿毛”（《报任少卿书》）。固有一死讲死是必然的，或重或轻讲怎样死是敞开的。由于变化具有不确定性，所以说“神无方”。由于“《易》与天地准”，所以，《易》的内容也就不能定于一体了。

第五章

一阴一阳之谓道。[1] 继之者善也，成之者性也。[2]

仁者见之谓之仁，知者见之谓之知，百姓日用而不知，故君子之道鲜矣。[3]

显诸仁，藏诸用，[4] 鼓万物而不与圣人同忧，[5] 盛德大业至矣哉！

富有之谓大业，日新之谓盛德，[6] 生生之谓易，[7] 成象之谓乾，效法之谓坤，[8] 极数知来之谓占，[9] 通变之谓事，[10] 阴阳不测之谓神。[11]

| 解读 |

[1] 在解读《彖·乾》时我们曾讲到,《老子》说道“独立而不改,周行而不殆”(第二十五章)。“独立”是说没有与道相对待的东西,所以只能是全部事物的“混而为一”(第十四章)。裴颜说:“总混群本,宗极之道也。”(《崇有论》)“不改”是说道这个“一”没有改变,因为要“改”了就不“独立”了。全部事物自然包含全部变化,所以,所谓“混而为一”又是一团“变”,即“周行而不殆”。

《易传》中的“道”与《老子》的“道”意思相近,也是“独立而不改”的一团“变”。所有的事物都在这一团“变”中,而这一团“变”是“不改”的。

变化由阴阳(矛盾双方)的共同作用而形成,《老子》把这称为“万物负阴而抱阳”(第四十二章)。《老子》把万物“负阴”“抱阳”的共同性称之为“气”,万物“负阴”“抱阳”地交织在一起,叫作“冲气”。所以,“一阴一阳”重在讲阴阳之“冲”,即阴阳的纠缠涌摇。阴阳“冲气以为和”即“一阴一阳之谓道”。

[2] 继:接连不断。之:指“一阴一阳”。善:通“缮”。强健有力。阴阳的纠缠涌摇接连不断,体现出强健有力之势,所以说“继之者善也”。在纠缠涌摇的“节点”处形成具有不同性质的事物现象,所以说“成之者性也”。朱熹说:“‘继之者善’是阳;‘成之者性’是阴。”(《朱子语类》卷第六十五)阳的作用是发动变化,体现着强健有力;阴的作用是承载变化,成就着“各正性命”。

[3]“道”是全部事物的“混而为一”,是全部事物纠缠涌摇的一团“变”。任何具体事物都处在普遍联系的纠缠涌摇之中,都是普遍联系之网的某个“节点”处的所现之象。所以,任何具体事物,都只能从自己所处的“节点”与普遍联系之网发生关系。这意味着,

作为具体事物的人，其观察事物不可避免地会带有自己“节点”的色彩。“仁者”之“见”带有“仁”的色彩，“知（智）者”之“见”带有“知”的色彩。这是人无可奈何的事，所以也不必为此忧虑。如果要表述自己观察的结果，那么只要把自己的“节点”作为表述的前提条件，以假言命题的形式表述就行了。

严重的问题是，由于人们不明白“仁者见之谓之仁，知者见之谓之知”的道理，往往会以为自己在某个“节点”所得的见解是无条件的普遍性结论。所以，虽然总是按“仁者见之”“知者见之”来看问题，但是往往会把“仁者见之”“知者见之”的前提条件去掉，直接“谓之仁”“谓之知”了。所以说“百姓日用而不知”。

君子知道自己之“见”的局限，所以，在肯定由此“节点”所得之“见”的同时，不否定从彼“节点”所得之“见”。遗憾的是，能明白这道理的人很少，所以说“君子之道鲜矣”。鲜（xiǎn）：少。

[4] 仁：相亲偶。用：施行。“一阴一阳”显现为相亲相偶的形态，隐藏于继善成性的施行，鼓动激荡着万事万物。其运行万物之德、完备万物之业无与伦比，所以说“盛德大业至矣哉”。

[5]《老子》说“道法自然”（第二十五章），孔子说“人能弘道”（《论语·卫灵公》），二者所言之“道”既有相同之处，也有相异之处。相同之处是，都讨论那个“全”。比如，一间屋子里面放着各种家具，二者都讨论这间屋子及其家具。相异之处是，《老子》所讨论的“全”敞开着全部的可能，孔子所讨论的“全”则要在诸多可能之中选择一种“最佳”状态来实现。比如，对于屋子里的家具，《老子》认为无所谓“最佳”摆设，一切皆随性放置即可，这可以说是“道法自然”；孔子则有自己认为的“最佳”摆设方案，并且认为按这种“最佳”方案摆设，能使屋子及其家具到达“最佳”状态，这可以说是“人能弘道”。但是，既然有设计的方案，那么就难免担忧方案能否实施、

如何实施，担忧实施结果是否符合方案等等。如果是“道法自然”，那么就不会有这些担忧了。

“一阴一阳之谓道”的“道”与《老子》的“道”一致，所以说“鼓万物而不与圣人同忧”。但是，《易》的作者的心情更接近孔子。《系辞下》说：“作《易》者，其有忧患乎？”

[6]《庄子·天道》说，道“于大不终，于小不遗，故万物备”，《鹖冠子·环流》说“无不备之谓道”，裴頠说“总混群本，宗极之道也”（《崇有论》），都是讲“道”的“富有”。“万物备”“无不备”，还有什么能比这更“富有”？李鼎祚《集解》引王凯冲曰：“物无不备，故曰‘富有’；变化不息，故曰‘日新’。”“富有”相应“独立而不改”，“日新”相应“周行而不殆”。

[7]易：变易。事物总是处在变化之中，对于任何有限的事物来说，其变化表现为从产生到消亡的过程，但是，由于“凡生之难遇而死之易及”（《列子·杨朱》），有生必有死，所以，说“生”也就意味着由生到死的变化。生生不已导致变化不息，所以说“生生之谓易”。生生不已是天地间最根本的性质，所以说“天地之大德曰生”（《系辞下》）。

[8]“成象之谓乾”即“在天成象”。效：呈现。法：模式。“效法”即按模式呈现出来，或者说呈现形式。“效法之谓坤”也就是“在地成形”。

[9]极：深究。数：蓍策之数。“极数”指深究蓍策之数中包含的道理。知来：知道未来。知道未来不是说知道未来是“什么样”的，而是知道未来是“怎么样”来的。孔颖达说：“用蓍以求数，得数以定爻，累爻而成卦。”（《正义》卷第一）求数成卦，是一个由一堆的遇合越来越有了确定性的过程，所以《系辞下》说“其初难知，其上易知”。可以说，所有的未“来”都是这样“来”的。在这一堆

的遇合中，有些因素是人力不能主宰的，对这部分因素“乐天知命”即可。既然是人力不能主宰，知道与不知道，结果都一样。有些因素是人力能够主宰的，对这部分因素要通过人力来参与未来之“来”。比如，孟子说“知命者不立乎岩墙之下”（《孟子・尽心上》），“不立乎岩墙之下”就参与了未来之“来”，同时也就预测了未来不易被危墙所压。正是在这样的预测（即占）的意义上，“忧悔吝者存乎介，震无咎者存乎悔”才有意义。

[10] 通：实行，施行。“通变”即参与变化。事情变化的结果是多方面因素决定的，所谓“通变之谓事”就是把自己所主宰的方面参与到事情的变化中去。《象・大有》说：“君子以遏恶扬善，顺天休命。”孟子说：“修身以俟之，所以立命也。”（《孟子・尽心上》）《中庸》说：“君子居易以俟命。”修身，遏恶扬善，居处平易，都是“通变”之“事”。

[11] 阴阳：即“一阴一阳”。阴阳纠缠涌摇发生的变化不可预测，这种状况被叫作“神”。“阴阳不测之谓神”是对“极数知来之谓占”的另一种说明。一个讲“知来”，一个讲“不测”，既“不测”如何“测（占）”？所以，“知来”并非知未来是“什么样”，而是知未来是“怎么样”来。知道了未来是“怎么样”来，也就知道了“变化之道”。知道了“变化之道”，也就知道了“阴阳不测”的过程。孔子说：“知变化之道者，其知神之所为乎。”（《系辞上》）

第六章

夫《易》，广矣大矣！以言乎远则不御，以言乎迩则静而正，以言乎天地之间则备矣。[1]

夫乾，其静也专，其动也直，是以大生焉。夫坤，其静也翕，其动也辟，是以广生焉。[2]

广大配天地，变通配四时，阴阳之义配日月，易简之善配至德。[3]

| 解读 |

[1] 御：止息。“不御”指无尽无息。正：确定。从大的时空范围讲，事物处在无尽无息的联系和变化中，所以说“不御”。从小的时空范围即相对静止讲，事物具有其规定性，所以说“静而正”。这些道理《易》都具有，所以说“以言乎天地之间则备矣”。

[2] 专（tuán）：同“抟”。《经典释文·周易音义》引陆绩作“抟”。“圆”的意思。乾阳坤阴，阴静阳动，而阴阳又纠缠在一起，彼中有此，此中有彼，所以，乾既有动，也有静；坤既有静，也有动。乾之静是阳中阴，坤之动是阴中阳。正是阴阳纠缠涌摇，才有大生广生之功。

[3] 配：对应。至德：指天地的简易之德。《系辞下》说“天地之大德曰生”，“至德”即“大德”。天地间事至为简易，就是一个“生”，所以说“易简而天下之理得矣”。《易》的全部内容都是围绕“生生”展开，所以说“易简之善配至德”。“广大”讲规模，“变通”讲变动不居，“阴阳之义”讲变动的根据，“易简之善”讲根本性质。

第七章

子曰：[1]“《易》其至矣乎！夫《易》，圣人所以崇德而广业也。[2]知崇礼卑，崇效天，卑法地。[3]天地设位，而易行乎其中矣。[4]成性存存，[5]道义之门。”[6]

丨解读丨

[1] 子：孔子。《系辞传》中多次提到“子曰”，所言未必都是孔子的话，但是其中应该含有孔子思想的因素。所以，我们在解读时，笼统地认为“子”是“孔子”。

[2] 崇德，高大其德。广业，广大其业。一阴一阳之“道”有盛德大业，人则要崇德广业。

[3] 崇、卑都是动词。“知崇”是提高道德认识，“礼卑”是落实道德实践。不断提高道德认识要象天之高而又高，不断落实道德实践要象地之厚而又厚。朱熹说：“知是知处，礼是行处。”“知识贵乎高明，践履贵乎著实。知既高明，须放低著实做去。”“‘知崇’是知识超迈，‘礼卑’是须就切实处行。若知不高，则识见浅陋；若履不切，则所行不实。知识高便是象天，所行实便是法地。”（《朱子语类》卷第七十四）

[4] “天地设位”在此讲“知崇礼卑”。孔颖达说：“‘而易行乎其中’者，变易之道，行乎知、礼之中。”（《正义》卷第七）朱熹说：“识见高于上，所行实于下，中间便是生生而不穷。”（《朱子语类》卷第七十四）

[5] “成性”即前面《第五章》讲过的“成之者性也”。“存存”即存而又存，保持。“存存”相应的是“成性”之事，而不是所“成”之“性”。

前面说过，“成之者性”即在纠缠涌摇的“节点”处形成具有不同性质的事物现象。作为“三极之道”中的一极，人也参与“成性”之事，既成物性，也成己性，而且更重要的是成己性。

所谓成物性，即人在自己的活动中，能够在具体境遇中敞开物“性”，使物成为境遇性的产物。这是成物性的“成性存存”。

所谓成己性，即不断地成就完善人自己的“性”。

从逻辑学来讲，每一类事物都有其共同性，即属于该类的个体都具有的性质。属于“人”类的个体都具有“人性”，属于“狗”类的个体都具有“狗性”,就此而言,人类之“性”与其他事物类之“性”是一样的。人类之“性”与其他事物类之“性”的不同之处在于，其他事物类之“性”是完全给定的，比如，狗一生下来就具有完全给定的“狗性”;而人类之“性”的某些内容不是完全给定的，比如，“人性”中一些具有社会性的性质，需要在后来参加到社会活动中才能成为现实的人之“性”。比如，我们可以说“人是有理性的动物”，或者说“人是能制造并使用工具的动物”，在此，人具有的“动物”的性质是给定的，这自有其值得尊重的价值，而“有理性”或者“能制造并使用工具”的性质，虽然不能说完全没有给予的成分，但是，主要还是要在社会活动中才能实现为现实的人“性”。正是由于“人性”有这样的特点，我们才说人的发展，否则，讲人的发展就没有意义。所谓成己性,就是要不断地发展完善“人性”中的这部分性质。这是成己性的“成性存存”。

中国古代，比较重视“人性”中的道德的性质。孟子说，人具有“仁义礼智”这样的善性，但是并非说人一生下来就具有完备的“仁义礼智”，而只是具有“仁义礼智”之“端”，即“仁义礼智”的潜能。要使潜能成为现实，就需要在后天的人生修养中，激活、升级、保护善“端”，这样才能使之成为现实的善性。这也是成己性的“成性存存”。

[6] 道：即“一阴一阳之谓道”的“道”。《中庸》说：“天命之谓性，率性之谓道，修道之谓教。”朱熹说：“物所受为性，天所赋为命。”（《本义》卷之一）事物的产生都有其先在条件，先在条件谓之天，产生事物谓之命，事物由天命而有其本性谓之性。事物按其本性生存，谓之率性。

天命、率性都并非只就人言，众物之本性皆天命，众物之生存皆率性，众物及其率性的纠缠混合是谓“道”。由于“万物负阴而抱阳”，所以，众物及其率性的纠缠混合也就是“一阴一阳之谓道”。所以，郭店楚墓竹简《性自命出》说：“道者，群物之道。”

天命之性、率性之为是多种多样、千差万别的，因此——从人的角度看——众物及其率性的纠缠混合并不总是协调的，常常表现出扞格抵牾。在《老子》看来，出现的扞格抵牾会由“自然”消解，比如，《老子》说：“天之道犹张弓也：高者抑之，下者举之；有余者损之，不足者补之。”（第七十七章）在孔子及儒家，则强调人的作用。董仲舒说：“天道施，地道化，人道义。”（《春秋繁露·天道施》）义即宜。如是“修道”，使各种率性得以适度，使扞格抵牾得以消除。这样的“道”才是合宜的。这就是所谓“道义”，即“义”之“道”。孔子说“志于道”（《论语·述而》），就是要志于这样的“道”。这不同于《老子》所讲“道法自然”的“道”，而是“人能弘道”的“道”。

[7] 门：出入的关键处。成己性、成物性，是进行“修道”的关键，所以说“成性存存，道义之门”。

第八章

圣人有以见天下之赜，而拟诸其形容，象其物宜，是故谓之象。[1] 圣人有以见天下之动，而观其会通，以行其典礼，系辞焉以断其吉凶，是故谓之爻。[2] 言天下之至赜而不可恶也，[3] 言天下之至动而不可乱也。[4] 拟之而后言，议之而后动，拟议以成其变化。[5]

“鸣鹤在阴，其子和之。我有好爵，吾与尔靡之。”子曰：“君子居其室，出其言善，则千里之外应之，况其迩者乎？居其室，出其言不善，则千里之外违之，况其迩者乎？言出乎身，加乎民；行发乎迩，见乎远。言行，君子之枢机。枢机之发，荣辱之主也。言行，君子之所以动天地也，可不慎乎？”[6]

“同人先号咷而后笑。”子曰：“君子之道，或出或处，或默或语。二人同心，其利断金。同心之言，其臭如兰。”[7]

“初六，藉用白茅，无咎。”子曰：“苟错诸地而可矣。藉之用茅，何咎之有？慎之至也。夫茅之为物薄，而用可重也。慎斯术也以往，其无所失矣。”[8]

“劳谦，君子有终，吉。”子曰：“劳而不伐，有功而不德，厚之至也。语以其功下人者也。德言盛，礼言恭。谦也者，致恭以存其位者也。”[9]

“亢龙有悔。”子曰：“贵而无位，高而无民，贤人在下位而无辅，是以动而有悔也。”[10]

“不出户庭，无咎。”子曰：“乱之所生也，则言语以为阶。君不密则失臣，臣不密则失身，几事不密则害成。是以君子慎密而不出也。”[11]

子曰：“作《易》者其知盗乎？《易》曰‘负且乘，致寇至’。负也者，小人之事也；乘也者，君子之器也。小人而乘君子之器，盗思夺之矣。上慢下暴，盗思伐之矣。慢藏诲盗，冶容诲淫。《易》曰‘负且乘，致寇至’，盗之招也。”[12]

解读

[1] 赜（zé）：孔颖达解释为“幽深难见”（《正义》卷第七），朱熹解释为“杂乱”（《本义》卷之三）。拟：拟度。宜：《说文解字》：“宜，所安也。”《玉篇》：“宜，当也。”“物宜”指事物恰当的所处状态，也可以说是事物的适宜状态。

天下之理虽然简易，但是隐寓在杂乱的事情中，难以发现。圣人看到这种情况，便拟度天下之理的形状，用形象显示事物的适宜状态，所以有“象”之谓。孔颖达说：“见此刚理，则拟诸乾之形容；见此柔理，则拟诸坤之形容也。”“若象阳物，宜于刚也；若象阴物，宜于柔也，是各象其物之所宜。”（《正义》卷第七）

[2] 会：聚集。“会通”即会而通。会则容易窒塞，所以要通。通则容易空洞，所以又要会。朱熹说：“会而不通，便窒塞而不可行；通而不会，便不知许多曲直错杂处。”（《朱子语类》卷第七十五）典礼：制度礼仪。“行其典礼”即在会而通中运行制度礼仪。系辞：在卦爻后面系以文字。在会而通中运行制度礼仪，得则为吉，失则为凶。爻：在此指模拟会通变化之事。道理可以形象化，能用象模拟。变化难以形象化，只好用爻变来模拟，所以有“爻”之谓。《系辞下》说：“爻也者，效天下之动也。”孔颖达说：“爻者，效也。效诸物之通变。”（《正义》卷第七）

[3] 恶（yà）：通“亚”。次，以次而序。《经典释文·周易音义》：“恶，于嫁反。荀作亚。亚，次也。”“不可恶”指隐寓在杂乱事情中的道理，非常幽深难见，不能用以次而序的方式，即“首先其次再次”等等的方式来言说，所以要用象来形容。卦辞、爻辞只对应卦象、爻象讲，不排列前后顺序。

[4] 乱：混杂。天下事物的变动错综复杂，但是在言说变化的时候，不能将各种变化都混杂在一起说，如果那样的话，就没法说了，所以说“言天下之至动而不可乱也”。

[5] 拟：揣度。议：斟酌。“拟议”指事前斟酌考虑。拟而后言，则不妄言。议而后动，则不妄动。这样才能成就变化。韩康伯说：“拟议以动，则尽变化之道。”（《周易注》卷第七）

[6]“鸣鹤在阴，其子和之。我有好爵，吾与尔靡之”是中孚卦九二的爻辞。孔子从人的不同言行对外部会产生不同影响的角度来解释这段话。枢：门轴。机：弩上的发箭装置。“枢机”指掌控的关键。“枢”是掌控门开阖的关键，“机”是掌控箭中否的关键。言和行都有是否发出和是否恰当的问题。言和行都不可收回，一旦发出，就会产生影响，所以需要重视对言行的控制。《列子·说符》说：“慎

而言，将有和之；慎而行，将有随之。”张载说：“凡一言动，是非可否随之而生，所以要慎言动。”（《横渠易说·系辞上》）主：主宰。言行主宰着荣辱。

[7]“同人先号啕而后笑”是同人卦九五的爻辞。孔子从“同人”重在“同心”来解释这句话。出：行。处：止。其利断金：比喻无坚不摧。臭（xiù）：气味。只要人同心，无论行止，都能无坚不摧。只要人同心，无论语默，都能沟通心灵，像兰之芬芳，沁人心脾。陈梦雷说：“君子之道，始虽歧而终实无间。孔子释之，言始异而终同者，由于迹异而心同也。”（《周易浅述》卷七）

[8]“初六，藉用白茅，无咎”是大过卦初六的爻辞。孔子从做事慎重的角度来解释这段话。藉用白茅：用白茅草垫物品。错：通“措”。术：方法。茅草虽然是微薄之物，但是用以垫贵重物品却可以起重要作用。做事慎重，不需要什么代价，但是对于事情的成功却有重要作用。所以，用慎重的方法做事，也许会没有过失。

[9]“劳谦，君子有终，吉”是谦卦九三的爻辞。劳：功劳。“劳谦”指虽然有功劳，仍然能够谦逊。伐：夸耀。“有功而不德”之“德”通“得”。“有功而不德”即不居功。厚：厚道。陈梦雷说：“‘德言盛，礼言恭’，言德欲其盛，礼欲其恭也。……有劳有功而不伐不德，唯至厚者能之。”（《周易浅述》卷七）

[10]“亢龙有悔”是乾卦上九的爻辞。“贵而无位，高而无民，贤人在下而无辅，是以动而有悔也”与《文言·乾》解释乾卦上九的一段话重复。

[11]“不出户庭，无咎”是节卦初九的爻辞。孔子从慎言语的角度来解释这段话。阶：阶梯，比喻根由。密：周密，慎密。几事：机密的事。不出：即不出言。《说苑·敬慎》记载，孔子到周参观太庙，看到一个“三缄其口”的金人像。“三缄其口”就是要不出言。

[12]“负且乘，致寇至”是解卦六三爻辞。慢：懈怠。暴：凶残。“上慢下暴”指在上者懈怠，在下者残暴。慢藏：疏于治理或保管所藏之物。冶容：妖媚的妆饰和容貌。“盗之招”是这段话的总结，意思是自己招致强盗。

第九章

天一，地二；天三，地四；天五，地六；天七，地八；天九，地十。天数五，地数五，五位相得而各有合。天数二十有五，地数三十，凡天地之数五十有五。此所以成变化而行鬼神也。[1]

大衍之数五十，其用四十有九。[2]分而为二以象两，[3]挂一以象三，[4]揲之以四以象四时，[5]归奇于扐以象闰，[6]五岁再闰，故再扐而后挂。[7]

乾之策，二百一十有六。坤之策，百四十有四。凡三百有六十，当期之日。二篇之策，万有一千五百二十，当万物之数也。[8]是故，四营而成易，十有八变而成卦。[9]八卦而小成，引而伸之，触类而长之，天下之能事毕矣。[10]显道神德行，是故可与酬酢，可与佑神矣。[11]

子曰：“知变化之道者，其知神之所为乎。”[12]

解读

[1]“天一……地十”这段话原来在“‘《易》有圣人之道四焉’者，此之谓也”之后，朱熹将其移至此处。“天数五……成变化而行鬼神也”这段话原来在“再扐而后挂”之后，朱熹将其移至此处。今从朱熹。高亨说：“五十五之数，为变卦而言，所云‘成变化而行鬼神也’者，谓五十五之数所以定卦之变化也。”（《周易古经今注》，中华书局，1984 年，第 145 页。）详细内容，见《周易古经今注》中的《周易筮法新考》。

[2] 衍：演。高亨说“先秦人称算卦为衍，汉人称算卦为演”（《周易大传今注》，齐鲁书社，1979 年，第 524 页）。“大衍之数五十”是说算卦要用五十根蓍草茎。至于为什么要用五十根，有各种不同的说法，莫衷一是，不必细究。“其用四十有九”是说在实际算卦中，只用四十九根。

[3]“分而为二”是说把四十九根蓍草随机地分成两部分，这叫作“分二”。“象两”意为象征天地。其实是以“天地”表示“分而为二”的操作。后面所讲的“象 X”都是这个意思。

[4]“挂一”指从其中的一部分中拿出一根蓍草，悬于小指。这叫作“挂一”。 这是算卦的一种操作方法。也可以放在一边，只要不混淆即可。“象三”意为象征三材。

[5] 揲：按定数来数。“揲之以四”即以每四根蓍草为一组来分别数分为两部分的蓍草茎，这叫作“揲四”。

[6] 奇（jī）：余数。在“揲之以四”的操作中，以所余四、三、二、一为余数。“归奇于扐”指把剩余的蓍草夹在无名指、中指、食指中间，这叫作“归奇”。也可以将剩余的蓍草放在一边，只要不混淆即可。闰：一回归年比一年天数多余的时间，大约每三年（农历）

积累成一个月，加在一年里。每五年大约加两个月。

[7] 数完一部分后，再以同样的方法数另一部分，还是要把余数放在一边，这叫作“五岁再闰”。以上的操作概括为：分二、挂一、揲四、归奇，叫作“四营”。完成这一轮程序后，要把除去挂一、归奇的蓍草合在一起，再按分二、挂一、揲四、归奇的程序操作。然后再把除去挂一、归奇的蓍草合在一起，再按分二、挂一、揲四、归奇的程序操作。经过三轮这样的操作后，所剩的蓍草数有三十六、三十二、二十八、二十四这四种可能，因为是以四为一组数的，所以除四，得九、八、七、六这四个数字，然后根据所得数字画爻，九、七画阳爻，六、八画阴爻。这就是“用蓍以求数，得数以定爻”（《周易正义》卷第一）。

[8]“乾之策”指算出乾卦六个爻所有的蓍草茎数。“坤之策”指算出坤卦六个爻所有的蓍草茎数。因为阳爻九是变爻数，所以按每个爻三十六策算，六个爻共得二百一十六策，所以说“乾之策，二百一十有六”。阴爻六是变爻数，所以坤卦按每个爻二十四策算，六个爻共得一百四十四策，所以说“坤之策，百四十有四”。二百一十六加上一百四十四，等于三百六十，大约相当于一年的天数，所以说“凡三百有六十，当期之日”。期（jī）：在此指一周年。《易经》六十四个卦被分为上下二篇。六十四个卦共有三百八十四爻，阳爻和阴爻各一百九十二爻。三十六乘以一百九十二，等于六千九百一十二；二十四乘以一百九十二，等于四千六百零八。六千九百一十二加上四千六百零八，等于一万一千五百二十，大约为万数，所以说“当万物之数也”。上述内容多为附会，不必细究。

[9] 营：经营。易：变。在此指经过分二、挂一、揲四、归奇的一轮操作所得的结果。由于所得结果不确定，总是在变易，所以说“易”。每得一爻要经过三轮操作，一个卦六个爻要经过十八轮操作，

所以说“十有八变而成卦”。这就是“累爻而成卦”(《周易正义》卷第一)。

[10]“小成”即算出八卦。八卦只能象征孤立的事物，不能显示各种事物之间的关系，所以说“八卦而小成”。“引而伸之”即引伸为六十四卦。“触类而长之”指用一种卦象，象征一类事物。这样，六十四卦就不只是象征六十四种事物了。能事：所能之事。“天下之能事毕矣”即把天下之事都概括了。

[11]显道神德行：以往人们多分成“显道”和“神德行”。但似乎应该是一个“显”带着“道神”和“德行”两个内容。前面讲“一阴一阳之谓道”和“阴阳不测之谓神”,正是“道神”之意。前面讲“日新之谓盛德，生生之谓易”,《系辞下》讲“天地之大德曰生”，正是“德行”之意。酬酢：应对各种求问。佑：助。孔颖达说：“《易》道弘大，可与助成神化之功也。”(《正义》卷第七)

[12]一方面,“阴阳不测之谓神”,另一方面,“极数知来之谓占”。一个讲“知来”，一个讲“不测”，二者看似矛盾，其实是一致的。因为“知来”并非知未来是“什么样”,而是知未来是“怎么样”来。知道了未来是“怎么样”来，也就知道了“变化之道”。知道了“变化之道”,也就知道了“阴阳不测”的过程。所以说“知变化之道者，其知神之所为乎”。

第十章

《易》有圣人之道四焉：以言者尚其辞，以动者尚其变,以制器者尚其象,以卜筮者尚其占。[1]

是以君子将有为也,将有行也,问焉而以言。

其受命也如响，无有远近幽深，遂知来物。非天下之至精，其孰能与于此？[2] 参伍以变，错综其数。[3] 通其变，遂成天地之文；[4] 极其数，遂定天下之象。[5] 非天下之致变，其孰能与于此？[6]《易》，无思也，无为也，寂然不动，感而遂通天下之故。非天下之至神，其孰能与于此？[7]

夫《易》，圣人之所以极深而研几也。[8] 唯深也，故能通天下之志。唯几也，故能成天下之务。[9] 唯神也，故不疾而速，不行而至。[10]

子曰"《易》有圣人之道四焉"者，此之谓也。

｜解读｜

[1] 以：运用。在此指运用《易》指导"言""动""制器""卜筮"。尚：遵从。器：不仅仅是指器物，还包括形名度数。张载说："辞、变、象、占，皆圣人之所务也，《易》道具焉。尚辞则言无所苟，尚变则动必精义，尚象则法必致用，尚占则谋必知来。"（《横渠易说·系辞上》）

[2] 有为：做事。有行：行动。问：占问。"问焉而以言"指以言问所占之事。受命：受占问者之命。响：回声。孔颖达说："蓍受人命，报人吉凶，如响之应生也。"（《正义》卷第七）来物：未来之事。精：灵敏。

[3] 参(sān)：三。"参伍"指或三或五，指数的变化不定。变：即"四营而成易"中的"易"，即经过分二、挂一、揲四、归奇的一轮操作

所得的结果。由于所得结果不确定，总是在变易，所以说“变”。“参伍以变”是说以“或三或五”来表示“用蓍以求数”的不确定性。数：用蓍所求的九、六、七、八之数。错综其数：九、六、七、八之数错综复杂，由此而定的爻也是错综复杂的。

[4] 通：连通，实行。“通其变”即把各种“变”都连通起来，“推而行之”。文：各种“德”交织成文。各种“变”连通推行，把天地间各种性质、关系都交织在一起，所以说“成天地之文”。

[5] 极：深究。“极其数”即深究九、六、七、八之数中包含的道理，如阴阳之性、刚柔之位、变与不变等等。由此形成的卦爻之象，概括了天下万物之象，所以说“定天下之象”。

[6] 变：通“辩”。普遍。《易》的内容具有极大的普遍性。

[7] 无思也，无为也：无心于思，无心于为。《易》虽然是人操作而成，但不是用心思而为。操作的程序是确定的，操作的结果是不确定的。算卦时不能说想算个什么卦就算出个什么卦。“寂然不动”指《易》并不主动地对应什么，就在那儿待着。遂：尽。故：事理。“感而遂通”指一旦由揲蓍进入到《易》中，那么就连通了天下事理。至神：韩康伯说：“至神者，寂然而无不应。”（《周易注》卷第七）

[8] 极深：推究事物幽深的道理。研几：细究事物变化的苗头。韩康伯说：“极未形之理曰深，适动微之会曰几。”（《周易注》卷第七）

[9] 唯深：唯极深。唯几：唯研几。通天下之志：贯通各种志意。成天下之务：成就各种事情。

[10] “不疾而速”即“其受命也如响”。“不行而至”即“感而遂通天下之故”。

第十一章

子曰："夫《易》何为者也？夫《易》，开物成务，[1]冒天下之道，[2]如斯而已者也。"是故圣人以通天下之志，以定天下之业，以断天下之疑。[3]

是故蓍之德圆而神，[4]卦之德方以知，[5]六爻之义易以贡。[6]圣人以此洗心，[7]退藏于密，[8]吉凶与民同患。[9]神以知来，[10]知以藏往。[11]其孰能与于此哉？古之聪明睿知神武而不杀者夫。[12]是以明于天之道，而察于民之故，是兴神物以前民用。[13]圣人以此斋戒，以神明其德夫。[14]

是故阖户谓之坤，辟户谓之乾，一阖一辟谓之变，往来不穷谓之通。[15]见乃谓之象，形乃谓之器，[16]制而用之谓之法，[17]利用出入，民咸用之谓之神。[18]

是故《易》有太极，[19]是生两仪，[20]两仪生四象，四象生八卦。[21]八卦定吉凶，吉凶生大业。[22]

是故法象莫大乎天地；[23]变通莫大乎四时；县象著明莫大乎日月；崇高莫大乎富贵；备物致用，立成器以为天下利，莫大乎圣人；[24]探赜索隐，钩深致远，以定天下之吉凶，成天下之亹亹者，莫大乎蓍龟。[25]

是故天生神物，圣人则之；[26]天地变化，圣人效之；天垂象，见吉凶，圣人象之；[27]河出图，洛出书，圣人则之。[28]《易》有四象，所以示也；系辞焉，所以告也；定之以吉凶，所以断也。[29]

丨解读丨

[1] 开：开发，开启。前面讲过“乾知大始，坤作成物”，《彖》也讲“大哉乾元，万物资始”“至哉坤元，万物资生”。乾坤（天地）固然始生万物，但是这只是“二极”的始生。《易》讲“三材”，讲“三极之道”，所以，天地“二极”所生之物，对于“三极”之一的人来说，就还没有现实的意义。只有人在自己的活动中与物打交道，物对人来说才成为现实之物。《易》体现了“三极之道”的关系，所以说“开物成务”。

[2] 冒：统括，覆盖。《易》统括了天下事物变化的道理。韩康伯说：“《易》通万物之志，成天下之务，其道可以覆冒天下也。”（《周易注》卷第七）

[3] 定：成。业：事。“定天下之业”与“成天下之务”意思相似。能贯通万物之志，能成就各种事物，自然意味着能决断各种疑惑，所以说“以断天下之疑”。

[4] 蓍：蓍筮。“蓍之德”指蓍筮的性质。圆：圆形滚动不定。神：阴阳不测。蓍筮具有不确定性，算卦时不能确定要算出哪一个卦，算出某一个卦是在一堆不确定性的遇合中逐渐确定的过程，所以说“蓍之德圆而神”。

[5] 方：方形稳定确定。知：以往人们多读 zhì。似乎应该读 zhī。显现、辨别的意思。算卦是越来越具有确定性的过程，到最后算出

一个卦，也就与其他卦区别开来，显现为确定性，所以说“卦之德方以知”。韩康伯说：“圆者运而不穷，方者止而有分，言蓍以圆象神，卦以方象知也。唯变所适，无数不周，故曰圆。卦列爻分，各有其体，故曰方也。”（《周易注》卷第七）

[6] 易：变。贡：告。“六爻之义易以贡”指六爻的意义通过变化来示告。

[7] 此：即蓍、卦、六爻。洗：或作“先”。王引之：“作先之义为长。盖先犹导也。”（《经义述闻》第二）心：思虑，谋划。“以此洗心”即以蓍筮、卦爻引导启发思虑、谋划。

[8]“退藏”与“先心”对应。先心是以蓍筮、卦爻引导启发思虑、谋划，退藏是把占筮所得结果藏于隐秘之处，不公开。

[9] 吉凶：占筮所得的吉凶之断。民惟患凶，“与民同患”即与民患同，也是患凶。之所以说“吉凶与民同患”，意思是，占筮所得无论是吉是凶，都有一种如同民患凶祸一样的心情。民患凶祸，带着不知凶祸何时到来的焦虑，占筮者得吉凶之断后的担忧，则包含着防备和应对。占筮所得为凶，自然为此怵惕戒惧，于是寻找言行之失做出纠正，力求化凶为吉；占筮所得为吉，仍然要怵惕戒惧，谨慎言行，防止变吉为凶。“退藏于密”的一个意义就是要使人们经常怀有戒惧，不因吉凶有别而有所松懈。如果言行没有过失却仍然蒙受灾祸，那就是“无妄之灾”。对于“无妄之灾”，君子“顺天休命”而已。

[10]“神以知来”的“神”即作为“蓍之德”的“神”。“知来”即“极数知来”中的“知来”。未来是敞开的，具有不确定性，所以“不测”。因此，“知来”就不是说知道未来是“什么样”的，而是知道未来是“怎么样”来的，即任何未来都是在一堆不确定性的遇合中越来越有了确定性的过程。

[11]“知以藏往”的“知”即作为“卦之德”的“知”。“来”是在一堆不确定性的遇合中越来越有了确定性的过程，“往”则是敞开的可能性逐渐闭合的过程，这是一个过程的两个方面。在显现为确定性的卦中，隐藏着全部被闭合的可能性，所以说“知以藏往”。

[12] 与：助。杀(shài)：衰。谁能助“神以知来，知以藏往”之事呢？只有“聪明睿知神武”不衰的人，才能做到。

[13] 故：事情。用：人在生活中与之打交道的各种要“用”的东西。即人的生活活动。“兴神物”即蓍筮。“前民用”即引导、启发人们的生活活动。朱熹说：“明天道，故知神物之可兴；察民故，故知其用之不可不有以开其先。”(《本义》卷之三)

[14] 以此：因此。斋：庄敬。戒：谨慎。神明其德：使蓍、卦之德更加神妙、更加明达。

[15]《系辞下》说乾、坤是“易之门”，“乾，阳物也；坤，阴物也”。所有的变化都出入于乾坤的相互作用。在乾坤的相互作用中，乾主开发，坤主闭藏，所以说“阖户谓之坤，辟户谓之乾”。孔颖达说，“阖户，谓闭藏万物，若室之闭阖其户”；“辟户，谓吐生万物也，若室之开辟其户”。(《正义》卷第七)“一阖一辟”“往来不穷”，讲乾坤相互作用的连续性和无限性。

前面讲到“一阴一阳之谓道”，而“乾，阳物也；坤，阴物也”，由此可以说“一坤一乾之谓道”。“阖户谓之坤，辟户谓之乾”，由此又可以说“一阖一辟之谓道”。但是，这儿却说“一阖一辟谓之变”。“一阴一阳之谓道”的“道”就是坤阖乾辟、往来不穷的一团“变”。《老子》说道“独立而不改，周行而不殆”(第二十五章)。所有的事物都在这一团“变”中，而这一团“变”是“不改”的。变即变易，不改则不易。

[16] 见(xiàn)：显现。“道”是坤阖乾辟、往来不穷的一团“变”，

任何具体事物都处在普遍联系的一团“变”中，都是普遍联系之网的某个“节点”处的所“现”之“象”。就“现”来说，谓之“象”；就“形”来说，谓之“器”。

[17] 制：裁制，规划，安排。在“制而用之”之前，“现象”“形器”都还是“二极”的，到“制而用之”，则成了“三极”的。成为“三极”的，“现象”“形器”对人来说，才有了现实的意义。法：有标准、模式的意思，也有办法、方法的意思。

[18] 利用：因利而用。出入：即变化。“利用出入”即围绕如何对民有利而有变化地“制而用之”。“民咸用之”即民都能有利而用。“神”指“制而用之”“利用出入”“民咸用之”的神妙。孔颖达说：“圣人以利而用，或出或入，使民咸用之，是圣德微妙，故云‘谓之神’。”（《正义》卷第七）“阴阳不测”之“神”是“二极”的，“利用出入，民咸用之”之“神”是“三极”的。

[19] 因为“《易》与天地准”，所以，关于《易》的论说与关于天地的论说之间也有“同构”关系。朱熹说：“《系辞》，或言造化以及《易》，或言《易》以及造化，不出此理。”（《朱子语类》卷第七十四）陈梦雷说：“《易》之未画，卦爻之变化在天地中；《易》之既画，天地万物之变化又在卦爻中。在天地者，未画之《易》；在《易》者，已画之天地也。”（《周易浅述》卷七）因此，可以把关于《易》的论说与关于天地造化的论说合起来讲。

《老子》说：“道生一，一生二，二生三，三生万物。”（第四十二章）由于道“独立而不改”（《老子》第二十五章），即没有相对待者，如果是道“生出”一，那就有一与道相对待，就不是“独立”了，所以，“道生一”之“生”不是生出的意思，而是显现的意思。《庄子·田子方》“有待也而死，有待也而生”，郭象注：“待隐谓之死，待显谓之生。”“道生一”即道显现为一。“一生二，二生三，三生万物”的“生”也是显现的意思，并非在道之“外”别有一、二、三、万物。道无“外”。

前面讲，“一阴一阳之谓道”的“道”是一团“变”，所有的事物都在这一团“变”中，而这一团“变”是“不改”的。所以，所谓“易有太极”并不是说在这一团“变”之“外”还有个“太极”，道无“外”。“易有太极”是说,这一团变就是“太极”。这可以与《老子》“道生一”的说法对应，“太极”对应“一”。

[20] 是：代词，指“太极”。“两仪”指阴阳。《老子》说：“万物负阴而抱阳，冲气以为和。”（第四十二章）“是生两仪”也是指太极显现为阴阳相冲。

[21] 四象：即阳阳、阳阴、阴阳、阴阴的排列，分别称为太阳、少阴、少阳、太阴。《老子》说“二生三”。“三”是包含着阴阳冲和的“一”，之所以不只是讲“一”,还要讲“三”,是要体现由“冲”而“和”。《易传》出于论述其体系的需要，讲“两仪生四象”，与《老子》讲“二生三”有所区别，但是基本的思路是一致的，也是阴阳互含的纠缠，其“生”都是显现的意思。并非在太极之“外”别有两仪、四象、八卦。太极无“外”。

[22]“八卦定吉凶，吉凶生大业”又是从“二极”进入“三极”。八卦：在此不是指乾、兑、离、震、巽、坎、艮、坤八个卦，而是接着前面讲的“生”来说阴阳纠缠涌摇，发生变化。在这变化中，对人来说，得则吉，失则凶。人把自己的谋划、活动参与到“二极”的变化中，趋吉避凶，致力于形成“三极之道”的盛德大业。

[23] 法象：法和象。李鼎祚《集解》引翟元曰：“见（现）象立法，莫过天地也。”莫大：或作“莫善”。

[24] 备物：众物皆备。致用：尽物之用。立成器：胡煦引荀悦《汉纪》作“立象成器”（《周易函书约注》卷十四）。“备物”“立象”是“二极”的，“致用”“成器”是“三极”的。

[25] 探赜索隐：探索幽深难辨、隐约细微的事理。钩深：指求取事理的深度。致远：指求取事理的广度。“探赜索隐”讲所求事理的性质，“钩深致远”讲求取事理的深度和广度。胡煦说：“事为之多者曰赜，事机之幽者曰隐，理之不能尽测者曰深，事之不可骤至者曰远。探者，精入而试之；索者，逼近而求之；钩者，委曲而取之；致者，推至而极之。”（《周易函书约注》卷十四）定：判定。亹（wěi）亹：勤勉不倦。通过“探赜索隐，钩深致远”，以判定事情的得失吉凶，由此而勤勉不倦地调整行为，趋吉避凶，这就是蓍占龟卜的意义所在。

[26] 神物：蓍草。则：在这儿不是效法的意思，而是定规则的意思，诸如分二、挂一、揲四、归奇之类。占筮是“天生人成”的活动，“天生神物”是天生的方面，“圣人则之”是人成的方面。

[27] 垂象：显示征兆。见（xiàn）：现。圣人象之：圣人以卦象爻象表示吉凶征兆。

[28] 河：黄河。洛：洛水。传说伏羲时有龙马出于黄河，马背有旋毛如星点，伏羲取法以画八卦、生蓍法。传说夏禹治水时，有神龟出于洛水，背上有裂纹，纹如文字，禹取法而作洪范九畴。则：在此为取法的意思。

[29] “四象”之“象”即“圣人象之”之“象”，即“分而为二以象两，挂一以象三，揲之以四以象四时，归奇于扐以象闰”。示：表示。告：告谕。断：决断，做决定。

第十二章

《易》曰：“自天佑之，吉无不利。”子曰：“佑者，助也。天之所助者顺也，人之所助者信也。

履信思乎顺，又以尚贤也。是以自天佑之，吉无不利也。”[1]

子曰：“书不尽言，言不尽意。”[2]然则圣人之意，其不可见乎？子曰：“圣人立象以尽意，[3]设卦以尽情伪，[4]系辞焉以尽其言，[5]变而通之以尽利，[6]鼓之舞之以尽神。”[7]

乾坤其易之缊邪？乾坤成列，而易立乎其中矣。乾坤毁，则无以见易。易不可见，则乾坤或几乎息矣。[8]

是故形而上者谓之道，形而下者谓之器。[9]化而裁之谓之变，推而行之谓之通。[10]举而错之天下之民谓之事业。[11]

是故夫象，[12]圣人有以见天下之赜，而拟诸其形容，象其物宜，是故谓之象。圣人有以见天下之动，而观其会通，以行其典礼，系辞焉以断其吉凶，是故谓之爻。[13]极天下之赜者存乎卦，鼓天下之动者存乎辞。[14]化而裁之存乎变；推而行之存乎通；神而明之存乎其人；默而成之，不言而信，存乎德行。[15]

解读

[1]“自天佑之，吉无不利”是大有卦上九爻辞。顺：合乎事理。

信：诚实不欺。信不见得正，所以要“履信思乎顺”。孔子弟子有若说：“信近于义，言可复也。”（《论语·学而》）即趋向于正义的言语才可践诺，也就是“履信思乎顺”。

[2] 书：在此指以文字记录、记载言语。言语都有一定的语境，以文字记录、记载言语，难以记录、记载言语的语境，所以说“书不尽言”。“言不尽意”是说言语难以完全表达思想、道理。

[3] 圣人通过卦象、爻象来表达思想、道理，以尽言外之意。朱熹说：“言之所传者浅，象之所示者深。观奇偶而画，包含变化，无有穷尽，则可见矣。”（《本义》卷之三）

[4] 情：真实。伪：人为，虚假。《中庸》说：“诚者，天之道也；诚之者，人之道也。”“天之道”无伪，所以《彖》说“天地万物之情可见矣”，没有天地万物之伪的说法。所有的伪都出于人为，所以“人之道”要致力于“诚之”。所以，在这儿的“情”指天地万物的真实和人为中的真实的内容，“伪”指人为中的不真实的内容。

[5] 文字难以记载言语的语境，将文字系于卦象、爻象，可以一定程度上弥补语境的缺失，所以说“系辞焉以尽其言”。

[6]《系辞下》说：“易，穷则变，变则通，通则久。”通则利，穷则不利。穷而不变则不通，不通则不久，不久则不能尽利。

[7] 鼓之舞之：鼓动舞动。但是其动不是随意乱动，而是合乎节奏的行动。焦循说：“鼓所以进，舞所以节。民不知进，假卜筮以进之。民不知节，假卜筮以节之。”（《易章句》卷七）陈梦雷说：“如以鼓声作舞容，鼓声愈疾，舞容亦愈疾；鼓声不息，舞容亦不息。成天下之亹亹，而不知其所以然，所谓尽神也。”（《周易浅述》卷七）

[8] 缊：藏。易的道理就蕴藏在乾坤之中。朱熹说：“缊，所包蓄者，犹衣之著也。易之所有，阴阳而已。凡阳皆乾，凡阴皆坤，画卦定位，则二者成列而易之体立矣。乾坤毁，谓卦画不立；乾坤息，谓变化

不行。”（《本义》卷之三）

[9]《老子》说道“独立而不改，周行而不殆”（第二十五章），“独立”是说没有与道相对待的东西，所以只能是全部事物的“混而为一”（第十四章）。“不改”是说道这个“一”没有改变，因为要“改”了就不“独立”了。全部事物自然包含全部变化，所以，所谓“混而为一”又是一团“变”，即“周行而不殆”。

变化由阴阳（矛盾双方）的纠缠涌摇而形成，《老子》把这称为“万物负阴而抱阳，冲气以为和”（第四十二章）。阴阳的纠缠涌摇广泛联系，接连不断，在联系、接连的“节点”处形成具有不同性质的事物现象。任何具体事物都处在普遍联系的一团“变”中，都是普遍联系之网的某个“节点”处的所“现”之“象”。就“现”来说，谓之“象”；就“形”来说，谓之“器”。所以说“见（现）乃谓之象，形乃谓之器”。

所谓“形而上”指全部事物的混而为一，即“道”。所谓“形而下”指具体事物的“现象”“形器”。所有“现象”“形器”都是无数的不在场者的会聚，都关联着全部事物的混而为一。从全部事物混而为一看是“形而上”，从“现象”“形器”分别现形看是“形而下”。“形而上”和“形而下”是一个问题的两面，不是分裂为二的两层，不是在“形而下”之外别有“形而上”，在“器”之外别有“道”。

[10] 裁：裁制，裁割。张载说：“变，言其著；化，言其渐。”（《横渠易说·上经》）在普遍联系的变化之网突现出各个“节点”，这是显著的变化。从表面来看，“节点”彼此分散，犹如裁开似的，所以说“化而裁之谓之变”。这种“裁”对于事物“各正性命”很有意义，没有这种“裁”就难以确定任何具体事物。但是，如果停留于表面，那么就会把一个个“节点”看作是孤立的、静止的，看不到“节点”之间的相通性。所以，在讲“化而裁之谓之变”的同时，还要讲“推

而行之谓之通”，即由阴阳相推形成普遍联系的变化之网。

[11] 举：取。错：通“措”。置放。“举而错之天下之民”即把万物既相别又相通的道理应用于处理天下百姓的事情。

[12] 夫：高亨认为，“夫当作爻，形似而误”（《周易大传今注》，齐鲁书社，1979 年，第 543 页）。如是，“夫（爻）象”指爻和象。爻指模拟会通变化之事。

[13] 这段话已见于第八章。

[14] 极天下之赜者存乎卦：通过卦来探究隐寓在繁杂事情中的难见之理。极，探究。鼓天下之动者存乎辞：通过卦辞爻辞所断吉凶，促使天下的行动者动而合乎节奏。

[15] 朱熹说：“卦爻所以变通者在人，人之所以能神而明之者在德。”（《本义》卷之三）

系　辞　下[1]

第一章

八卦成列，象在其中矣。[2]因而重之，爻在其中矣。[3]刚柔相推，变在其中矣。[4]系辞焉而命之，动在其中矣。吉凶悔吝者，生乎动者也。[5]刚柔者，立本者也。[6]变通者，趣时者也。[7]吉凶者，贞胜者也。[8]天地之道，贞观者也。日月之道，贞明者也。天下之动，贞夫一者也。[9]

夫乾，确然示人易矣。夫坤，隤然示人简矣。爻也者，效此者也。象也者，像此者也。[10]

爻象动乎内，吉凶见乎外，功业见乎变，圣人之情见乎辞。[11]

天地之大德曰生，圣人之大宝曰位。[12]何以守位？曰仁。[13]何以聚人？曰财。[14]理财正辞，禁民为非曰义。[15]

解读

[1]《系辞下》孔颖达分为九章，朱熹分为十二章，今按朱熹分章。

[2]“八卦成列”即“四象生八卦”。“象”即☰（乾）、☷（坤）、☳（震）、☴（巽）、☵（坎）、☲（离）、☶（艮）、☱（兑）之象。

[3]“因而重之”即八卦重叠成六十四卦。⚊和⚋两个符号在六画卦中称“爻”。分别称为九和六，后来分别称为阳爻和阴爻。八卦主要讲“象”，爻主要讲“变”。

[4]刚柔：即九和六、阳爻和阴爻。推：移动。在卦中，任何一爻发生变化，都会导致整个卦的变动，所以说“刚柔相推，变在其中矣”。

[5]系辞：卦爻所系之辞。命：告诫，告知。动：对照系辞所告而动。《系辞上》讲“系辞焉而明吉凶”，“系辞焉以断其吉凶”。吉、凶、悔、吝都是系辞而命的断辞，但都是因动而致。

[6]刚柔：指刚柔之性。刚柔之爻、刚柔之卦等皆从刚柔之性来。刚柔是立卦的根本。

[7]变：刚柔互变。“变通”即变而通。趣（qū）时：与所处的形势、环境、条件等等相适应。《周易折中》引朱震曰：“趣时者，时中也。”

[8]贞：正。胜：通“称”。相称。《经典释文·周易音义》引姚本作“贞称”。吉凶与是否正相称，得正则吉，失正则凶。

[9]观：显示。明：发光。夫（fú）：语助词。一：常。天地之道正以示，日月之道正以明，天下之动正以常。正不正都是对人来说的。

[10]确然：刚健貌。隤（tuí）然：柔顺貌。此：刚健，柔顺，简易。爻仿效刚健柔顺简易之动，象模拟刚健柔顺简易之象。

[11]动乎内：动乎蓍卦之内。见乎外：现乎蓍卦之外。功业：事业，所从事的活动。“功业见乎变”指所从事的活动体现在变化中。“圣

人之情见乎辞”指圣人的思想情感体现在卦辞爻辞中。

[12] 德：品质。宝：美德。“生”讲活力，“位”讲秩序。天地有其活力，也有其秩序，但是，在“圣人”看来，天地所设置的秩序，对人来说，尚未充分实现为“最佳”状态，所以，“圣人”的事业就是实现和维护“最佳”秩序。这还是“赞天地之化育”的问题。天地化育的活力充足，无须人“赞”，人之所“赞”只在秩序。所以，讲“生”，只讲“天地之大德”；讲“位”，则要讲“圣人之大宝”。《中庸》说：“致中和，天地位焉，万物育焉。”“中和”是既有活力又有秩序的状态。

[13] 仁：《马王堆汉墓帛书·系辞》《经典释文·周易音义》皆作“人”。构建和维护“最佳”秩序的问题主要是人的问题。

[14] 之所以说构建和维护“最佳”秩序的问题主要是人的问题，是因为人是个体具有自由意志的群体性动物。聚：群聚。“何以聚人”即人何以聚。财：财物，物资。人之所以群聚，是为了获得生活物资。

[15] 理财：料理有关生活物资的事情。辞：指政令之辞。“正辞”指制定合适的政策法令。义：宜，合适。所谓正义乃义则正，所谓公正即公之正。

第二章

古者包牺氏之王天下也，仰则观象于天，俯则观法于地，观鸟兽之文与地之宜，近取诸身，远取诸物，于是始作八卦，以通神明之德，以类万物之情。[1] 作结绳而为网罟，以佃以渔，盖取诸《离》。[2]

包牺氏没，神农氏作。斫木为耜，揉木为耒，耒耨之利，以教天下，盖取诸《益》。[3]日中为市，致天下之民，聚天下之货，交易而退，各得其所，盖取诸《噬嗑》。[4]

神农氏没，黄帝、尧、舜氏作。通其变，使民不倦；神而化之，使民宜之。[5]易，穷则变，变则通，通则久。[6]是以自天佑之，吉无不利。[7]

黄帝、尧、舜垂衣裳而天下治，盖取诸《乾》《坤》。[8]刳木为舟，剡木为楫，舟楫之利，以济不通，致远以利天下，盖取诸《涣》。[9]服牛乘马，引重致远，以利天下，盖取诸《随》。[10]重门击柝，以待暴客，盖取诸《豫》。[11]断木为杵，掘地为臼，臼杵之利，万民以济，盖取诸《小过》。[12]弦木为弧，剡木为矢，弧矢之利，以威天下，盖取诸《睽》。[13]上古穴居而野处，后世圣人易之以宫室，上栋下宇，以待风雨，盖取诸《大壮》。[14]古之葬者，厚衣之以薪，葬之中野，不封不树，丧期无数，后世圣人易之以棺椁，盖取诸《大过》。[15]上古结绳而治，后世圣人易之以书契，百官以治，万民以察，盖取诸《夬》。[16]

解读

[1] 包牺：即伏羲，又作宓羲、伏牺、庖牺、伏戏等等，传说中的远古帝王。王（wàng）：统治。神明之德：阴阳化生之性。情：情状。《象》讲“观其所感，而天地万物之情可见矣”“观其所恒，而天地万物之情可见矣”“观其所聚，而天地万物之情可见矣”。传说伏羲始作八卦。

[2] 网：用以捕兽之网。罟：用以捕鱼之网。佃（tián）：打猎。离卦有网之象。传说伏羲教民结网，从事渔猎畜牧。

[3] 神农：传说中的远古帝王。斫（zhuó）：砍削。耜（sì）：一种类似锹的工具。揉：使木弯曲。耒：一种状似木叉的农具。耨（nòu）：锄一类的锄草工具。益卦震下巽上，有农具木在上而动于下之象。

[4] 市：交易物品的场所。致天下之民：使天下之民致。噬嗑卦震下离上，有日中而市之象。

[5] 黄帝、尧、舜：皆为传说中的五帝。“通其变”“神而化之”指对前人创造的改进和灵活运用。

[6] 穷：不通。行不通了，就要改变，这样不断地穷而变、变而通，才能一直走下去。这就是“易”的本质。

[7]“自天佑之，吉无不利”是大有卦上九爻辞。在此对应“通其变”“神而化之”“穷则变，变则通，通则久”来讲，只有这样，才能“自天佑之，吉无不利”。

[8] 垂衣裳：孔颖达说：“以前衣皮，其制短小，今衣丝麻布帛所作衣裳，其制长大，故云‘垂衣裳’也。”“衣裳辨贵贱，乾坤则上下殊体，故云‘取诸《乾》《坤》’也。”（《正义》卷第八）

[9] 刳（kū）：挖空。剡（yǎn）：削尖。涣卦坎下巽上，有木舟在水上之象。

[10] 服牛乘马：役使牛马驾车。随卦震下兑上，牛马驾车而行，引重致远，节省人力，车动于下而人悦于上，所以说“取诸《随》”。

[11] 重门：层层设门。柝（tuò）：巡夜打更用的梆子。“击柝”即打梆子巡夜。待：防备，抵御。豫卦坤下震上，有地上响动之象。

[12] 小过卦艮下震上，有杵动于上、臼止于下之象。

[13] 弦木：用丝弦张于木，使之曲而为弓。弧：木弓。韩康伯说：“睽，乖也。物乖则争兴，弧矢之用，所以威乖争也。”（《周易注》卷第八）

[14] 栋：房屋的正梁，在此指屋顶。宇：屋檐，在此指屋顶覆盖之地。大壮卦乾下震上。乾为天，震为雷。高亨说：“大壮之卦象是上有雷雨，下有穹隆似天体之物，雷雨不能侵入也。古人创建宫室，以御风雨，盖取象于大壮卦。”（《周易大传今注》，齐鲁书社，1979 年，第 566 页。）

[15] 衣：覆盖。“厚衣之以薪”指以柴草厚厚地覆盖。中野：原野之中。封：堆土为坟。树：坟地植树。封、树都是作为标记，不封不树则难以寻认。丧期无数：没有规定的守丧之期。大过卦巽下兑上，巽为木，兑为地低处，有棺椁埋入地中之象。

[16] 结绳：结绳记事。书契：用刀刻写文字。“百官以治，万民以察”意即百官据书契治其职，百姓据书契察其事。夬卦乾下兑上，兑有言语之象，乾为金，所以夬卦似有以金记言之象。

第三章

是故《易》者，象也。象也者，像也。[1] 象者，材也。[2] 爻也者，效天下之动者也。是故吉凶生而悔吝著也。[3]

| 解读 |

[1]《易》的本质是“象”。象不是完全一样，而是以一种示意图的方式概括模拟天地万物和社会人生的状况，所以说“像也”。

[2] 彖：卦辞。材：通“裁”。裁断。卦辞是对卦象的裁断说明。

[3] 爻是概括模拟变动的。《系辞上》说：“吉凶者，言乎其失得也。悔吝者，言乎其小疵也。”悔吝是小疵，得失尚不显著，在动中，悔趋于吉，吝趋于凶。所以，应该说是“悔吝著而吉凶生”。

第四章

阳卦多阴，阴卦多阳。[1]其故何也？阳卦奇，阴卦耦。[2]其德行何也？阳一君而二民，君子之道也；阴二君而一民，小人之道也。[3]

| 解读 |

[1] 阳卦是乾（☰）、震（☳）、坎（☵）、艮（☶）。阴卦是坤（☷）、巽（☴）、离（☲）、兑（☱）。乾卦纯阳，坤卦纯阴。其他六个卦，阳卦多阴，即两画阴，一画阳；阴卦多阳，两画阴，一画阳。

[2] ⚊为奇画，⚋为耦画。“阳卦奇”指阳卦以奇画为主。“阴卦耦”指阴卦以耦画为主。韩康伯说：“夫少者，多之所宗；一者，众之所归。

阳卦二阴，故奇为之君；阴卦二阳，故耦为之主。"（《周易注》卷第八）

[3] 阳卦以奇画为主，是"一君而二民，君子之道也"。阴卦以耦画为主，是"二君而一民，小人之道也"。

第五章

《易》曰："憧憧往来，朋从尔思。"[1] 子曰："天下何思何虑？天下同归而殊涂，一致而百虑，[2] 天下何思何虑？日往则月来，月往则日来，日月相推而明生焉。寒往则暑来，暑往则寒来，寒暑相推而岁成焉。[3] 往者屈也，来者信也，屈信相感而利生焉。[4] 尺蠖之屈，以求信也。龙蛇之蛰，以存身也。[5] 精义入神，以致用也。[6] 利用安身，以崇德也。[7] 过此以往，未之或知也。[8] 穷神知化，德之盛也。"[9]

《易》曰："困于石，据于蒺藜，入于其宫，不见其妻，凶。"子曰："非所困而困焉，名必辱；非所据而据焉，身必危。既辱且危，死期将至，妻其可得见邪？"[10]

《易》曰："公用射隼于高墉之上，获之，无不利。"子曰："隼者，禽也；弓矢者，器也；射之者，人也。君子藏器于身，待时而动，何不利之有？[11] 动而不括，是以出而有获，语成器而动者也。”[12]

子曰：“小人不耻不仁，不畏不义，不见利不劝，不威不惩。小惩而大诫，此小人之福也。《易》曰：‘履校灭趾，无咎。’此之谓也。[13]善不积不足以成名，恶不积不足以灭身。小人以小善为无益而弗为也，以小恶为无伤而弗去也，故恶积而不可掩，罪大而不可解。《易》曰：‘何校灭耳，凶。’”[14]

子曰：“危者，安其位者也；亡者，保其存者也；乱者，有其治者也。是故君子安而不忘危，存而不忘亡，治而不忘乱。是以身安而国家可保也。《易》曰：‘其亡其亡，系于苞桑。’”[15]

子曰：“德薄而位尊，知小而谋大，力小而任重，鲜不及矣。《易》曰：‘鼎折足，覆公餗，其形渥，凶。’言不胜其任也。”[16]

子曰：“知几其神乎？君子上交不谄，下交不渎，其知几乎！几者动之微，吉之先见者也。君子见几而作，不俟终日。[17]《易》曰：‘介于石，不终日，贞吉。’[18]介如石焉，宁用终日，断可识矣。君子知微知彰，知柔知刚，万夫之望。”[19]

子曰：“颜氏之子，其殆庶几乎？有不善未尝不知，知之未尝复行也。《易》曰：‘不远复，无祇悔，元吉。’”[20]

天地絪缊，万物化醇；男女构精，万物化生。《易》曰："三人行则损一人，一人行则得其友。"言致一也。[21]

子曰："君子安其身而后动，易其心而后语，定其交而后求。君子修此三者，故全也。危以动，则民不与也；惧以语，则民不应也；无交而求，则民不与也。莫之与，则伤之者至矣。《易》曰：'莫益之，或击之，立心勿恒，凶。'"[22]

解读

[1]"憧憧往来，朋从尔思"是咸卦九四爻辞。"思"在爻辞为语气词，孔子在此解释为思虑，并借此爻辞说明，在往来不绝的变化过程中，只要抓住事物变化的根本道理，就无须过多思虑。天下事物都处在变化中，有什么可思虑的呢？

[2]涂：通"途"。同归、一致表示事物变化的归宿和目的的同一性，殊涂、百虑表示事物变化的途径和方法的多样性。韩康伯说："夫少则得，多则惑。涂虽殊，其归则同；虑虽百，其致不二。苟识其要，不在博求；一以贯之，不虑而尽矣。"（《周易注》卷第八）

[3]天下事物的运行变化，比如日月、寒暑的交替往来，都出于阴阳自然感应，其中没有什么思虑。

[4]往：已往。屈：聚，收敛。来：未来。信（shēn）：通"伸"。伸展。事物的变化都是以现在为中介，连接已往和未来。已往收聚于现在，又从现在伸展向未来。在屈伸相感中变而通、通而久，所

以说“屈信相感而利生焉”。

[5] 尺蠖：尺蠖蛾的幼虫，以身体蠕动行进。龙蛇：龙和蛇。蛰：蛰伏。像乾卦初九之潜龙，就是龙之蛰伏。存身、求伸，都是根据自身条件存在和发展的。

[6] 精：精深。“精义”指深通变化的道理。神：阴阳不测之谓神。“入神”指把人对变化的掌握融入阴阳不测的变化过程中。精义是知，入神是行。致用：尽变化之用。

[7] 利用：因利而用。“致用”的尺度是“利”。利用才能安身，反过来，安身才能利用，即所谓“屈信相感而利生焉”。“尺蠖之屈”“龙蛇之蛰”都是“利用安身”。人之安身也应如此。韩康伯说：“利用之道，皆安其身而后动也。”(《周易注》卷第八)崇德：高大其德。通过“精义入神”“利用安身”而高大其德。

[8] 过此以往，未之或知也：在“精义入神”“利用安身”之外，就未能确定地知晓什么了。

[9]《系辞上》讲“极数知来之谓占”“阴阳不测之谓神”，一个讲“知来”，一个讲“不测”，二者看似矛盾，其实是一致的。因为“知来”并非知未来是“什么样”，而是知未来是“怎么样”来。“穷神知化”也是这样的意思。“知化”并非知“化”出什么，而是知怎样“化”的。知怎样“化”也就知道了“变化之道”。知道了“变化之道”，也就知道了“阴阳不测”的过程。这也就是“穷神”。孔子说：“知变化之道者，其知神之所为乎。”(《系辞上》)“穷神知化”是德的问题，即能够正确地看待变化，不是智的问题，所以，不讲智之盛，而讲“德之盛”。

[10]“困于石，据于蒺藜，入于其宫，不见其妻，凶”是困卦六三的爻辞。孔子借以说明，困厄于不该困的处境，名必受辱；占据于不宜居的位置，身必有危。

[11]“公用射隼于高墉之上，获之，无不利”是解卦上六的爻辞。孔子借以说明“藏器于身，待时而动”。器：可以宽泛些理解，指平时能够准备或具备的东西，诸如工具、能力、知识等等。“藏器于身，待时而动”是说，平时要把“器”藏之于身，等到需要的时候就能够用。不是说有了“器”就一定要亮出来充分发挥它的作用，如果这样的话，也就谈不上“藏”了。比如，假设具有“点石成金”的能力，那么并不是要把这能力充分发挥出来，把石都变成金，而是在需要的时候点一块就行了。

[12] 括：阻滞，闭塞。“动而不括”是说当需要动用“器”的时候，能顺利地发挥其作用，没有阻碍。如果当需要发挥“器”的作用时却阻塞不通，发挥不出来，那也就失去了“藏器于身”的意义。“成器”即平时准备、具备“器”。

[13]“履校灭趾，无咎”是噬嗑卦初九的爻辞。孔子借以说明“小惩大诫”的道理。

[14]“何校灭耳，凶”是噬嗑卦上九的爻辞。孔子借以说明大恶都是由小恶积成，所以说“小惩大诫”是“小人之福”。

[15]“其亡其亡，系于苞桑”是否卦九五爻辞。孔子借以说明要有忧患意识，“安而不忘危，存而不忘亡，治而不忘乱”。

[16]“鼎折足，覆公餗，其形渥，凶”是鼎卦九四爻辞。孔子借以说明不胜其任，难以避免祸难。及：及于祸难。

[17]“几”是事物变化的苗头，所以说“几者动之微”。事物变化的苗头中，往往会包含一些吉凶的先兆，所以说“几”是“吉之先见者”。“吉”之后当有“凶”字，即“吉凶之先见者”。“见”读xiàn。所谓“知几”，就是要看到事物变化的苗头，并做出应对。比如，与上级交往时，不知不觉中会露出谄谀的苗头；与下级交往时，不知不觉中会露出渎慢的苗头。“上交不谄，下交不渎”就是意识到

这种苗头，并对此防范。这就是“知几”。

所以，虽然说“阴阳不测之谓神”，但是，如果能看到事物变化的苗头，并在处于苗头时做应对，那么也可以在一定程度上掌握事物变化的进程，所以说“知几其神乎”。

无论什么事情，当其处于变化的苗头时，都比较容易掌握，所以要“见几而作，不俟终日”。《文子 · 道德》说：“闻未生，圣也；先见形，智也；无闻无见者，愚迷。”《黄帝内经素问 · 四气调神大论》说：“不治已病治未病，不治已乱治未乱……夫病已成而后药之，乱已成而后治之，譬犹渴而穿井，斗而铸锥，不亦晚乎？”

[18]“介于石，不终日，贞吉”是豫卦六二爻辞。孔子借以说明“见几而作，不俟终日”。

[19]“介如石焉，宁用终日，断可识矣”是说，虽然静待如石，但是反应非常敏锐，事情变化稍有苗头，当下就能知晓反应，不需终日。微：隐，不明显。彰：明显。万夫之望：为众人所瞻望。

[20]“不远复，无祇悔，元吉”是复卦初九爻辞。孔子借以说明知过则改。“颜氏之子”指孔子弟子颜回。殆：大概。庶几：差不多。指颜回的道德修养近乎完美。孔子还说过颜回“不贰过”（《论语 · 雍也》）。

[21]絪缊：对立双方交感融通，即《老子》所说“冲气以为和”的“冲”。醇：即“冲气以为和”的“和”。《马王堆汉墓帛书 · 衷》说易是“和之至”。构精：交合。“三人行则损一人，一人行则得其友”是损卦六三爻辞，在此借以说明天地交通，阴阳用事，长养万物。致一：实现阴阳（天地、男女等）的合一。

[22]“莫益之，或击之，立心勿恒，凶”是益卦上九爻辞。孔子借以说明如果在上者的言行得不到民众的回应，那么就别想把所处的地位持久下去。易其心：平和其心。与：随从。

第六章

子曰："乾坤其易之门邪？[1]乾，阳物也；坤，阴物也。阴阳合德而刚柔有体，以体天地之撰，以通神明之德。[2]

其称名也，杂而不越。[3]于稽其类，其衰世之意邪？[4]

夫《易》，彰往而察来，而微显阐幽。[5]开而当名辨物、正言断辞则备矣。[6]其称名也小，其取类也大。[7]其旨远，其辞文，其言曲而中，其事肆而隐。[8]因贰以济民行，以明失得之报。"[9]

解读

[1]《系辞上》讲"乾坤其易之缊邪"，认为易的道理就蕴藏在乾坤之中。在此讲"乾坤其易之门邪"，是说易的道理皆由乾坤而出。

[2] 乾代表阳，坤代表阴。"刚柔有体"讲二体，"阴阳合德"讲合一。合一并不抹杀二体，二体也不排斥合一。二体出于合一，合一因于二体。阴阳刚柔就这样纠缠涌摇，体现天地的化育活动，通达万物的复杂变化。撰：朱熹解释为"事"。《马王堆汉墓帛书·衷》作"化"。孔颖达说："万物变化，或生或成，是神明之德。"（《正义》卷第八）

[3] 称名：指称事物。越：失序。"杂而不越"指称名虽杂，但不失序。孔颖达说："辞虽杂碎，各依爻卦所宜而言之，是不相逾越也。"（《正义》卷第八）

[4] 于：发语词。稽：稽考。类：《易》所言事类。孔颖达说："考校《易》辞事类，多有悔之忧虞，故云变乱之世所陈情意也。"（《正义》卷第八）

[5] 往：已往。来：未来。"彰往"指把以往的变化过程彰显出来。"察来"指知晓未来的变化过程，即知晓未来怎样来。微显：隐微的内容被显示出来。阐幽：阐发深奥的道理。朱熹说："微显所以阐幽，阐幽所以微显，只是一个物事。将那道理来事物上与人看，就那事物上推出那里面有这道理。"（《朱子语类》卷第七十六）

[6] 开：解释。在此指解释爻卦。当名辨物：以合适的名称辨析事物。正言断辞：以恰当的意思表达判断。《周易折中》引郭雍曰："当名，卦也；辨物，象也；正言，彖辞也；断辞，系之以吉凶者也。"如是，则断句当为"开而当名、辨物、正言、断辞则备矣"。

[7] 小：具体。大：普遍。《易》之卦辞爻辞多以具体事物讲一类事物的普遍道理，所以说"其称名也小，其取类也大"。

[8] 旨远：旨意深远。辞文：言辞华美。曲：有部分的意思，也有宛转、随顺变化的意思。中（zhòng）：符合。"其言曲而中"指言辞表述符合具体事物，但是又不限于某种具体事物，而是根据不同的具体事物而随顺变化的符合。韩康伯说："变化无恒，不可为典要，故其言曲而中也。"（《周易注》卷第八）肆：显明，铺陈。"其事肆而隐"指所陈述的事情明显而道理隐微。

[9] 贰：二。不同的选择、结果等等。朱熹说："吉凶悔吝之象，吉凶是两头，悔吝在中间，悔自凶而趋吉，吝自吉而向凶。"（《朱子语类》卷第七十四）由于悔和吝具有不同的行为方向，导致二者不同的结局。这就是"贰"。济：有益。《系辞上》："吉凶者，失得之象也。""失得之报"即失则凶、得则吉。《易》摆明不同的行为选择会导致不同的结果，由此而有益于人们的行动。这体现出"吉凶由人"

(《左传·僖公十六年》)的思想。

第七章

《易》之兴也，其于中古乎？[1] 作《易》者，其有忧患乎？

是故：履，德之基也。[2] 谦，德之柄也。[3] 复，德之本也。[4] 恒，德之固也。[5] 损，德之修也。益，德之裕也。[6] 困，德之辨也。[7] 井，德之地也。[8] 巽，德之制也。[9]

履，和而至。[10] 谦，尊而光。[11] 复，小而辨于物。[12] 恒，杂而不厌。[13] 损，先难而后易。[14] 益，长裕而不设。[15] 困，穷而通。[16] 井，居其所而迁。[17] 巽，称而隐。[18]

履以和行。[19] 谦以制礼。[20] 复以自知。[21] 恒以一德。[22] 损以远害。益以兴利。[23] 困以寡怨。[24] 井以辨义。[25] 巽以行权。[26]

解读

[1] 中古：《汉书·艺文志》"人更三圣，世历三古"，颜师古注引孟康曰："伏羲为上古，文王为中古，孔子为下古。"

[2] "履"有践行的意思，而《序卦》以"礼"训"履"，所以"履"

之践行不是践行任意的行为，而是践行合乎规则的行为。所谓“德之基”是说，道德修养要从践行合乎规则的行为开始。《论语》中记载颜渊向孔子问仁，孔子说“克己复礼为仁”。颜渊又问其要目，孔子说“非礼勿视，非礼勿听，非礼勿言，非礼勿动”。颜渊说：“回虽不敏，请事斯语矣。”（《论语·颜渊》）“事斯语”就是践行合乎礼的行为。

[3] 谦：有恭让、卑让等意思。柄：操持，也有根本的意思。《左传·襄公十三年》说“让”是“礼之主”。道德修养要从履礼开始，而履礼首先便是以谦让的方式对待一切事情，所以，也说“卑让，德之基也”（《左传·文公元年》）。

[4] 复：韩康伯说：“复者，各反其所始。”（《周易注》卷第八）“各”指各种事情。《中庸》说“喜怒哀乐之未发谓之中”，这是以喜怒哀乐为例讲“未发”之“中”。“各反其所始”是说，做各种事情后复归于未发之中的状态。这也可以叫作“从零开始”。至于“发”时，那是另一个“中节”的问题。本：根本。未发之中是各种修养行为的立足点。“复”也有及时发现过失并改正过失的意思，如屈原所说“悔相道之不察兮，延伫乎吾将反。回朕车以复路兮，及行迷之未远”（《离骚》）。

[5] 恒：长久，固定。“德之固”的意思是持之以恒地进行道德修养。

[6] 修：品节。裕：扩充。程颢说“谓之恶者非本恶，但或过或不及便如此”（《河南程氏遗书》卷第二上），反过来讲，无过无不及则善。损即节制过，益即补充不足。荀子说礼是“损有余，益不足”（《荀子·礼论》），《礼记·仲尼燕居》说“礼，所以制中也”，损、益就是履礼而行，通过履礼而行达到无过无不及的状态。

[7] 辨：辨别，区分。处困之时，最能辨别、区分人的品德。孔子说：“君子固穷，小人穷斯滥矣。”（《论语·卫灵公》）

[8] 地：高亨以“地”疑当作“施”（见《周易大传今注》，齐鲁书社，1979年，第583页）。桂馥《说文解字义证》引《春秋说题辞》：“地之为言施也。”如是，“地”即有“施”义，不必换字。“德之地”即以德施养人。陆九渊说：“井以养人利物为事，君子之德亦犹是也。”（《象山语录·上》）

[9] 巽：顺。制：裁制，制宜。“德之制”指能够根据具体条件裁度行为，使行为恰当。

[10] 孔子弟子有若说“礼之用，和为贵”（《论语·学而》），即礼的功用是构建“和”的状态。《中庸》说“发而皆中节谓之和”，“中节”即实现“和”。履是履礼而行，就是要“中节”，也就是要达到“和”的状态，所以说“和而至”。至：到达。

[11] 谦是卑让，但由此而更受尊重，所以说“尊而光”。光：显扬。孔颖达说：“以能谦卑，故其德益尊而光明也。”（《正义》卷第八）

[12] 小而辨于物：在事情发生微小迹象之时，就能觉察出得失。

[13] 杂：《马王堆汉墓帛书·系辞》作“久”。厌：止。

[14] 先难而后易：节制过分之举，一开始会觉得受限制，久而久之，节制化为习惯，就不会觉得受限制了。韩康伯说：“刻损以修身，故先难也。身修而无患，故后易也。”（《周易注》卷第八）

[15] 长：增长。设：谋求。“长裕而不设”是说不刻意谋求增长。增长为的是补不足。李鼎祚《集解》引虞翻曰：“凡益之道，与时偕行，故不设也。”

[16]《象·困》说“君子以致命遂志”。遂：通。“穷而通”意即固穷而遂志。陆九渊说：“不修德者，遇穷困则陨获丧亡而已。君子遇穷困则德益进，道益通。”（《象山语录·上》）

[17] 居其所：井体不移。迁：井水可迁移以养人。孔颖达说：“居得其所，恒住不移，而能迁其润泽，施惠于外也。”（《正义》卷第八）

[18] 巽：顺。称（chèn）：与事相称。隐：审度。“称而隐”即审度处境采取适宜之举，即因 X 制宜。

[19] 和行：调和性行。

[20] 制礼：制于礼，遵从礼。礼就是起调和作用的，所以说“礼之用，和为贵”，说礼“所以制中”。陆九渊说：“行有不和，不由礼故也，能由礼则和矣。”“自尊大，则不能由礼，卑以自牧，乃能自节制以礼。”（《象山语录·上》）

[21] 自知：能知道自己的过失。

[22] 一德：始终如一地守持其德。李鼎祚《集解》引虞翻曰：“恒德之固，立不易方，从一而终，故一德者也。”

[23] 不损过，则过之害不去。不补不足，则中之利不兴。

[24] 处困穷之时，固穷遂志，不怨天，不尤人。孔子说伯夷、叔齐“求仁而得仁，又何怨”（《论语·述而》）。荀子说：“自知者不怨人，知命者不怨天。怨人者穷，怨天者无志。”（《荀子·荣辱》）

[25] 义：宜，合适。井卦卦辞说“无丧无得，往来井井”。“往”即汲水而出，“来”即泉涌而入，无论往来，井水既不增多也不减少。这就是“宜”，即“义”。

[26] 行权：权宜行事。巽为风、为顺、为入，即能够根据具体状况行事，所以说“行权”。前面讲巽之“制”“称”“隐”也就是“权”。

第八章

《易》之为书也不可远，[1] 为道也屡迁。[2] 变动不居，周流六虚，[3] 上下无常，刚柔相易，[4] 不可为典要，唯变所适。[5] 其出入以度，外内使知惧，又明于忧患与故。[6] 无有师保，如临父母。[7] 初率其辞而揆其方，既有典常，[8] 苟非其人，道不虚行。[9]

解读

[1] 远（yuàn）：离开。李鼎祚《集解》引侯果曰："居则观象，动则玩占，故不可远也。"孔颖达说："《易》书之体，皆仿法阴阳，拟议而动，不可远离阴阳物象而妄为也。"（《正义》卷第八）

[2] 为道：指《易》体现着道。屡迁：不断变化。

[3] 不居：不止。六虚：六爻之位。也可以指上下四方。

[4] 上下无常，刚柔相易：指爻的变动。高亨说："六爻之变或在上位，或在下位，本是无常。""六爻之变或刚变为柔，或柔变为刚，是为相易。"（《周易大传今注》，齐鲁书社，1979 年，第 587 页。）也可以指天地事物的变化。李鼎祚《集解》引虞翻曰："刚柔者，昼夜之象也。在天称上，入地为下，故上下无常也。"

[5] 为：确立。典要：不变的标准。唯一的标准就是适应变化，除此之外，没有不变的标准。孔颖达说："既无定准，唯随应变之时所之适也。"（《正义》卷第八）

[6]"出入""外内"都是应变而行。虽然说"不可为典要，唯变所适"，但无论或出或入还是要有规度。"唯变所适"表示"应（yìng）"，"出入以度"表示"当（dàng）"。这是应当（yìng dàng）的问题。要应当，就得小心谨慎地把握分寸，所以说"外内使知惧"。明于忧患与故：了解使人忧患的事。于省吾认为"故"应读作"辜"（见《双剑誃易经新证》卷四），可备参考。

[7] 无：语助词。高亨说："无当作尤，形似而误。尤读为犹，似也。"（《周易大传今注》，齐鲁书社，1979 年，第 588 页。）其实不必改字。师保：辅弼帝王、教导王室子弟的官。《礼记·文王世子》："入则有保，出则有师，是以教喻而德成也。"临：监督。"临父母"即被父母监督。《易》使人"出入以度""外内使知惧"，犹如人之入则有保，出则有师；外则有父，内则有母。

[8] 率：循。辞：卦辞爻辞。揆：考察。方：道理。"率其辞而揆其方"指以卦辞爻辞为根据考察其中的道理。有：取得。典常：常道，常例。前面讲"不可为典要"，在这儿讲"既有典常"，前者讲变无定准，后者讲"唯变所适"是不变的道理，二者不矛盾。韩康伯说："能循其辞以度其义，原其初以要其终，则唯变所适，是其常典也。"（《周易注》卷第八）

[9] 非：无。"唯变所适"要通过人的活动来实现，所以说"苟非其人，道不虚行"。"其人"是指能够操持"唯变所适"的人。《文言》说："知进退存亡而不失其正者，其惟圣人乎？"王通说："非君子不可与语变。"（《中说·述史》）

第九章

《易》之为书也，原始要终以为质也。[1] 六爻相杂，唯其时物也。[2] 其初难知，其上易知，本末也。[3] 初辞拟之，卒成之终。[4] 若夫杂物撰德，辨是与非，则非其中爻不备。[5] 噫亦要存亡吉凶，则居可知矣。知者观其彖辞，则思过半矣。[6] 二与四同功而异位，其善不同。二多誉，四多惧，近也。柔之为道，不利远者，其要无咎，其用柔中也。[7] 三与五同功而异位，三多凶，五多功，贵贱之等也。[8] 其柔危，其刚胜邪？[9]

| 解读 |

[1] 原：推原。要（yāo）：探求。质：成，定。“原始要终以为质”指卦义要推原其始、探求其终来确定。

[2] 时：六爻之时位。物：爻的阴阳二性。“唯其时物”指爻义需要根据其时位和性质来判断。

[3] 初：初爻。上：上爻。画卦由下而上，犹如树之本末。卦有阴阳二爻和六个爻位，由此排列成六十四个卦。在开始起卦时，有六十四种可能，得出第一爻，会少去三十二种可能，得出第二爻，又少去十六种可能，到得出第五爻，就只剩两种可能了，得出第六爻，就没有不确定性，只有确定性了。这就是“其初难知，其上易知”。任何事物的变化，都是诸多可能性越来越有了必然性，所以，对事物的认识和理解也是“其初难知，其上易知”。韩康伯说：“夫事始于微而后至于著。初者数之始，拟议其端，故难知也。上者卦之终，事皆成著，故易知也。”（《周易注》卷第八）

[4] 初爻之辞拟测事物的开端，上爻之辞确定事物的结局，所以说“初辞拟之，卒成之终”。

[5] 杂物：错综爻画。撰（suàn）：通“算”。《经典释文·周易音义》：“郑作算，云数也。”“算”有等差、顺序等意思。撰德：等差顺序评论各种德。中爻：卦中间二、三、四、五爻。李鼎祚《集解》引崔憬曰：“上既具论初、上二爻，次又以明其四爻也。言中四爻杂合所主之事，

撰集所陈之德，能辨其是非，备在卦中四爻也。”

[6] 噫：通“抑”。王引之说“噫亦，即抑亦也”（《经传释词·第三》）。要（yāo）：求取。居（jī）：语助词。彖辞：卦辞、爻辞。

[7] 功：阴阳功能。位：上下爻位。第二爻和第四爻都是阴位，但是有中与不中之别，所以说“同功而异位”。善：在此兼言善与不善。近、远都是相对第五爻而言。要（yāo）：求取。四接近五，所以“多惧”。卦中间四爻，二离五最远，且为阴柔之位，虽然有不利因素，但是由于二居中位，所以能够无咎。

[8] 第三爻和第五爻都是阳位，也是有中与不中之别，所以说“同功而异位”。《易》贵中，二与四、五与三的差别主要在中与不中。

[9] 柔危、刚胜是就“三”讲。“三多凶”，但相对而言，阳爻居三总的来说比阴爻居三要好一些，所以说“其柔危，其刚胜”。

第十章

《易》之为书也，广大悉备。有天道焉，有人道焉，有地道焉。兼三材而两之，故六。六者非它也，三材之道也。[1] 道有变动，故曰爻。爻有等，故曰物。物相杂，故曰文。文不当，故吉凶生焉。[2]

解读

[1] 在三画卦中，以上画象天，下画象地，中画象人。但是三画

卦体现不出变，所以重叠为六画卦。在六画卦中，以五、上两爻象天，二、初两爻象地，三、四两爻象人，叫作“三材”。材：或作“才”。《系辞上》讲“三极之道”。“三材”就天、地、人各自讲，“三极”就三者相对关系讲。

[2] 六画卦能体现出变，所以 ⚊ 和 ⚋ 两个符号在六画卦中称“爻”。“爻者，言乎变者也”(《系辞上》)。“爻也者，效天下之动也”(《系辞下》)。等：类。阴阳之爻代表阴阳之类，所以称“物”。乾，阳物；坤，阴物。除乾、坤二卦外，其他卦都是阴阳错综而成“文”。当：当位。“不当”兼言当与不当。一般来说，当位吉，不当位凶。

第十一章

《易》之兴也，其当殷之末世，周之盛德邪？[1]当文王与纣之事邪？是故其辞危。[2]危者使平，易者使倾。[3]其道甚大，百物不废。惧以终始，其要无咎。[4]此之谓《易》之道也。

| 解读 |

[1] 孔子说，周“三分天下有其二，以服事殷，周之德，其可谓至德也已矣。”(《论语·泰伯》)

[2] 前面讲“作《易》者，其有忧患乎”？有忧患，所以其辞危惧戒惕。

[3] 易：简慢，轻率。“危者使平，易者使倾”即知危惧者则平安，

不知危惧而轻慢者则倾覆。

[4] 惧以终始：自始至终怀有忧惧之心。“惧以终始”只求“无咎”而已。

第十二章

夫乾，天下之至健也，德行恒易以知险。夫坤，天下之至顺也，德行恒简以知阻。[1] 能说诸心，能研诸侯之虑，定天下之吉凶，成天下之亹亹者。[2] 是故变化云为，吉事有祥。[3] 象事知器，[4] 占事知来。天地设位，圣人成能，[5] 人谋鬼谋，百姓与能。[6]

八卦以象告，爻彖以情言。[7] 刚柔杂居，而吉凶可见矣。[8] 变动以利言，吉凶以情迁。[9] 是故爱恶相攻而吉凶生，[10] 远近相取而悔吝生，[11] 情伪相感而利害生。[12] 凡《易》之情，近而不相得则凶，或害之，悔且吝。[13]

将叛者其辞惭，[14] 中心疑者其辞枝，[15] 吉人之辞寡，躁人之辞多，[16] 诬善之人其辞游，[17] 失其守者其辞屈。[18]

| 解读 |

[1] 在其他地方多次讲到乾健、坤顺，在此突出的是“至”。也

曾讲到乾易、坤简，在此突出的是“恒”。这两处都是对已有论述的进一步深化。这段话中，更为重要的内容是知险、知阻。对于“二极”之道的乾、坤来说，至健、至顺，恒易、恒简，就可以了，没有险、阻的问题，而对于“三极之道”的乾、坤来说，知险、知阻的意义至为重要。知险、知阻，一方面，知前面有险阻而不冒进；另一方面，由于不知道其行为会对后来者造成怎样的险阻而不妄动。朱熹说：“至健则行无所难，故易；至顺则所行不烦，故简。然其于事皆有以知其难，而不敢易以处之也。是以其有忧患，则健者如自高临下而知其险，顺者如自下趋上而知其阻。盖虽易而能知险，则不陷于险矣；既简而又知阻，则不困于阻矣。所以能危能惧而无易者之倾也。”（《本义》卷之三）

[2] 朱熹认为“侯之”二字衍。“说（悦）诸心”讲情，“研诸虑”讲理。定天下之吉凶：判定事情的得失吉凶。亹（wěi）亹：勤勉不倦。“成天下之亹亹”指使人们勤勉不倦地调整行为，趋吉避凶。

[3] 云：周旋，回旋。“云为”指循环往复地变化。祥：预兆。“吉事有祥”兼言吉凶事有预兆。

[4] 器：指有形之实事。

[5] 设位：设置秩序。成能：实现所能之事。天地设置秩序，圣人实现其所能事，优化天地设置的秩序。

[6] 人谋：与人谋划。鬼谋：卜筮。鬼，神秘莫测。韩康伯说：“人谋，况议于众以定失得也。鬼谋，况寄卜筮以考吉凶也。”（《周易注》卷第八）与（yù）：参与。“百姓与能”即百姓也参与实现所能之事。

[7] 爻象：爻辞卦辞。情：情理，情状。以象告、以情言都是告人以利害吉凶。

[8] 刚柔杂居：刚柔二爻错杂居位。李鼎祚《集解》引崔憬曰：“六爻刚柔相推而物杂居，得理则吉，失理则凶，故吉凶可见矣。”

[9] 利：兼言利害。爻的变动是否合理，以利与不利来表达，合理言利，不合理言不利。情：爻之间相感而动的态势。吉凶的判断随着爻之间相感而动的态势而变动。也可以说人的行动。韩康伯说："吉凶无定，惟人所动。情顺乘理以之吉，情逆违道以蹈凶，故曰'吉凶以情迁'也。"（《周易注》卷第八）

[10] 爱：异性相吸。恶（wù）：同性相斥。相攻：相互作用。相吸、相斥都是"攻"。就卦讲，如泰卦为爱，否卦为恶。就爻讲，有应为爱，无应为恶。一般来说，爱吉恶凶，但是也要根据具体情况来分析，重在"时"。

[11] 远：应位。近：相比。相取：相互依存。就应位讲，有应为相取，无应为不相取。就相比讲，乘承顺为相取，乘承逆为不相取。一般来说，相取少悔吝，不相取多悔吝，但是仍然要根据具体情况来分析，重在"时"。孔颖达说："远谓两卦上下相应之类，近谓比爻共聚，迭相资取，取之不以理，故悔吝生也。"（《正义》卷第八）

[12] 情：真实。伪：不真。相感：相互感应。就应位讲，当位且有应为情，不当位而有应为伪；就相比讲，当位且乘承顺为情，不当位而乘承顺为伪。一般来说，情利伪害，但还是要根据具体情况来分析，重在"时"。

[13] 情：道理。近：包括爱恶相攻、远近相取、情伪相感。得：适宜，得当。"近而不相得"带后面的"则凶""或害之""悔且吝"三种情况，是对上面三句话的总结。《中庸·学记》："当其可之谓时。""得"即"当其可"，即"时"。

[14] 叛：背离。陈梦雷说："叛，非叛逆，背实失信皆是。言与实背故惭。"（《周易浅述》卷七）

[15] 疑：犹豫不决。枝：分散。孔颖达说："中心于事疑惑，则其心不定，其辞分散若闲枝也。"（《正义》卷第八）

[16] 吉人：有善德的人。躁人：浮躁的人。《周易折中》引王申子曰："吉德之人见理直，故其辞寡；躁竞之人急于售，故其辞多。"

[17] 游：虚浮不实。孔颖达说："诬罔善人，其辞虚漫，故言其辞游也。"（《正义》卷第八）

[18] 屈：缠绕不畅。陈梦雷说："失守者见理不真，操持不固，故辞多屈而不伸。"（《周易浅述》卷七）

以上六种"辞"在《易》中皆有所体现，似乎是作《易》者分析各种状况而以言辞示意于人。

说　卦[1]

第一章

昔者圣人之作《易》也，幽赞于神明而生蓍，[2]参天两地而倚数；[3]观变于阴阳而立卦，[4]发挥于刚柔而生爻；[5]和顺于道德而理于义，[6]穷理尽性以至于命。[7]

| 解读 |

[1]《说卦》孔颖达分为十七节，朱熹分为十一章，今按朱熹分章。

[2] 幽赞：暗受赞助。神明：阴阳化生。生蓍：创立用蓍草占筮。

[3] 参（sān）：通“三”。表示奇数。两：表示偶数。天代表阳刚，地代表阴柔。倚数：依数画卦。九、七奇数画⚊，六、八偶数画⚋。

[4] 观变于阴阳而立卦：观察天地万物变化皆由于阴阳相互作用，由此而创立卦。

[5] 发挥：把内在的东西表现出来。“发挥于刚柔而生爻”即由⚊与⚋二画相互推移，来体现事物的变化。⚊与⚋二画在六画卦

中称“爻”。

“幽赞于神明而生蓍，参天两地而倚数”与“观变于阴阳而立卦，发挥于刚柔而生爻”是从不同的方面来讲卦爻的形成。前者是从占筮起卦讲，后者是从观察模拟万物变化讲。

[6] 和顺：顺应协和。“道”即“形而上者谓之道”“一阴一阳之谓道”的“道”。“德”为“道”在某方面的体现。比如说“蓍之德”“卦之德”“阴阳合德”等等中的“德”。理：理顺。义：宜。“和顺于道德而理于义”意即顺应并理顺道与德的关系，使之适宜。

[7] 穷理：穷究事理。在解释《彖·乾》所言“各正性命”时，朱熹说：“物所受为性，天所赋为命。”事物的产生都有其先在条件，物得以生的先在条件谓之天，由先在条件产生事物谓之命，事物由天命而有其本性谓之性。所谓“尽性”就是充分实现由天所命的“性”。《中庸》说：“唯天下至诚，为能尽其性。能尽其性，则能尽人之性；能尽人之性，则能尽物之性；能尽物之性，则可以赞天地之化育；可以赞天地之化育，则可以与天地参矣。”“尽性”不只是尽己性，还要进而尽人性、尽物性，这就是“赞天地之化育”，就是“与天地参”，也就是“至于命”。

第二章

昔者圣人之作《易》也，将以顺性命之理。[1]是以立天之道曰阴与阳，立地之道曰柔与刚，立人之道曰仁与义。兼三才而两之，故《易》六画而成卦。[2]分阴分阳，迭用柔刚，故《易》六位而成章。[3]

| 解读 |

[1] 顺：有顺从的意思，也有理顺的意思。既顺从，又参与理顺。

[2] 对于“二极”的天、地之道来说，讲阴阳、刚柔即可，但是对于“三极”的天、地、人之道来说，只讲阴阳、刚柔就还不够，还要讲仁义。仁是各种品德的综合，义是适宜、适度。没有仁，义就是空的；没有义，各种品德难以适度综合，也就不能形成仁。仁体现综合品德之形，义体现综合品德之行，所以，仁对应阴柔，义对应阳刚。

[3] 分阴分阳：初、三、五为阳位，二、四、上为阴位。迭用柔刚：刚柔二爻交替使用。因此而有当位与不当位的现象，因此而“成章”。章：文理。

第三章

天地定位，山泽通气，雷风相薄，水火不相射。[1] 八卦相错。[2] 数往者顺，知来者逆，是故《易》逆数也。[3]

| 解读 |

[1] “天地定位，山泽通气，雷风相薄，水火不相射”，《马王堆汉墓帛书·衷》作“天地定位，山泽通气，火水相射，雷风相薄”。

《系辞上》说：“《易》有太极，是生两仪，两仪生四象，四象生八卦。”如果按先阳后阴来排列，那么可以有如下顺序：乾（☰）、兑（☱）、离（☲）、震（☳）、巽（☴）、坎（☵）、艮（☶）坤（☷）。当然，也可以先阴后阳而得相反顺序。

按八卦取象，乾为天、坤为地、震为雷、巽为风、坎为水、离为火、艮为山、兑为泽。所谓“天地定位”即乾、坤二卦确定阳、阴排列区间的边界。在区间的中间，即震和巽之间（如果是“伏羲六十四卦次序图”的话，是在复卦和姤卦之间），有一个对称轴。对称轴两边对称的双方都是对反互补的。如果我们找一张“伏羲八卦次序图”（或者“伏羲六十四卦次序图”），从中线对折，那么可以看到对折后的图，处处都是阴阳平衡的。

按《马王堆汉墓帛书・衷》的顺序，“天地定位，山泽通气，火水相射，雷风相薄”是从两边向中间的叙述顺序。

“山泽通气”指艮与兑的对反互补。射：如果读为 shè，有“激”的意思。“相射”即相互激荡。如果读为 yì，意思为“厌”。“不相射”即不厌弃。这样，“火水相射”和“水火不相射”都是讲坎与离的对反互补。薄：击拍。“雷风相薄”指震和巽的对反互补。

[2] 八卦相错：八卦都是相互交错地存在。

[3] 往：已往。来：未来。往来、顺逆从阳长阴消、阳消阴长的过程讲。阳长阴消从震之乾为逆，阳消阴长从巽之坤为逆。反过来，从乾到震、从坤到巽为顺。在“伏羲八卦次序图”中，由对称轴向两边为逆，由两边向对称轴为顺。从变化的过程讲，乾、坤是震、巽的未来，震、巽是乾、坤的已往。由于《易》是知来的，所以说“《易》逆数也”。

第四章

雷以动之，风以散之，雨以润之，日以烜之，[1]艮以止之，兑以说之，乾以君之，坤以藏之。[2]

| 解读 |

[1] 烜（xuǎn）：火盛的样子。明亮。也有曝晒的意思。

[2] 上一章“天地定位，山泽通气，雷风相薄，水火不相射”是从乾、坤到震、巽的顺序，即顺数。本章可以说是逆数，即从中间向两边的顺序。如果分开看的话，可以看得更清楚些，即“雷以动之，日以烜之，兑以说之，乾以君之”和“风以散之，雨以润之，艮以止之，坤以藏之”。

第五章

帝出乎震，齐乎巽，相见乎离，致役乎坤，说言乎兑，战乎乾，劳乎坎，成言乎艮。[1]

万物出乎震，震，东方也。齐乎巽，巽，东南也，齐也者言万物之絜齐也。离也者明也，万物皆相见，南方之卦也，圣人南面而听天下，向明而治，盖取诸此也。坤也者地也，万物皆致养焉，故曰致役乎坤。兑，正秋也，万物之所说也，故曰说言乎兑。战乎乾，乾，西北之卦也，言阴阳相薄也。坎者水也，正北方之卦也，劳卦也，万物之所归也，故曰劳乎坎。艮，东北之卦也，万物之所成终而所成始也，故曰成言乎艮。[2]

| 解读 |

[1] 帝：万物的主宰。“帝出乎震”是说帝生万物从震开始。齐：齐备。“齐乎巽”是说到巽这儿，万物皆修整齐备了。“相见乎离”是说在离这儿，万物相联系。役：事，助。“致役乎坤”是说在坤这儿，万物相依养。说（yuè）：同“悦”。言：语助词。“说言乎兑”是说在兑这儿，万物相悦。战：击触。“战乎乾”是说在乾这儿，万物相击触。劳：劳倦。“劳乎坎”是说在坎这儿，万物劳倦了。成：终了，完成。“成言乎艮”是说在艮这儿，万物终结了。

在这段话中，“万物”指一个个具体事物。

[2] 这一段话是对上面一段话的解释。

絜（jié）齐：修整齐备。南面：居统治地位。归：归藏。所成终而所成始：一事物结束的同时也就是另一事物的开始，一个周期结束的同时也就是另一个周期的开始。

在这段话中，把八卦与方位联系起来，即：震，东方；巽，东南方；离，南方；坤，西南方；兑，西方；乾，西北方；坎，北方。艮，东北方。还把八卦与季节联系起来，即：震，正春（春分）；离，正夏（夏至）；兑，正秋（秋分）；坎，正冬（冬至）。巽，正春正夏之间（立夏）；坤，正夏正秋之间（立秋）；乾，正秋正冬之间（立冬）；

艮，正冬正春之间（立春）。

第六章

神也者，妙万物而为言者也。[1]

动万物者莫疾乎雷，桡万物者莫疾乎风，燥万物者莫熯乎火，说万物者莫说乎泽，润万物者莫润乎水，终万物始万物者莫盛乎艮。[2]

故水火相逮，雷风不相悖，山泽通气，然后能变化，既成万物也。[3]

解读

[1] 妙：用作动词。《系辞上》说“阴阳不测之谓神”。《系辞下》说“乾，阳物也；坤，阴物也。阴阳合德而刚柔有体，以体天地之撰，以通神明之德”。“神也者，妙万物而为言者也”即乾坤、天地纠缠涌摇，使万物变化神妙莫测。在这句话中隐含着天地、乾坤，所以在下面的话中不再讲天地、乾坤。

[2] 桡：扰动。李鼎祚《集解》引崔憬曰：“风能鼓桡万物，春则发散草木枝叶，秋则摧残草木枝条，莫急于风者也。”熯（hàn）：干燥。说：同“悦”。

[3] 逮：联络。悖：违背。既：尽。

第七章

乾，健也。坤，顺也。震，动也。巽，入也。坎，陷也。离，丽也。艮，止也。兑，说也。

第八章

乾为马。坤为牛。震为龙。巽为鸡。坎为豕。离为雉。艮为狗。兑为羊。

第九章

乾为首。坤为腹。震为足。巽为股。坎为耳。离为目。艮为手。兑为口。

第十章

乾，天也，故称乎父。坤，地也，故称乎母。震一索而得男，故谓之长男。巽一索而得女，故谓之长女。坎再索而得男，故谓之中男。离再索而得女，故谓之中女。艮三索而得男，故谓之少男。兑三索而得女，故谓之少女。[1]

| 解读 |

[1] 索：绞合。《系辞下》："阳卦多阴，阴卦多阳。"阴阳纠缠，犹如绞合成绳。阳以下画绞合于阴，得长男；以中画绞合于阴，得中男；以上画绞合于阴，得少男。阴以下画绞合于阳，得长女；以中画绞合于阳，得中女；以上画绞合于阳，得少女。

第十一章

乾为天、为圜、[1]为君、为父、为玉、为金、为寒、为冰、为大赤、为良马、为老马、为瘠马、为驳马、为木果。

坤为地、为母、为布、为釜、为吝啬、为均、为子母牛、为大舆、为文、为众、为柄。其于地也，为黑。

震为雷、为龙、为玄黄、为旉、[2]为大涂、[3]为长子、为决躁、为苍筤竹、[4]为萑苇。[5]其于马也，为善鸣、为馵足、[6]为作足、为的颡。其于稼也，为反生。其究为健，为蕃鲜。

巽为木、为风、为长女、为绳直、为工、为白、为长、为高、为进退、为不果、为臭。[7]其于人也，为寡发、为广颡、为多白眼、为近利市三倍。其究为躁卦。

坎为水、为沟渎、为隐伏、为矫輮、[8]为弓轮。其于人也，为加忧、为心病、为耳痛、为血卦、为赤。其于马也，为美脊、为亟心、为下首、为薄蹄、为曳。其于舆也，为多眚、为通、为月、为盗。其于木也，为坚多心。

离为火、为日、为电、为中女、为甲胄、为戈兵。其于人也，为大腹。为乾卦[9]，为鳖，为蟹，为蠃，为蚌，为龟。其于木也，为科上槁。

艮为山、为径路、为小石、为门阙、为果蓏、为阍寺、[10]为指、为狗、为鼠、为黔喙之属。其于木也，为坚多节。

兑为泽、为少女、为巫、为口舌、为毁折、为附决。其于地也，为刚卤。[11]为妾、为羊。

解读

[1] 圜（yuán）：同“圆”。

[2] 旉（fū）：花开的样子。

[3] 涂：同“途”。

[4] 苍筤（láng）竹：青竹。

[5] 萑（huán）苇：萑和苇，两种芦类植物。

[6] 馵（zhù）：后左足白色的马。

[7] 臭（xiù）：气味。

[8] 輮（róu）：用火烤木使之弯曲。

[9]《经典释文·周易音义》:“郑云，乾当为干……董作干。”

[10] 阍（hūn）寺：阍人和寺人。宫中掌管门禁的官。

[11] 刚卤（lǔ）：坚硬的盐碱地。

序卦

有天地，然后万物生焉。盈天地之间者，唯万物，故受之以《屯》。屯者，盈也；屯者，物之始生也。物生必蒙，故受之以《蒙》。蒙者，蒙也，物之稚也。物稚不可不养也，故受之以《需》。需者，饮食之道也。饮食必有讼，故受之以《讼》。讼必有众起，故受之以《师》。师者，众也。众必有所比，故受之以《比》。比者，比也。比必有所畜，故受之以《小畜》。物畜然后有礼，故受之以《履》。履而泰，然后安，故受之以《泰》。泰者，通也。物不可以终通，故受之以《否》。物不可以终否，故受之以《同人》。与人同者，物必归焉，故受之以《大有》。有大者不可以盈，故受之以《谦》。有大而能谦必豫，故受之以《豫》。豫必有随，故受之以《随》。以喜随人者必有事，故受之以《蛊》。蛊者，事也。有事而后可大，故受之以《临》。临者，大也。物大然后可观，故受之以《观》。可观而后有所合，故受之以《噬嗑》。嗑者，合也。物不可以苟合而已，故受之以《贲》。贲者，饰也。致饰然后亨则尽矣，故受之以《剥》。剥者，剥也。物不可以终尽剥，穷上反下，故受之以《复》。复则不妄矣，故受之以《无妄》。有无妄然后可畜，故受之以《大畜》。物畜然后可养，故受之以《颐》。颐者，养也。不养则不可动，故受之以《大过》。物不可以终过，故受之以《坎》。坎者，陷也。陷必有所丽，故受之以《离》。离者，丽也。

有天地，然后有万物；有万物，然后有男女；有男女，然后有夫妇；有夫妇，然后有父子；有父子，然后有君臣；有君臣，然后有上下；有上下，然后礼仪有所错。夫妇之道不可以不久也，故受之以《恒》。恒者，久也。物不可以久居其所，故受之以《遁》。遁者，退也。物不可以终遁，故受之以《大壮》。物不可以终壮，故受之以《晋》。晋者，进也。进必有所伤，故受之以《明夷》。夷者，伤也。伤于外者必反于家，故受之以《家人》。家道穷必乖，故受之以《睽》。睽者，乖也。乖必有难，故受之以《蹇》。蹇者，难也。物不可以终难，故受之以《解》。解者，缓也。缓必有所失，故受之以《损》。损而不已必益，故受之以《益》。益而不已必决，故受之以《夬》。夬者，决也。决必有遇，故受之以《姤》。姤者，遇也。物相遇而后聚，故受之以《萃》。萃者，聚也。聚而上者谓之升，故受之以《升》。升而不已必困，故受之以《困》。困乎上者必反下，故受之以《井》。井道不可不革，故受之以《革》。革物者莫若鼎，故受之以《鼎》。主器者莫若长子，故受之以《震》。震者，动也。物不可以终动，止之，故受之以《艮》。艮者，止也。物不可以终止，故受之以《渐》。渐者，进也。进必有所归，故受之以《归妹》。得其所归者必大，故受之以《丰》。丰者，大也。穷大者必失其居，故受之以《旅》。旅而无所容，故受之以《巽》。巽者，入也。入而后说之，故受之以《兑》。兑者，说也。说而后散之，故受之以《涣》。涣者，离也。物不可以终离，故受之以《节》。节而信之，故受之以《中孚》。有其信者必行之，故受之以《小过》。有过物者必济，故受之以《既济》。物不可穷也，故受之以《未济》，终焉。

杂卦

《乾》刚《坤》柔。

《比》乐《师》忧。

《临》《观》之义，或与或求。

《屯》见而不失其居，《蒙》杂而著。

《震》起也，《艮》止也。

《损》《益》盛衰之始也。

《大畜》时也，《无妄》灾也。

《萃》聚而《升》不来也。

《谦》轻而《豫》怠也。

《噬嗑》食也，《贲》无色也。

《兑》见而《巽》伏也。

《随》无故也，《蛊》则饬也。

《剥》烂也，《复》反也。

《晋》昼也，《明夷》诛也。

《井》通而《困》相遇也。

《咸》速也，《恒》久也。

《涣》离也，《节》止也。

《解》缓也，《蹇》难也。

《睽》外也，《家人》内也。

《否》《泰》反其类也。

《大壮》则止，《遁》则退也。

《大有》众也，《同人》亲也。

《革》去故也，《鼎》取新也。

《小过》过也，《中孚》信也。

《丰》多故也，亲寡《旅》也。

《离》上而《坎》下也。

《小畜》寡也，《履》不处也。

《需》不进也，《讼》不亲也。

《大过》颠也。

《姤》遇也，柔遇刚也。

《渐》女归待男行也。

《颐》养正也。

《既济》定也。

《归妹》女之终也。

《未济》男之穷也。

《夬》决也，刚决柔也。

君子道长，小人道忧也。

附　录

主要参考书目 1

（魏）王弼、（晋）韩康伯：《周易注》，收入《周易正义》。

（唐）孔颖达：《周易正义》，北京大学出版社，1999 年。简称《正义》。

（唐）李鼎祚：《周易集解》，中国书店，1984 年。简称《集解》。

（宋）司马光：《温公易说》，《四库全书》本。

（宋）张载：《横渠易说》，《张载集》，中华书局，1978 年。

（宋）苏轼：《东坡易传》，《四库全书》本。

（宋）程颐：《周易程氏传》，《二程集》，中华书局，1981 年。简称《程传》。

（宋）杨万里：《诚斋易传》，《四库全书》本。

（宋）吕祖谦：《易说》，中华书局，1991 年。

（宋）朱熹：《周易本义》，中华书局，2009 年。简称《本义》。

（明）来知德：《周易集注》，《四库全书》本。

（清）李光地等：《周易折中》，《易学精华》，北京出版社，1996 年。

（清）王夫之：《周易内传》，《易学精华》，北京出版社，1996 年。

（清）陈梦雷：《周易浅述》，上海古籍出版社，1983 年。

（清）胡煦：《周易函书》，中华书局，2008 年。

（清）惠栋：《周易述》，巴蜀书社，1993 年。
（清）孙星衍：《周易集解》，上海书店出版社，1988 年。
（清）焦循：《雕菰楼易学五种》，凤凰出版社，2012 年。
（清）朱骏声：《六十四卦经解》，中华书局，1958 年。
（清）李道平：《周易集解纂疏》，中华书局，1994 年。
（清）丁寿昌：《读易会通》，中国书店，1992 年。
闻一多：《周易与庄子研究》，巴蜀书社，2003 年。
李镜池：《周易通义》，中华书局，1981 年。
李镜池：《周易探源》，中华书局，1978 年。
高亨：《周易古经今注》，中华书局，1984 年。
高亨：《周易大传今注》，齐鲁书社，1979 年。
金景芳、吕绍刚：《周易全译》，吉林大学出版社，1989 年。
黄寿祺、张善文：《周易译注》，上海古籍出版社，2001 年。
陈鼓应、赵建伟：《周易今注今译》，商务印书馆，2005 年。
朱伯崑：《易学哲学史》上册，北京大学出版社，1986 年。

主要参考书目 2

（唐）孔颖达：《尚书正义》，北京大学出版社，1999 年。
（唐）孔颖达：《毛诗正义》，北京大学出版社，1999 年。
（唐）孔颖达：《礼记正义》，北京大学出版社，1999 年。
（唐）孔颖达：《春秋左传正义》，北京大学出版社，1999 年。
（唐）陆德明：《经典释文》，中华书局，1983 年。
（清）王引之：《经义述闻》，道光七年刊本。
（清）俞樾：《群经平议》，《续修四库全书》，上海古籍出版社，2002 年。
于省吾：《双剑誃易经新证》，《双剑誃群经新证双剑誃诸子新证》，上海书店出版社，1999 年。

《诸子集成》，中华书局，1954年。
《文子》，上海古籍出版社，1989年。
《鹖冠子》，上海古籍出版社，1996年。
（宋）朱熹：《四书章句集注》，中华书局，1983年。
《朱子语类》，中华书局，1986年。
楼宇烈：《王弼集校释》，中华书局，1980年。

（说明:《主要参考书目1》是有关《周易》版本和注解的文献。《主要参考书目2》是其他的文献。）

后 记

当初写《老子解读》时，就想着写一本概括论述《老子解读》内容的书，拖了很多年，才写出《老子衍说》。写《论语解读》时，也想着写一本《论语衍说》，同时，还有写《周易解读》的打算。写完《论语解读》，先是拖拖拉拉地写《论语衍说》，后来，因为要以“三经解读”的形式出版三本“解读”的书，所以，便搁置《论语衍说》的写作，先写《周易解读》。从去年11月到今年9月，历时10个月写完《周易解读》。在三本“解读”中，《周易解读》的写作是用时最少的。

从上大学时学习中国哲学史开始系统地阅读《周易》，至今将近40年了。几十年来，经常翻阅《周易》，曾经戏言，如果是读竹简书，也该韦编几绝了。在阅读时，陆续有了自己的一些理解。所以，虽然在我看来写这本书用的时间不是很多，但是，阅读理解《周易》的时间却不能说少。只是一来愚笨，二来散漫，至今才写出如此面貌的一本书来。

在文化知识上，我属于从小“营养不良”“发育不全”的一类。小学尚未读完就碰上“文革”，等到混完小学六年级，又碰上学制改革，再从六年级上起，在半日制的农村七年制学校上了两年，就全日制参加农业劳动了。难以描述的繁重的体力劳动和食物、阅读物的缺乏，使得保持既有的基本阅读能力都不容易，更谈不上文化知识能有所长进。及至将近10年后进大学读书，已经过了接受基础教育的最好时光。虽然在大学期间恶补各方面的知识，但是终究难以补齐青少年时期未能系统地接受的基础教育的缺失。所以，多年来，总是一方面对自己阅读思考的成绩感到不满，另一方面又会对自己的不佳之绩来点儿自我原谅。《周易解读》的写作也是在这样的矛盾心态中完成的。

感谢王鸿先生、阎卫斌先生，他们的热情帮助使《周易解读》得以顺利出版。

兰喜并

2020年11月18日